农村公路养护与管理

刘　慧　高永红 主编

天津出版传媒集团

天津科学技术出版社

图书在版编目（CIP）数据

农村公路养护与管理 / 刘慧，高永红主编. -- 天津：天津科学技术出版社，2020.6

ISBN 978-7-5576-8184-5

Ⅰ．①农… Ⅱ．①刘… ②高… Ⅲ．①农村道路－公路养护②农村道路－公路管理 Ⅳ．① U418

中国版本图书馆 CIP 数据核字（2020）第 120592 号

农村公路养护与管理
NONGCUN YANGHU YU GUANLI
责任编辑：陶雨

出版　天津出版传媒集团
　　　　天津科学技术出版社

地址：天津市西康路 35 号
邮编：300051
电话（022）23332400
网址：www.tjkjcbs.com.cn
发行：新华书店经销
印刷：北京宝莲鸿图科技有限公司

开本 787×1092　1/16　印张 12.75　字数 280 000
2021 年 4 月第 1 版第 1 次印刷
定价：68.00 元

前　言

农村公路是农业发展、农村繁荣和农民富裕的重要物质基础。加快农村公路建设，加强农村公路养护管理，保障农村公路完好畅通，是建设社会主义新农村的重要内容，对改善农村生产生活条件、繁荣农村经济、加强城乡交流、统筹城乡发展具有重要意义。农村公路是公路网的基础，是农村最主要的，甚至是一些农村地区唯一的运输方式，是实现"门到门"运输方式的主要途径。从战略高度来看，农村公路是全面建设小康社会的重要基础设施，属于公共物品范畴，具有竞争力、成本回收能力低和公益性、公共属性高的特性。农村公路的建设、养护、管理和质量安全，关系到农民群众的生产、生活的改善，关系到农村经济的繁荣与否。因此，加快农村公路发展，既是全面落实科学发展观的必然要求，也是建设社会主义新农村和关注民生的重要内容。

本书首先概述了农村公路养护和管理的基本知识，然后详细分析了农村公路的养护与管理的内容、农村公路养护作业规程和制度标准、农村公路养护管理的现状和趋势，最后讨论了农村公路路政的管理模式的理论分析和农村公路的安全保障工程和相关的预案，本书希望能为从事农村公路养护与管理的管理人员、技术人员提供些许帮助。

由于作者水平和经验的限制，不当之处在所难免，恳切希望广大读者和各位专家予以批评指正，以便今后进一步修改和完善。本书参考了一些同领域专家学者的研究成果，在此衷心地向他们的辛勤劳动表示感谢。

目 录

第一章 绪 论 ………………………………………………………… 1

  第一节 农村公路管理养护工作指导方针和政策 ……………… 1

  第二节 农村公路养护工程的分类 ……………………………… 2

  第三节 公路养护工作职责 ……………………………………… 2

  第四节 养护工作管理人员工作职责 …………………………… 4

  第五节 公路基本知识 …………………………………………… 7

第二章 农村公路养护的内容 …………………………………………23

  第一节 沥青路面养护 …………………………………………23

  第二节 水泥混凝土路面养护 …………………………………32

  第三节 砂石路面养护 …………………………………………37

  第四节 路基养护 ………………………………………………42

  第五节 桥涵养护 ………………………………………………47

  第六节 沿线设施养护和公路绿化 ……………………………51

  第七节 农村公路防洪、防冰和防雪 …………………………53

第三章 农村公路养护作业规程和制度标准 …………………………55

  第一节 农村公路养护安全作业规程 …………………………55

  第二节 农村公路管理养护工作制度及程序 …………………62

  第三节 农村公路桥梁管理养护工作制度 ……………………72

  第四节 农村公路管理养护工作标准 …………………………78

第四章 农村公路养护管理评价现状及发展趋势 ……………………83

  第一节 国内外农村公路养护管理评价现状 …………………83

  第二节 农村公路养护管理评价存在问题 ……………………86

第三节 农村公路养护管理评价发展趋势 ·········· 87

第五章 农村路政管理模式和基础理论分析 ·········· 88

第一节 路政管理制度 ·········· 88

第二节 农村路政管理模式 ·········· 120

第三节 农村路政管理基础理论分析 ·········· 145

第六章 农村公路安全保障工程现状及发展趋势 ·········· 154

第一节 农村公路安全保障工程定义 ·········· 154

第二节 农村公路交通事故分析 ·········· 155

第三节 农村公路安全保障现状及发展趋势 ·········· 157

第七章 农村公路养护与管理的安全保障技术和相关预案 ·········· 163

第一节 农村公路常态条件下安全保障引导防护技术 ·········· 163

第二节 农村公路非常态条件下安全保障引导防护技术 ·········· 173

第三节 农村公路养护与管理的相关预案 ·········· 185

参考文献 ·········· 196

第一章 绪 论

第一节 农村公路管理养护工作指导方针和政策

农村公路管理养护工作的指导方针是：建养并重，分级管理，健全体制，提高质量，依法治路，保障畅通。

公路养护工作应根据积累的技术经济资料进行科学分析，预先防范，消除导致公路损毁的因素，增强设施的耐久性，提高抗灾能力。

一、公路养护的技术政策

（1）因地制宜、就地取材，充分利用原有工程材料设施，降低养护成本。

（2）推广应用先进的养护技术和科学的管理方法，改善养护生产手段，提高养护技术水平。

（3）重视综合治理，保护生态平衡、路旁景观和文物古迹，防止环境污染，注意少占农田。

（4）全面贯彻执行公路桥梁管理养护工作有关制度，加强桥梁的检查、维修、加固和改善，逐步消灭危桥。

（5）公路养护工程设计，应符合现行《公路工程技术标准》（JTGB01—2003）的规定，公路施工时应注重社会效益，保障公路畅通。

（6）加强以路面养护为中心的全面养护。

二、公路养护的原则

（1）认真开展路况调查，分析公路技术状况，针对病害产生的原因和后果，采取有效、先进、经济的技术措施。

（2）加强养护工程的前期工作、各种材料试验及施工质量检验和监理，确保工程质量。

（3）推广路面、桥梁管理系统，逐步建立公路数据库，实行病害监控，实现决策科学化，使有限的资金发挥最大的经济效益。

（4）推广GBM工程，实施公路的科学养护与规范化管理，改变现有公路面貌，提高公路的整体服务水平。

（5）认真做好公路交通情况调查工作，积极开发、采用自动化观测和计算机处理技术，为公路规划、设计、养护、管理、科研及社会各方面提供全面、准确、连续、可靠的交通情况信息资料。

（6）改革养护生产组织形式，管好、用好现有的养护机具设备，积极引进、改造、研制养护机械，逐步实现养护机械装备标准化、系列化，以保障养护工程质量，提高养护生产效率，降低劳动强度，改善劳动环境。

（7）加强对交通工程设施、服务管理设施等的设置、维护、更新工作，保障公路应有的服务水平。

第二节　农村公路养护工程的分类

目前、我国农村公路在技术等级和实用功能上差异比较大，经济发达的乡村，其农村公路技术等级较高，而且交通量和轴载都比较大，可以按同等级的普通公路来进行公路的养护维修；而在经济欠发达地区的农村公路，大部分是四级公路或等外公路，交通量较小，重载车比例不大，交通的使用者主要为行人、畜力车、农用机械、农用车和少量汽车，所面临的最主要问题是进行路面硬化，因此，为了能更好地结合农村公路养护现状，将养护维修分为两大类型：

（1）技术等级为三级或三级以上的农村公路养护维修按工程性质、规模大小、技术难易程度划分为小修保养、中修、大修、和改建工程。

（2）四级以及等外的农村公路养护维修工作内容可以分为小修保养、恢复更新和改建工程。

第三节　公路养护工作职责

一、县乡公路管理处养护职责

（1）认真贯彻执行国家有关法律、法规、标准，制定适合本地公路养护的规章制度、管理办法和工作标准。

（2）负责编制农村公路养护计划并组织实施，协调解决计划执行中发生的问题。负责农村公路养护工作的检查和奖惩，采取措施保证农村公路安全、畅通。

（3）负责对本单位职工和农村公路养护人员进行业务培训。

（4）负责调查研究和统计上报农村公路情况。

（5）按照《公路养护技术规范》（JTGH10—2009）要求，负责对管辖路段养护承包单位的生产完成情况进行考核与监督，使其达到路面整洁、无坑槽，路基线形清晰、边坡稳定坚实、排水畅通，构造物完好无损、桥涵无跳车、桥面清洁、无积水、构部件完好，沿线设施整洁、齐全，绿化管护良好，小型水毁及时修复。

（6）认真执行公路养护巡路制度，制定本单位养护巡路计划、目标和实施方案；保证管辖路段路基、路面、桥涵构造物、标志、绿化以及沿线设施等路况完好。

（7）认真按照《公路技术状况评定标准》（JTGH20—2007）定期进行路况技术指标调查和路况评定，并做好养护质量的评定工作。

（8）负责制定所管辖公路水毁防治、除雪防滑等灾害性防治预案，并负责组建抢修队伍。

（9）负责所辖公路养护安全生产管理工作。

（10）负责本单位公路养护经费的管理工作。

（11）负责建立本单位台账，加强各类统计资料的整理、分析归档工作。本单位制度上墙、图表齐全，内业资料填写清晰完整，摆放整齐，上报及时。

（12）负责本单位建设，使其达到规划有序、环境优美；生产、办公、生活及文化娱乐设施齐全、完好、面貌整洁，管理规范，实施"三种"：种花、种树、种菜。

（13）负责管辖路段路基、路面、桥涵构造物、标志、绿化以及沿线设施等小型病害维修。

（14）负责全区农村公路的路产、路权的执法工作。

（15）加强路政巡查，依法保护农村公路路产路权不受侵害。

（16）执行上级安排的其他公路养护工作。

二、乡镇农村公路管理养护办公室工作职责

（1）认真贯彻执行上级有关公路建设、养护、路政管理等方面的方针政策和法律法规，拟订具体实施办法并组织实施。制定并组织实施本辖区内的农村公路管理养护检查考核办法，建立健全管理养护责任制。

（2）负责本辖区内农村公路管理养护的组织领导，并负责本辖区内农村公路管理养护的协调、监督工作，确保各项工作落实到位。

（3）筹措乡道、村道养护资金，用于乡道、村道的日常养护和大、中修工程的配套。

（4）加强路政巡查管理，依法保护农村公路路产路权不受侵害。

（5）负责本辖区内农村公路日常养护资金管理，实行专户存储，单独建账，单独核算，并协助做好县道管理养护和上级补助养护工程项目的实施。

第四节　养护工作管理人员工作职责

一、农村公路管理处主任工作职责

（1）负责农村公路管理处全面工作。

（2）宣传贯彻执行农村公路管理方针政策和有关法律法规。

（3）及时为局党委在农村公路建设管理养护方面的决策提供可靠的依据，确保局党委的决策意图得到有效落实。

（4）组织全处人员进行业务培训，不断学习和掌握新知识、新技术，提高业务水平。

（5）负责全区农村公路路政执法工作，制定工作计划、目标、措施。

（6）指导、监督、审核路政审批有关事宜。

（7）负责对农村公路养护质量的指导、监督和验收工作。

（8）负责编制全区农村公路养护计划，搞好经费预算，确保养护经费的节约使用。

（9）完成上级领导交办的其他工作。

二、农村公路管理处副主任工作职责

（1）协助农村公路管理处主任抓好队伍建设。

（2）按照分工，协助管理处主任贯彻执行农村公路建设、管理、养护的方针政策和有关法律法规，带领全处人员及时完成各项工作任务。.

（3）按照分工，抓好农村公路建设、管理、养护工作任务的具体落实。

（4）按照分工，抓好全处工作人员的政治理论、法律、法规和有关业务知识的学习培训，不断提高全处工作人员政治思想素质和业务技能。

（5）完成领导交办的其他工作。

三、农村公路管理处外业工作人员工作职责

（1）认真学习宣传、贯彻公路方针政策和法律法规，不断提高业务水平。

（2）负责监督检查分管工程质量、进度等工作，并经常深入施工现场，随时掌握分管工程进展和养护质量情况，解决工程实施过程中存在的各类问题，对关键性的重大事件及时向有关领导汇报。

（3）做好日常检查和定期检查的日程安排和原始记录、资料整理工作，并根据有关制度、办法对项目办、监理办、施工单位工作情况进行检查，形成书面材料向有关领导汇报。

（4）协调所分管工程业主、设计、施工、监理各方的关系，确保工程的顺利进行。

（5）负责管理和依法保护本辖区路产路权，维护公路的完好和安全畅通；依法制止和查处各种违章利用、侵占、污染毁坏公路设施的行为。

（6）完成领导交办的其他工作。

四、农村公路管理处内业工作人员工作职责

（1）认真学习宣传、贯彻公路方针政策和法律法规，不断提高业务水平。

（2）对竣工工程档案进行整理、归档、保管，便于有关部门查阅调用。并负责对有关工程资料进行收集、整理、立卷和归档工作。

（3）对乡镇农村公路内业资料工作进行指导，按施工进度随时检查各参建单位档案归档情况，对竣工农村公路项目资料进行接收和移交。

（4）负责收集、整理路政管理资料，整理、分析、传递、反馈路政管理信息。

（5）建立健全路政档案业务台账，全面、准确、及时编制、上报路政统计资料，并做出分析。对人民来信、来访、咨询举报等要认真做好记录并及时办理。

（6）完成领导交办的其他工作。

五、乡镇农村公路管理养护办公室工作人员工作职责

（1）贯彻执行上级有关养护工作方面的方针政策和法律法规。

（2）搞好辖区农村公路养护工作，及时完成上级下达的各项养护任务，全面搜集和系统整理公路养护材料。

（3）对辖区农村公路养护计划执行情况进行监督、检查。

（4）负责上报各种统计资料；按时完成上级规定的各种旬报、月报、季报和年度报表，及时填写原始记录和统计台账，整理汇编历史资料，搞好统计资料的立档备案。

（5）经常深入养护线路、施工工地，随时掌握公路管理养护工作动态。

（6）完成上级交办的其他工作。

六、站所公路养护人员职责

岗位人员职责包括主任、统计员、质量安全检查员、材料机具保管员、巡路员、养路员六类人员。

（一）养护主任职责

（1）认真贯彻执行国家有关公路管理养护的政策、法律、法规，负责养护本单位的全面工作。

（2）熟悉本单位的工作范围，掌握养护各项工作的工作标准，确定岗位分工，制定工作计划，对各项工作进行检查、考核。

（3）带领全养护处人员完成全年养护及其他工作任务。

（4）负责组织本养护处政治、文化业务学习。

（5）做好上级指示和精神的传达及宣传工作。

（6）完成上级领导交代的其他工作。

（二）统计员职责

（1）负责各种养护台账、图表、资料整理及报表的填报工作。

（2）负责交通量的调查工作。

（3）负责本站养护费用的领取和发放、养护成本统计核算工作。

（4）负责全养护处人员的考勤管理工作。

（5）完成主任交办的其他工作。

（三）质量、安全检查员职责：

（1）负责养护作业质量检查和安全生产检查。

（2）负责对管辖路段按照《公路技术状况评定标准》（JTGH20—2007）进行路况技术指标的调查，认真填写检查记录表并及时上报。

（3）发现存在安全隐患和事故苗头现象，及时向养护主任汇报并提出合理建议，防止各类事故发生。

（4）完成领导交办的其他工作。

（四）材料机具保管员职责

（1）负责材料机具的出入库登记及资产清查，要建账、建卡，建立物资材料登记簿，做到账实相符，保障材料供应。

（2）负责仓库的管理，做到仓库干净，放置有序，并定期进行清理和保养。

（3）完成领导交办的其他工作。

（五）巡路员职责

（1）认真执行公路养护巡路制度，采取不同形式对所管养路段进行全面巡查，巡查次数每天不少于2次，遇到雨、雪、大风等不良天气应增加巡查次数。

（2）发现路面坑槽要及时维修。

（3）发现路基、路面、桥涵构造物及附属设施存在缺陷及时处理或上报县局维修。

（4）巡查中发现的影响车辆通行的公路坍塌、坑槽、水毁、隆起等，应当设置警示标志，及时采取措施修复。

（5）发现有侵犯路权、损坏路产的现象，要及时制止并填写好巡路记录，及时向路政管理人员和养护处反映情况。

（6）完成主任交办的其他工作。

（六）养路员职责

（1）负责所管养路段路基、路面、桥面的保洁工作，及时清除路段内的杂物，如砂、石、玻璃等堆积物，保持路面清洁。

（2）及时扶正公路沿线设施。

（3）对于应急处理路面出现的坑槽，应及时向养护处有关人员报告。

（4）清除路肩高杂草，修补路基小面积水毁部位等。

（5）养护人员有权力阻止各种损坏公路路产的行为，当公路受到损坏后，应及时上报公路养护处。

第五节　公路基本知识

一、公路和公路养护的基本概念

（一）公路

公路是连接城市与城市之间、城市与乡村之间、乡村与乡村之间主要供汽车行驶的公共道路。

公路按其在公路路网中的地位分为国道、省道、县道和乡道，并按技术等级分为高速公路、一级公路、二级公路、三级公路和四级公路。

（二）农村公路

农村公路是公路网的有机组成部分。农村公路是指分布于农村，主要为农业生产和农村经济发展服务的公路。

1.按行政类别分类

按行政类别来看，农村公路包括县道、乡道和村道。

县道是指具有全县政治、经济意义，联结县城和县内主要乡、主要商品生产和集散地的公路，以及不属于国道、省道的县际间的公路。

乡道是指主要为乡（镇）内部经济、文化、行政服务的公路，以及不属于县道以上公路的乡与乡之间及乡与外部联络的公路。

村道是指经地方交通主管部门认定，联结乡镇与建制村或建制村与建制村之间的公路。

2.按技术等级分类

按技术等级来看，农村公路一般采用《公路工程技术标准》（JTGB01-2003）中的三级和四级的标准，以及达不到四级公路的乡村等外级简单公路。

（三）公路用地与公路建筑控制区

1.公路用地

公路填土路段用地范围是路堤两侧排水沟外边缘以外 1m 范围内，无排水沟时为路堤或护坡道坡脚以外 1m 范围内的土地。

挖方路段用地范围是路堑坡顶截水沟外边缘以外不小于 1m 范围内，无截水沟的路堑是坡顶以外不小于 1m 范围内的土地。

公路用地的具体范围由县级以上人民政府确定。

2.公路建筑控制区

公路建筑控制区是指公路两侧边沟外缘以外的禁止修建建筑物和地面构筑物的区域。

从公路边沟外缘起，没有边沟的，从公路坡脚线外缘起，国道不少于 20m，省道不少于 15m，县道不少于 10m，乡道不少于 5m，村道不少于 3m 的区域内均属于公路建筑控制区范围。

除公路防护、养护需要以外，禁止在公路两侧的建筑控制区内修建建筑物和地面构筑物；需要在建筑控制区内埋设管线、电缆等设施的，应当事先经县级以上地方人民政府交通主管部门批准。

（四）公路路产与公路路权

公路、公路用地、公路设施统称公路路产。

路权是指管理部门对公路财产享有占有使用、处分和收益的权利，以及对损害路产的行为拥有的行政管理权和民事权益。

公路路产与路权受国家法律保护，任何单位和个人不得破坏、损坏或者非法占用公路、公路用地及公路附属设施。

（五）公路养护

公路养护就是对公路的日常保养、维护和局部改善。公路养护的目的是使公路经常保持完好状态，提高公路使用质量和服务水平，保障公路行车安全、畅通和舒适。

公路养护工作按照"预防为主，防治结合"的方针，采取正确的技术措施和工作方法，坚持日常小修保养与大中修工程相结合，及时修复病害及损坏部分，以保持公路经常完好、畅通、整洁、安全和美观。

二、公路的基本组成

从结构来说，公路是由路基、路面、桥梁、涵洞、防护和排水设施及交通安全设施组成。

（一）路基

路基是路面的基础，主要承担由路面上传下来的车辆重量。

为了保证路面的正常使用，作为基础的路基必须具有很好的强度和稳定性。

一般把高于原地面的填方路基称为路堤，低于原地面的挖方路基称为路堑。

（二）路面

路面是指用多种材料铺筑在路基上供车辆行驶的部分，直接承担车辆的重量和车轮对它的磨损。为了保证路面在车辆行驶时的舒适性和安全性，路面除具有很好的强度和耐久性外，还应具有良好的平整度和抗滑性。

路面一般由面层、基层、垫层组成。

按路面面层材料和施工方法的不同将路面分为沥青混凝土路面、水泥混凝土路面、沥青贯入式路面、沥青碎石路面、沥青表面处治路面和砂石路面等类型。

（三）桥梁和涵洞

公路上用来跨越河流、山谷、线路、水渠等障碍物而修建的建筑物叫桥梁。

根据每座桥梁的单孔跨径或多孔桥的总长，将桥梁划分为特大桥、大桥、中桥和小桥。也常按桥梁的承重构件受力情况分为梁桥、拱桥、刚构桥、吊桥等。

涵洞是公路上用来排泄地面水流而设置的横穿公路的小型排水构造物，一般由基础、洞身和洞口组成。常见的涵洞形式有盖板涵、石拱涵和圆管涵等。

桥梁和涵洞的区别，按《公路工程技术标准》规定，单孔跨径小于 5m，多孔跨径总长小于 8m 的统称为涵洞；而圆管涵及箱涵则不论孔径大小，孔数多少，都叫作涵洞，反之称为桥梁。

（四）隧道

隧道是公路从地层内部或水底通过时而修建的建筑物。主要由洞身和洞门组成。

（五）公路排水和防护工程

公路上为防止雨水冲刷路基、路面而修建的排水构造物称为排水设施，主要有边沟、排水沟等。

通过采取有效措施和防护设施可以使路基在各种自然因素作用下，保持其正常的使用功能。一般把防止风化和冲刷，主要起隔离、封闭作用的措施称为防护工程。如护面墙、护坡、护岸等。路基防护工程的作用是防治路基病害，保证路基稳定，改善环境景观，保护生态平衡的重要设施。

在公路工程中，路基支挡建筑物主要是挡土墙。挡土墙是为了防止路基填土或山坡土体坍塌而修筑承受土体侧压力的墙式构造物。

（六）交通工程及沿线设施

交通工程及沿线设施包括交通安全设施、服务设施和管理设施。

三、公路养护材料

公路养护材料主要包括：各类土，有机材料（沥青），无机材料（石灰、水泥），集料（砂、石屑、碎石、砾石），复合材料（无机结合料、稳定材料、水泥混凝土、沥青混合料）和各种工业废料等。

公路养护中所使用的各种材料的技术性质和技术要求要符合有关技术规范的要求，材料质量的检验必须通过各种试验来确定。

（一）各类常见路基填土

1. 碎岩石质土

优点是颗粒粗，强度和稳定性好，但孔隙率大，如不经压实使用，因孔隙积水量多，仍易松散，甚至发生不均匀沉陷。其粒径不大于60mm，如夹杂有少量大于60mm的漂石或卵石，原则上应予剔除，以免影响压实。

2. 砂土

优点是透水性好，颗粒间摩阻力高，毛细水上升高度小。但黏性低，易松散，无水或少水时压实困难。宜用振动压路机洒水碾压，甚至灌水碾压。

3. 细粒土质砂

它有一定的粗颗粒，使路基有足够的强度和水稳性，又含有一定的细颗粒，使之具有一定的黏结性，不易松散。尤其是属于低液限黏土的粗、细砂土，不膨胀，不黏着，雨天不泥泞，晴天不扬尘，是修筑路基的好材料。

4. 粉质土

它有一定的黏性和塑性，但浸水后很快湿透，强度大大降低，失水后又松散扬尘，且毛细水作用强，春融时极易形成路基翻浆。

5. 黏质土

它的黏结力大，吸水性强，透水性差，干湿体积变化大。过湿形成弹簧，过干很坚硬，难于压实。

综合上述，可知路基填方用土以细粒土质砂较好，黏质土次之，粉质土最差。

（二）石材

1. 片石

片石即直接开采出来的不规则石块，长边长度不小于30cm、中部厚度不小于15cm、质量为20～30kg的石块，主要用于砌筑路基边坡、矮挡墙和桥梁、涵洞护坡等附属工程。

2 味石

块石晕房状岩石中开采出来的石块，形状大体方正、无尖锐角，有两个平行面，厚度不小于20cm，宽度为厚度的1.5～2.0倍，长度为厚度的1.5～3.0倍，常用于桥涵、挡墙等结构物工程。

3. 锥形块石

锥形块石具有平底的角锥外形，按高度分为14cm、16cm、18cm三种，底部面积不小于100cm²，强度不低于30～45MPa，主要用于铺筑路面基层。

4. 拳石

拳石指近似于棱柱体的粗打石料，正面应有四边形或多边形棱角，底面与顶部平行，底部钝石不尖，侧面无显著尖锐的凸出部，主要用于拳石路面铺砌。

5. 料石

料石是经人工凿琢而成的平行六面体石料，当表面凹凸相差不大于10mm，不小于5mm时，叫粗料石；当表面凹凸相差不大于5mm时，叫细料石，常用于砌筑拱圈、墩台与镶面。其中硬度大、耐磨、强度不低于100MPa的料石，可用于铺筑高级路面或过水路面。

（三）粗集料（石子）

公路工程中的粗集料（石子）包括人工轧制的碎石和风化而成的砾石。

碎石，是天然岩石或卵石经机械破碎、筛分制成的岩石颗粒。

砾石，是岩石自然风化、水流搬运、堆积在一起的岩石颗粒。

粗集料主要作为水泥混凝土和沥青混合料中的骨在沥青混合料中，粗集料是指粒径大于2.3mm碎石、碎砾石、筛选砾石和矿渣等。

在水泥混凝土中，粗集料是指粒径大于4.75mm的碎石；砾石和破碎砾石。

石子的质量要求：石子的级配良好，其压碎值、磨耗值和针片状颗粒含量等指标符合规范的要求，有害杂质（泥土、草根等）的含量要符合规定要求。

（四）细集料（砂）

公路工程用砂，按照产源分为天然砂、人工砂两种，按粗细程度，又可分为粗砂、中砂、细砂三种。

在沥青混合料中，细集料是指粒径小于 2.36mm 的天然砂、人工砂及石屑等。

在水泥混凝土中，细集料是指粒径小于 4.75mm 的天然砂、人工砂等。

砂的质量要求：砂的级配良好，质地坚硬、颗粒洁净，粗细程度需符合使用要求；有害杂质（泥土、草根等）的含量要符合规范要求。砂的级配是指砂中大小颗粒的粗细搭配情况。砂的级配越好越密实，其孔隙率越小，与结合料结合后强度越高。

砂的粗细程度和颗粒级配应使所配制混凝土达到保证设计强度等级和节约水泥的要求。

（五）石灰

石灰根据成品加工方法的不同，可分为焦石灰粉、消石灰（也叫熟石灰）和石灰浆等。

石灰石主要靠自身的物理、化学作用，将松散的材料如土、妙石等胶结成具有一定强度的整体性结构材料，石灰石在公路工程中广泛应用，可用于制成石灰石类作为路面的基层；也常用于加固软土地基。

（六）水泥和水泥混凝土

1. 水泥

公路上主要使用硅酸盐类水泥。硅酸盐类水泥分硅酸盐水泥、普通硅酸盐水泥、矿渣硅酸盐水泥、火山灰硅酸盐水泥、粉煤灰硅酸盐水泥、复合硅酸盐水泥。

水泥的技术性质包括：细度、水泥净浆标准稠度、凝结时间、体积安定性、强度等。这些指标直接影响水泥的使用，其主要技术指标要符合国家标准的规定。

进场水泥的贮存，应符合下列规定：

（1）库房内贮存

库房地面应有防潮措施、库内保持干燥，防止雨露侵入。

堆放时，应按品种、强度等级等、出厂编号或使用顺序排列

（2）露天堆放

当限于条件，水泥露天堆放时，应在距地面不小于 30cm 的垫板上堆放，垫板下不得积水。水泥堆垛必须用苦布覆盖严密，防止雨露侵入使水泥受潮。

（3）贮存期限

水泥贮存期过长，其活性将会降低，一般贮存三个月以上的水泥，强度降低 10%—20%；六个月降低 15%—30%；一年后约降低 25%—40%。对已进场的每批水泥，视在场存放情况，应重新采集试样复验其强度和安定性。存放期超过 3 个月的通用水泥和存放期超过一个月的快硬水泥，使用前必须复验，并按复验结果使用。

2. 水泥混凝土

水泥混凝土是由水泥、石子、砂、水按一定比例拌和在一起而形成的一种坚硬的人造石材。

有时需要掺加＝定数量的外加剂，以便改善混凝土的工程性质。

水泥混凝土的强度与选用水泥的品种和等级有密切关系。如需配制强度等级高的混凝土，应使用等级较高的水泥。

水泥混凝土用石子应具有较高强度，良好的级配，以保证混凝土有足够的密实度。

混凝土拌和用砂应采用中、粗砂，且砂颗粒级配良好、质地坚硬、颗粒洁净，不应混有泥土、石灰、煤渣、草根等杂质。

只要人和牲畜够饮用的水都能作为混凝土的拌和用水。

（七）沥青和沥青混合料

1. 沥青

沥青是公路铺筑沥青路面的主要材料，也是桥梁、涵洞等构造物常用的主要防水材料和水泥混凝土路面嵌缝材料。

目前使用的沥青的标号主要有 160、130、90、70、50 等，标号越高，黏结力越低，塑性越好、温度稳定性越差。

沥青的选用，应满足工程的需要，并应进行检验，其针人度、延度、软化点等指标必须符合规范要求。

2. 沥青混合料

沥青混合料是经过人工合理选择级＆组成的矿质混合料（如碎石、石屑、砂等），与适量沥青材料拌和而成的混合料的总称。沥青混合料作为高等级公路最主要的路面材料。

四、公路养护机械

在公路养护中，公路养护机械的使用是确保工程质量、加快施工进度的保证。公路养护机械化，不仅能够提高工作效率，减轻工人劳动强度，而且可以降低施工成本。

农村公路养护中设备的购置，要根据路面类型、同种路面的拥有量、路基情况、自然灾害情况以及经济条件、实际需要等情况进行综合考虑。

沥青路面养护的常用机械包括石料加工、运输设备，沥青加温设备，混合料的拌和、运输、摊铺、碾压等设备，以及对旧路面的切割、破碎、铣刨等设备。

水泥混凝土路面养护的常用机械包括切割、破碎、石料加工、混凝土拌和及运输、摊铺、振捣等设备。

在农村公路养护工作中，常用养护机械的类型有以下几种。如表1-1所示。

表 1-1　常用养护机械类型

机械设备名称	规格	备注
清扫机	清扫宽度2—3m	配备洒水装置
洒水机	容积500L	
清缝机	清缝宽3—20mm，清缝深0—150mm	
多功能养护机	功率26kW	可换装挖掘、挖坑、挖沟等养护作业常用的十多种装置
除雪机	除雪宽度2.2m	
路面划线机	线宽80—300mm	手推或自行式
撒盐机		冬天除雪用
嵌缝机	嵌缝宽3—20mm，嵌缝深0—150mm	
路面破碎机械		液压或气压破碎装置
拌和机	强制式，出料容量250—350L	
机动翻斗车	容积0.4—1.2m³	
自卸汽车	容积2.4m³	
手推车	容积0.16—0.18m³	
平板振动器	功率1.1—2.2kW	
插入振捣器	功率1.1—2.2kW	高频振捣器
振动梁	功率1.1kW	
表面抹光机	抹盘直径800mm	
压纹器		手扶式
切缝机	功率4—5，5kW，刀片直径60—80mm	
砂浆搅拌机	最小转速800r/min，最大转速2000r/min	
振动压路机	重量>15t	

五、农村公路养护管理基础

为加强农村公路养护管理，提高农村公路养护质量和投资效益，促进农村经济社会发展和社会主义新农村建设，交通运输部在2008年4月24日颁布了《农村公路养护管理暂行办法》，确定了当前农村公路的有关养护管理政策。

（一）农村公路养护管理的职责

1.农村公路养护管理的原则

农村公路养护管理遵循"统一领导、分级负责、因地制宜、注重实效、全面养护、保障畅通"的原则，逐步建立责权明确、管养分离的养护管理体制，实行专业化养护和个人承包养护等多种方式，逐步推进农村公路养护的市场化。

农村公路养护管理工作，是一项复杂的系统工程，涉及面广，政策性强，地区差异大。由于各地自然条件和经济发展水平的不同，应结合当地情况制定符合本地实际的农村公路管理养护制度、技术规范、养护定额、质量评定标准和验收标准等行政、技术管理制度。通过建章立制，不断规范、加强和完善农村公路养护管理工作。

2.农村公路养护管理的职责

农村公路原则上以县级人民政府为主负责管理养护工作，省级人民政府主要负责制定农村公路养护政策，监督农村公路管理养护工作。

省级人民政府交通主管部门负责制订或批准本地区农村公路建设规划，编制下达农村公路养护计划，监督、检查养护计划执行情况和养护质量，统筹安排和监管农村公路养护资金，指导、监督全省农村公路管理工作。

县级人民政府是本地区农村公路养护管理的责任主体，其交通主管部门具体负责本地区农村公路养护管理工作。主要职责是：负责组织实施农村公路建设规划，编制农村公路养护建议性计划，筹集和管理农村公路养护资金，监督公路管理机构的养护管理工作，检查考核评定养护质量，组织协调乡镇人民政府做好农村公路及其设施的保护工作、乡村公路的路政管理工作。

县级人民政府交通主管部门所属的公路管理机构具体承担农村公路的日常管理和养护工作，拟订公路养护建议计划并按照批准的计划组织实施，组织养护工程的招投标和发包工作，对养护质量进行检查、考核、评定和验收，负责公路路政管理和路权路产保护。县级人民政府交通主管部门没有设立专门的公路管理机构的，可委托省级或市级公路管理机构的派出（直属）机构承担具体管理工作，不宜另设机构。

乡镇人民政府有关农村公路管理、养护、保护以及养护资金筹措等方面的具体职责，由县级人民政府结合当地实际确定。经济条件比较好的乡镇要积极投入力量，共同做好农村公路养护管理工作。

农村公路是国家公路网的有机组成部分，是农村重要的公益性基础设施。农村公路养护、管理工作，直接影响农村公路正常使用、行车安全和长远发展，必须加强农村公路的养护和管理，确保公路完好畅通，更好地为农村经济社会发展服务。

（二）养护资金筹措与管理

农村公路养护资金筹措与管理应遵循"政府投入为主、多渠道筹资、统筹安排、专户储存、专款专用、强化监管"的原则。

1. 资金来源

（1）地方各级人民政府按照国家有关规定，财政预算安排的农村公路小修保养资金和专项资金。

（2）中央财政对一些特殊困难地区，通过财政转移支付安排的农村公路养护资金和专项资金。

（3）拖拉机、摩托车养路费除去征收成本后用于农村公路养护的资金。

（4）省级交通主管部门汽车养路费用于农村公路养护大、中修和改建工程的资金。

（5）受益企业或个人捐助农村公路养护资金。

（6）村民委员会通过"一事一议"方式筹集的农村公路养护资金。

2. 资金使用

（1）汽车养路费和省级财政用于农村公路养护的资金，由省级交通主管部门根据批准的农村公路养护计划拨付县级交通主管部门，市、县两级财政用于农村公路养护的财政资金，由其财政部门拨付县级交通主管部门；拖拉机、摩托车养路费除去征收成本后用于农村公路养护的资金，由相应的财政部门拨付县级交通主管部门，由县级交通主管部门按养护计划、合同安排使用。农村公路养护资金纳入国库集中支付改革范围的，按照国库集中支付的有关规定办理。

（2）企业和个人捐助的资金，由县级交通主管部门统筹安排使用。

（3）村民委员会通过"一事一议"筹集的养护资金，由村民委员会按照公路养护计划，专项用于村道的养护。

3. 资金管理与监督

（1）县级交通主管部门应建立健全农村公路养护资金使用管理制度，规范资金的使用和管理。

（2）农村公路养护资金的使用应当接受当地审计、财政部门和上级交通主管部门的审计和监督检查，任何单位、组织和个人不得截留、挤占和挪用。

（三）农村公路养护工程管理

农村公路养护工程管理工作要以工程质量为中心，建立、健全工程质量管理、控制制度，严格检查、考核、评定、验收制度，提高投资效益。

1. 农村公路养护工程的分类

根据交通部 2001 年颁布的《公路养护工程管理办法》（交公路发 [2001]327 号），公路养护工程按其工程性质、复杂程度、规模大小划分为小修保养、中修、大修和改建工程四类。

（1）小修保养是对管养范围内的公路及其沿线设施、绿化，经常进行维护保养和修补其轻微损坏部分的作业。

（2）中修工程是对公路及其沿线设施的一般性损坏部分进行定期的修理加固以恢复公路原有技术状况的工程。

（3）大修工程是对公路及其沿线设施的较大损坏进行周期性的综合修理，以全面恢复到原技术标准的工程。

（4）改建工程是对公路及其沿线设施因不适应现有交通量增长、城乡发展变化和载重需要而提高技术等级指标，显著提高其通行能力的较大工程。

2. 农村公路小修保养管理

农村公路小修保养的内容包括路基、路面、桥涵、沿线设施、绿化、公路巡查、抢险救灾等方面的日常养护工作。

农村公路小修保养要按照有关的公路养护技术规定、操作规程组织实施对路面、沿线设施及绿化的养护管理，做到以路面为中心的全面养护。

农村公路小修保养的管理应实行检查、考核、评定、报告制度。各管养单位应建立各类管理台账，填写生产原始记录，严格实行成本核算。

农村公路日常保养可根据交通量、路面类型、地形特点等实际情况，采取个人承包养护、群众集中进行季节性养护、专业养护等方式。

农村公路小修保养宜选择专业化养护单位承担，实行合同、定额管理，定期计量支付养护经费。小修保养宜签订中长期合同，一般为 2—5 年，对养护质量好的养护单位可以续签合同。

养护作业单位要定期进行路况巡查，对发生的自然灾害、道路交通事故、路产路权损害案件等应按有关规定及时上报处理。

地方各级交通主管部门及其公路管理机构应当依据有关规定，制订农村公路养护技术规范、检查考核办法，定期对农村公路养护质量情况进行检查、评定和考核。

3. 农村公路大、中修和改建工程管理

农村公路大、中修和改建工程，应按有关规范和标准进行设计，宜按基本建设程序组织实施，并按有关规定进行竣工验收。

农村公路大、中修和改建工程，应按路段或区域通过竞争或招标方式选择专业化实施单位。

4. 农村公路养护的质量要求与质量考核

（1）农村公路养护的质量要求

农村公路养护的质量要求是：保持行车路面整洁、平整、完好，路拱横坡适度，行车舒适，

路肩整洁结实；边坡稳定；边沟、涵洞等设施排水畅通；沿线构造物完好；沿线设施完善可靠；绿化协调美观。

县道的养护质量考核指标按照《公路技术状况评定标准》执行，乡道和村道的养护质量考核指标由省级交通主管部门结合当地实际情况参照《公路技术状况评定标准》制定。

（2）公路技术状况

根据交通部 2007 年发布的《公路技术状况评定标准》，公路技术状况评定以 1000m 路段长度为基本评定单元。公路技术状况评价包含路面、路基、桥隧构造物和沿线设施四部分内容。用公路技术状况指数（MQI）和相应分项指标表示。

公路技术状况分为优、良、中、次、差五个等级。公路技术状况等级按表1-2确定。

表 1-2 公路技术状况评定标准

评价等级	优	良	中	次	差
公路技术状况指数（MQI）及各级分项指标	>=90	>=80，<90	>=70，<80	>=60，<70	<60

（3）公路技术状况指数（MQI）及分项指标

公路技术状况评价包含路面、路基、桥隧构造物和沿线设施四部分内容。

公路技术状况评价指标是公路技术状况指数（MQI），由四个部分的评价指标构成，分别是路面使用性能指数（PQI）、路基技术状况指数（SCI）、桥隧构造物技术状况指数（BCI）和沿线设施技术状况指数（TCI）。各相应分项指标的值域为 0—100。

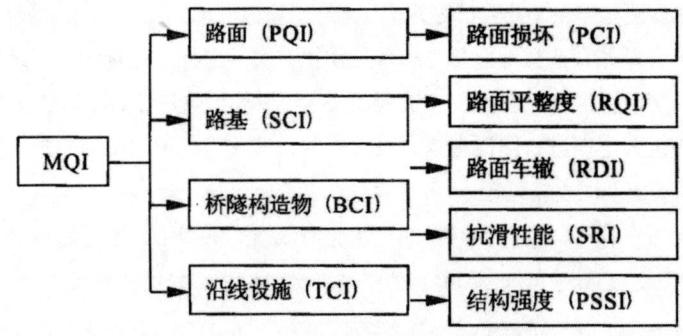

图中：

MQI——公路技术状况指数；

PQI——路面使用性能指数（PavementQualityorPerformanceIndex）；

SCI——路基技术状况指数（SubgradeConditionIndex）；

BCI——桥隧构造物技术状况指数（Bridge，TunnelandCulvertConditionIndex）；

TCI——沿线设施技术状况指数（Traffic-facilityConditionIndex）；

PCI——路面损坏状况指数（PavementSurfaceConditionIndex）；

RQI——路面行驶质量指数（RidingQualityIndex）；

RDI——路面车辙深度指数（RuttingDepthIndex）；

SRI——路面抗滑性能指数（SkiddingResistanceIndex）；

PSSI——路面结构强度指数（PavementStructureStrengthIndex）

（4）公路技术状况指数（MQI）及分项指标的权重，如下表：

表1-3 公路技术状况指数（MQI）及分项指标的权重表

路面使用性能指数（PQI）在公路技术状况指数中权重为	070
路基技术状况指数（SCI）在公路技术状况指数中权重为	0.08
桥隧构造物技术状况指数（BCI）在公路技术状况指数中权重为	0.120
沿线设施技术状况指数（TCI）在公路技术状况指数中权重为	0.10

用公式表示为 MQI=0.0xPQI+0.08xSCI+0.2xBCI+0.10xTCI

5.公路技术状况检测与调查

（1）检测与调查内容：公路技术状况检测与调查包括路面、路基、桥隧构造物和沿线设施四部分内容。路面检测包括路面损坏、平整度、车辙、抗滑性能和结构强度五项指标。其中，路面结构强度为抽样检测指标。桥隧构造物调查包括桥梁、隧道和涵洞三类构造物。

（2）检测用表：公路技术状况检测与调查中，有下列用表，沥青路面损坏调查表、水泥混凝土路面损坏调查表、砂石路面损坏调查表、路基损坏调查表、桥隧构造物损坏调查表、沿线设施损坏调查表、公路技术状况评定明细表、公路技术状况评定汇总表

（四）路政管理

路政管理：是指公路管理机构、路政管理机构，为维护公路管理者、经营者、使用者和受益者的合法权益，根据《公路法》及其他有关法律、法规和规章的规定，实施保护公路、公路用地及公路附属设施的行政管理工作。

农村公路路政管理，应严格遵守《中华人民共和国公路法》、《中华人民共和国行政许可法》和各地制定的公路路政管理规定等法律、法规、规章的规定，依法行政。

各级地方人民政府和交通主管部门应认真履行职责，按照统一领导、分级负责的原则，建立适合本地情况的农村公路路政管理模式，建立健全农村公路路政管理的有关规章制度，落实工作职责，明确工作机制，保障农村公路的完好、安全和畅通。

乡村道路的路政管理工作可以结合养护管理工作，采取委托管理等多种方式，充分调动乡镇政府、村委会和沿线村民保护公路的积极性。乡（镇）人民政府在管理工作中发现有损害公路需要赔偿或者需要给予行政处罚的行为的，应当及时报县级人民政府交通行政主管部门处理。

县级交通主管部门及其公路管理机构、路政管理机构应结合养护工作，充分发挥乡镇人

民政府、村委会的作用和沿线村民的积极性，共同做好农村公路保护工作。

路政管理的中心任务是保护路产、路权，主要围绕保护路产、维护路权、维持秩序、保护权益四个方面来开展工作。

从公路边沟外缘起，没有边沟的，从公路坡脚线外缘起，县道不少于10m、乡道不少于5m、村道不少于3m的区域为公路建筑控制范围。在上述范围内，除公路防护、养护需要和必要的农田水利设施建设外，禁止修建建筑物和构筑物；需要埋设管线、电缆等设施的，应当根据管理权限事先经交通行政主管部门批准，县道报县级交通行政主管部门批准，乡、村道路报乡（镇）政府主管部门批准。

应根据农村公路建设的标准，设置必要的限载、限宽的标志和设施，严禁超载车辆通行。县级及以下公路由县级交通行政主管部门负责沿线设施的规划和指导，乡村公路管理机构负责实施。

（1）公路桥梁荷载等级不达标的，应当设置明显的限载标志，并及时采取维修加固等有效措施。发现公路桥梁严重损坏影响通行安全的，应当设置禁止通行和绕行标志，并及时采取修复措施。

（2）除农业机械因当地田间作业需要在公路上短距离行驶外，铁轮车、履带车和其他可能损害公路路面的机械，不得在公路上行驶。确需行驶的，必须经县交通行政主管部门同意，采取有效的防护措施，并按照指定的时间、路线行驶。对公路造成损坏的，应当按照损坏程度给予补偿。

（3）任何单位和个人不得损坏、擅自移动、涂改公路附属设施。

（4）任何单位和个人不得在公路及公路用地范围内设置棚屋摊点、堆放物品、打谷晒场、倾倒垃圾、设置障碍、挖沟筑埂、沤肥烧草，不得有其他损坏公路、污染公路和影响公路畅通的行为。

（5）任何单位和个人不得擅自占用、挖掘公路。因修建铁路、通信设施、水利工程和进行其他建设工程需要占用、挖掘公路或需要公路改线的，建设单位应当事先征得有关交通行政主管部门的同意，其中县道由县交通行政主管部门批准，乡村公路由乡（镇）政府主管部门批准。占用、挖掘公路或者使公路改线的，建设单位应当按照不低于该段公路原有的技术标准予以修复、改建或者给予相应的经济补偿。

（6）跨越、穿越公路修建桥梁或者架设、埋设管线、电缆等设施的，应当事先经有关交通主管部门同意，影响交通安全的，还须征得有关公安机关的同意；所修建、架设或者埋设的设施应当符合公路工程技术标准的要求。对公路造成损坏的，应当按照损坏程度予以补偿。

（五）公路养护作业安全

公路养护作业安全，就是公路养护作业过程中，通过对生产要素的过程控制，使生产要素的不安全行为和状态减少或消除，达到减少一般事故，杜绝伤亡事故，从而保证安全生产目标实现的活动。

为了防止工伤事故、职工中毒和职业病的发生，保证人身安全、施工安全、交通安全，公路养护安全生产应贯彻"以人为本，安全第一"和"预防为主"的方针。严格施工安全操作规程，切实加强安全生产管理和施工现场生产人员管理，特别要对爆炸物品及其他危险品严格管理，防止重大安全事故的发生，切实保护施工人员及公路沿线人民群众生命安全。施工现场应做好作业区交通管制、安全组织与管理、作业规范化等各项工作，切实做到公路养护作业安全。

1. 遵守安全生产管理制度

参加公路养护作业的人员，必须遵守劳动纪律，服从指挥；必须接受养护安全技术教育和培训，熟知和遵守公路养护工作的各项安全技术规程；必须接受安全技术教育并经考核合格后方可上岗操作。有特殊要求的工种，应经专业培训获合格证书后，方准持证上岗操作。

2. 认真执行下列安全防护措施

（1）一禁：绝对禁止掏洞挖土，防止土坡滑塌伤人。

（2）二防：严防储存火药着火，严防开山放炮伤人。

（3）三不走：公路中间不走，弯道内侧不走，两人并排不走。

（4）四不坐：路面上不坐，弯道上不坐，桥上不坐，单行线不坐。

（5）五不要：软石不要，风化石不要，规格不合不要，含泥土不要，粉砂不要。

（6）六不堆：路面上不堆，桥上及桥头不堆，弯道内侧不堆，陡坡不堆，单行线不堆，路肩两边并排不堆（只许堆一边）。

3. 在养护作业场地设置安全设施

（1）在进行公路养护作业时，养护工作人员必须穿着具有反光功能的橘黄色安全标志服，并戴好安全帽。

（2）公路养护按作业区交通控制要求和国家标准规定设置路栏、锥形交通路标、导向标等告示性标志和警告性标志。

在指引车辆绕过的施工、维修作业区或其他障碍物路段，应设置锥形交通路标。在路线方向发生明显变化时，应设置指示性导向标；在施工或维修作业区两端，应设置警告性导向标。为保证车辆、行人安全和施工正常进行，在施工作业、落石、塌方等危险路段两端或周围应设置路栏。

夜间养护作业应有足够的照明设备，并设置警示灯光信号。在能见度差（如夜晚、大雾天、大雨天、大雪天）的条件下，进行人工清扫路面或进行边坡清理工作，必须采取必要的安全措施。

在山区进行养护维修作业时，由于视距条件较差，车道坡度较大，要指派专人观察车辆通行情况，做好交通指挥，以防意外伤人，并适当增加安全防护措施；在发生山体滑坡、塌方、泥石流路段上和在桥梁、涵洞里进行养护作业时，要指派专人观察险情，以防意外伤人；在路肩、边坡等路段养护作业时，应采取防滑坠落措施，并注意防止危岩、浮石滚落伤人。

4. 做好劳动保护

要按照《公路工程施工安全技术规程》，在进行药物、沥青、水泥、石灰等加工作业时，在明火熬制沥青、消解装运、过筛等加工、施工时，应控制尘毒浓度不超过有关规定标准，并应采取相应劳动保护措施，及有一定的应急措施准备。

5. 严格执行安全操作规程

（1）高空作业要有牢固的安全设施。在桥梁外栏作业和边坡坡度陡于1：0.5的坡面上施工时，须设置悬挂式吊篮或脚手架，作业人员须系安全带。

（2）机械作业时，操作人员不得擅离工作岗位，不准将养护机械交给非本机操作人员和无证人员操作；严禁无关人员进入机械作业区和操作室内；工作时，操作人员思想要集中，严禁违章操作、酒后、疲劳和带病操作。

第二章　农村公路养护的内容

第一节　沥青路面养护

沥青路面，也称为油路面，是用沥青材料作结合料铺筑面层并与各类基层所组成路面的总称因路面呈黑色，又称黑色路面。

常见的沥青路面包括沥青表面处治路面、沥青贯入式路面、乳化沥青碎石路面、热拌沥青混合料路面等类型。

一、沥青路面的养护要求

沥青路面的养护应贯彻"预防为主，防治结合"的方针，根据日常调查的路况资料及交通量、地质、气候情况，进行分析，预作防范，加强预防性养护工作。

（一）沥青路面养护的要求

（1）沥青路面的小修保养保证路面平整、横坡适度、线形顺直、清扫整洁、排水良好；加强日常的巡路检查，掌握路面状况，及时排除有损路面的各种诱因或隐患，发现路面初期病害应及早维修。

（2）对路面存在较大损坏的情形，应根据损坏程度，及时安排大、中修或专项工程，进行维修和整治；对路面承载能力不足或不适应交通要求的，应根据不同情况进行补强、加宽或改造，并重新铺筑沥青路面。

（3）应重视路面排水及时修补沥青路面的坑槽车撤和裂缝，防止地表水渗入基层；对已渗入基层的积水，应设纵横向盲沟排水，地下水位较高的在排水沟下面设置腹式盲沟；应加强路面排水设施的维修养护，保持良好的排水功能特别是做好雨季、冬季的预防工作。

（二）沥青路面养护质量标准

沥青路面进行大修、中修、改建以及实施专项养护工程时，既要遵照《公路沥青路面养护技术规范》的相关技术规定，还应遵照《公路工程质量检验评定标准》、《公路沥青路面施工技术规范》、《公路路面基层施工技术规范》、《公路路基施工技术规范》的相关规定。

（三）沥青路面常见损坏类型

沥青路面常见损坏类型分为以下几种。

1. 龟裂

轻：初期裂缝，裂区无变形、无散落，缝细，主要裂缝宽度在 2mm 以下，主要裂缝块度在 0.2—0.5m 之间，损坏按面积计算中：龟裂的发展期，龟裂状态明显，裂缝区有轻度散落或轻度变形，主要裂缝宽度在 2—5rrnn 之间，部分裂缝块度小于 0.2m，损坏按面积计算。

重：龟裂特征显著，裂块较小，裂缝区变形明显、散落严重，主要裂缝宽度大于 5mm，大部分裂缝块度小于 0.2m，损坏按面积计算。

2 块状裂缝

轻：缝细、裂缝区无散落，裂缝宽度在 3mm 以内，大部分裂缝块度大于 1.0m，损坏按面积计算。

重：缝宽、裂缝区有散落，裂缝宽度在 3mm 以上，主要裂缝块度在 0.5—1.0m 之间，损坏按面积计算。

3. 纵向裂缝

与行车方向基本平行的裂缝。

轻：缝细、裂缝壁无散落或有轻微散落，无支缝或有少量支缝，裂缝宽度在 3mm 以内，损坏按长度计算，检测结果要用影响宽度（0.2m）换算成面积。

重：缝宽、裂缝壁有散落，有支缝，主要裂缝宽度大于 3mm，损坏按长度（m）计算，检测结果要用影响宽度（0.2m）换算成面积。

4. 横向裂缝

与行车方向基本垂直的裂缝。

轻：缝细、裂缝壁无散落或有轻微散落，裂缝宽度在 3mm 以内，损坏按长度计算，检测结果要用影响宽度（0.2m）换算成面积。

重：缝宽、裂缝贯通整个路面，裂缝壁有散落并伴有少量支缝，主要裂缝宽度大于 3mm，损坏按长度计算，检测结果要用影响宽度（0.2m）换算成面积。

5. 坑槽

轻：坑浅，有效坑槽面积在 0.1m² 以内（约 0.3mx0.3m），损坏按面积计算。

重：坑深，有效坑槽面积大于 0.1m²（约 0.3mx0.3m），损坏按面积计算。

6. 松散

轻：路面有细集料散失、脱皮、麻面等表面损坏，损坏按面积计算。

重：路面粗集料散失、脱皮、麻面、露骨，表面剥落、有小坑洞，损坏按面积计算。

7. 沉陷

大于 10mm 的路面局部下沉。

轻：深度在 10—25mm 之间，正常行车无明显感觉，损坏按面积计算。

重：深度大于 25mm，正常行车有明显感觉，损坏按面积计算。

8. 车辙

轮迹处深度大于 10mm 的纵向带状凹槽（辙槽）。

轻：辙槽浅，深度在 10—15mm 之间，损坏按长度计算，检测结果要用影响宽度（0.4m）换算成面积。

重：辙槽深，深度在 15mm 以上，损坏按长度计算，检测结果要用影响宽度（0.4m）换算成面积。

9. 波浪拥包

轻：波峰波谷高差小，高差在 10—25mm 之间，损坏按面积计算。

重：波峰波谷高差大，高差大于 25mm，损坏按面积计算。

10. 泛油

路面沥青被挤出或表面被沥青膜覆盖形成发亮的薄油层，损坏按面积计算。

二、沥青路面初期养护与日常养护

（一）沥青路面初期养护

1. 沥青路面初期养护的注意要点

（1）控制行车碾压

应在路两端起讫点以外设立限速标志，根据面层类型一般要"先慢，后快"，即在刚开放通车时，车速控制在 20km/h 以下，根据表面成型的情况，逐步提高到 25km/h 两端要设专人掌握，在路面上每隔 100m 设临时标志，按先边后中的原则，控制行车车辙碾压，达到全面压实。

（2）加强维修

随时细找（三米直尺查找），暴露出来的轻微不平整，用炒拌料垫平，以提高路面平整度。

2. 热拌沥青混合料路面施工的初期养护

热拌热铺沥青混凝土维修路面，必须待路面压实后，摊铺层自然冷却，混合料表面温度低于 50t 后，才能开放通车。

纵横向的施工接缝是沥青路面的薄弱点，尤其应加强初期养护，随时用三米直尺查找暴露出来的轻微不平，铲高补低，经拉毛后，用混合料垫平、压实，以消灭缝口，保持平顺

3.沥青贯入式维修路面的初期养护

在初步压实的碎（砾）石的基础上，用沥青浇灌，再分层撒铺嵌缝料和浇洒沥青，并通过分层压实而形成的一种较厚的路面面层，其厚度通常为4—8cm，这就是沥青贯入式路面。

（1）路面竣工后，开放交通时，行驶车辆限速在15km/h以下，根据表面成型情况，逐步提高到20km/h。

（2）设专人指挥交通或设置临时路标，按先两边，后中间控制车辆易辙行驶，达到全面压实。

（3）应随时将行车碾散的嵌缝料扫回布匀、压实，以保证形成一个平整密实的上封层在扫回甩出两侧的石料时，要检查石料散失处，如果沥青不多，应将散失浮动石料扫出路面外，以免搓动其他已经粘住的石料，并及时进行修补。

（4）当路面泛油后，要及时补撒与施工最后一层矿料相同的初期养护料，同时控制行车碾压。

①当路面全面泛油后，马上就撒初期养护料，不泛油不撒，局部泛油不撒。

②应顺行车方向少撒、勤撒、薄撒、匀撒。

③撒料应在当天气温最高时进行。

4.沥青表面处治维修路面的初期养护

用沥青裹覆矿料，铺筑厚度不大于3cm的一种薄层路面面层，称为沥青表面处治路面

（1）层铺法施工的沥青表面处治路面的初期养护与贯入式路面的要求基本相同。

（2）拌和法施工的沥青表面处治路面的初期养护与热拌沥青混合料的要求基本相同。

5.乳化沥青维修路面的初期养护

乳化沥青路面早期强度低，稳定性差，压实后的路面应设专人管理，加强初期养护在开放通车初期，要特别严格控制车速和硬轮、牲蹄的破坏应控制车速不超过20km/h，并应在开放交通前封闭交通2—6h。

（二）日常养护

1.沥青路面日常养护

（1）加强路况巡查，及时发现并上报病害，研究分析病害产生的原因，并有针对性地及时对病害进行维修处理。

（2）及时清扫路面，保持路面清洁在清扫路面时，应采取洒水等措施，防止扬尘污染环境。

（3）严禁履带车和铁轮车在沥青路面上直接行驶，如必须行驶，应采取相应措施。

（4）雨后路面积水、淤泥要及时排除。

2.预防性季节保养修理

沥青路面对气温比较敏感，应根据各地不同季节的气候特点、水和温度变化规律，按照"预

防为主、防治结合"的原则，结合本地区成功经验，针对不同季节病害根源，因地制宜，采取有效的技术措施，做好预防性保养和维修工作。

三、常见沥青路面病害的维修

（一）裂缝的维修

（1）在高温季节全部或大部分愈合的轻微裂缝，可采取灌缝等预防性养护措施。

（2）在高温季节不能愈合的轻微裂缝，可采用以下方法之一进行处治。

①将有裂缝的路段清扫干净，并均匀喷洒少量沥青，再均匀撒一层 2—5mm 的干燥洁净石屑或粗砂，最后用轻型压路机（2—5T）将矿料压入路面。

②裂缝涂刷少量稠度较低的沥青。

（3）由于路面基层温缩和干缩而造成的纵向或横向的裂缝，应按裂缝的宽度分别予以处治。

缝宽在 5mm 以内。

①清除缝内杂物及尘土。

②将稠度较低的热沥青灌入缝内，灌入深度应为缝深的 2/3。

③填入干净石屑或粗砂，并捣实。

④将溢出缝外的沥青及石屑、粗砂清除。

缝宽在 5mm 以上。

①除去已松动的裂缝边缘。

②用热拌沥青混合料填入缝中，捣实缝内潮湿时应用乳化沥青混合料。

（4）因沥青性能不好、路面龄期较长或油层老化等原因出现的大面积裂缝，如基层强度尚好时，通过技术经济比较，可选用下列维修方法：

①乳化沥青稀浆封层，封层厚度宜为 3—6mm。

②加铺沥青混合料上封层。

③改性沥青薄层罩面。

（5）由于土基、基层强度不足或路基翻浆等引起的严重龟裂，应先处置好基层后再重做面层。

（二）拥包的维修

对于沥青路面拥包，可按下述方式进行维修：

（1）属于施工时操作不慎将沥青漏洒在路面上形成的拥包，将拥包铲去即可。

（2）已基本稳定的轻微拥包，将拥包采用机械刨削或人工挖除如果除去油包后，路表不够平整，可刷少量沥青，再撒上适当粒径的矿料后扫匀、整平。

（3）因面层沥青用量过多或细料集中产生较严重拥包，应用机械或人工将拥包全部除去，并低于路面约 10mm 扫尽碎屑、杂物及粉尘后用热沥青混合料填平并压实。

（三）沉陷的维修

（1）因路基不均匀沉陷而引起的局部路面沉陷，若基层已经密实稳定，不再继续下沉，可只修补面层，并根据路面的破损状况分别采取下列处治措施。

①路面略有下沉，无破损或仅有少量轻微裂缝，可在沉陷处喷洒或涂刷黏层沥青，再用沥青混合料将沉陷部分填补，并压实平整。

②因路基沉陷导致路面破损严重，矿料已松动、脱落形成坑槽的，应按照坑槽的维修方法予以处治。

③因土基或基层结构遭到破坏而引起路面沉陷，由于基层局部强度不足或水稳性不好，使基层松软而导致的沉陷，应将面层和基层完全挖除，处治好基层后再重做面层。

（2）桥涵台背因填土不密实出现不均匀沉陷的，可视情况选择以下处理方法：

①挖除沥青面层，在沉陷的部分加铺基层后重做面层。

②对于台背填土密实度不够的，应重新作压实处理，台背死角处的压实宜采用小型夯实机械。

③对含水量和孔隙均较大的软基或含有有机物质的黏性土层，宜采取换土处理换土深度应视软基层厚度而定换填材料首先应选择强度高、透水性好的材料，如碎石土、卵（砾）石土、中粗砂及强度较高的工业废渣，且要求级配合理。

④采用注水泥浆加固处理

（四）车辙的维修

（1）车道表面因车辆行驶推移而产生的车辙，应将出现车辙的面层切削或铣刨清除，然后重铺沥青面层。

（2）路面受横向推挤形成的横向波形车辙，如果已经稳定，可将凸出的部分削除，在波谷部分喷洒或涂刷黏结沥青及填补沥青混合料并找平、压实。

（3）因面层与基层间有不稳定的夹层而形成的车辙，应将面层挖除，清除夹层后，重做面层。

（4）由于基层局部强度不足或水稳性不好，使基层松软而导致的车辙，应将面层和基层完全挖除如土基中含有淤泥，还应将淤泥彻底挖除，换填新料并夯实，在地下水位较高的潮湿路段，应采取增设盲沟等措施引出地下水并在基层下面加铺一层水稳性好的材料，最后重做面层。

（五）波浪与搓板的维修

（1）属于面层原因形成的波浪或搓板可按下述方法进行维修：

①路面仅有轻微波浪或搓板，可在波谷部分喷洒沥青，并匀撒适当粒径的矿料，找平后压实。

②波浪（搓板）的波峰与波谷高差起伏较大时，应顺行车方向，将凸出部分铣刨削平，使其低于路表面约 10 在其上喷洒热沥青，再匀撒一层粒径不大于 10mm 的矿料，扫匀，找平，并压实。

③严重的、大面积波浪或搓板，应将面层全部挖除，然后重铺面层。

（2）若面层与基层之间存在不稳定的夹层，面层在行车荷载的作用下推移变形而形成波浪（搓板），应挖除面层，清除不稳定的夹层后，喷洒黏结沥青，重铺面层。

（3）因基层局部强度不足，或稳定性差等原因造成的波浪（搓板），应先对基层进行处治稳定后，再重做面层。

（六）冻胀和翻浆的维修

（1）因路基冻胀使路面局部或大面积隆起影响行车时，应将胀起的沥青路面刨平，待春融后按翻浆处理的方法予以处治。

（2）因冬季基层中的水结冰引起冻胀，春融季节化冻而引起的翻浆应根据情况采用以下方法之一予以处治：

①换填沙砾。

②局部发生翻浆的路段，可采用局部换填沙砾和打石灰梅花桩、水泥沙砾桩的办法予以改善。

③加深边沟，并在翻浆路段两侧路肩上交错开挖宽为 30—40cm 的横沟，其间距为 3—5m，沟底纵坡不小于 3%，沟深应根据解冻情况，逐渐加深，直至路面基层以下横沟的外口应高于边沟的沟底如路面翻浆严重，除挖横沟外，还应顺路面边缘设置纵向小盲沟交通量较小的路段也可挖成明沟但翻浆停止后，应将明沟填平恢复原状。

（3）因基层水稳定性不良或含水量过大造成的翻浆应挖去面层及基层全部松软的部分将基层材料晾晒干，并适当增加新的硬粒料（有条件时应换填透水性良好的沙砾或工业废渣等）分层（每层不超过 15cm）填补并压实最后恢复面层。

（4）低温季节施工的石灰、粉煤灰稳定类基层，在板体强度未形成时由于雨水渗入，其上层发生翻浆的，应将翻浆部分挖除，重做石灰、粉煤灰稳定基层或换用其他材料予以填补，然后重做面层。

（七）坑槽的维修

路面基层完好，仅面层有坑槽时的维修，应严格按"八道操作工艺"修补：

（1）划出大致与中线平行或垂直的修补轮廓线，按照"圆洞方补、斜洞正补"的原则，划出所需修补坑槽的轮廓线，轮廓线通常要大于坑槽边线 10—15cm。

（2）沿所划轮廓线开凿至坑底稳定部分，其深度不得小于原坑槽的最大深度。

（3）清除槽底、槽壁的松动部分及粉尘、杂物，做到合壁垂直、顺适、盆底平整。

（4）选料配料，根据原路面材料用量配合比，称量需用材料用量，拌和均匀。

（5）坑槽四壁涂抹沥青，并在槽底涂刷黏层沥青。

（6）将拌和均匀的沥青混合料填入坑槽（在潮湿或低温季节，宜采用乳化沥青拌制的混合料）。

（7）整平填入坑槽的混合料。

（8）用小型压实机具或铁制手夯将填补好的部分压（夯）实新填补的部分应略高于原路面 0.5—2.0cm）如果坑槽较深（7cm 以上），应将沥青混合料分两次或三次摊铺和压实，若因基层局部强度不足等使基层破坏而形成坑槽，应压实的要求先处治基层待其稳定后，再修复面层修补。

（八）麻面与松散的维修

（1）因嵌缝料散失出现轻微麻面，在沥青面层不贫油时，可在高温季节撒适当的嵌缝料，并用扫帚扫匀，使嵌缝料填充到石料的空隙中。

（2）大面积麻面应喷洒稠度较高的沥青，并撒适当粒径的嵌缝料，应使麻面部分中部的嵌缝料稍厚，周围与原路面接口要稍薄，定型要整齐，并碾压成型。

（3）因沥青用量偏少或因低气温施工造成的沥青面层松散，应采用以下方法处治：

①先将路面上已松动了的矿料收集起来。

②待气温升至 15t 以上时，按 0.8—1.0kg/m² 的用量喷洒沥青，再均匀撒上 3—6mm 的石屑或粗砂（5—8m³/km²）。

③用轻型压路机压实。

（4）作稀浆封层处治，对松散路面处理后，再作稀浆封层。

（5）对于因油温过高，沥青老化失去黏结性而造成的松散，应将松散部分全部挖除后，重做面层。

（6）因沥青与酸性石料间的黏附性不良而造成路面松散应将松散部分全部挖除后重做面层，重做面层的矿料不应再使用酸性石料在缺乏碱性石料的地区，应在沥青中掺入抗剥离剂、增黏剂或使用干燥的生石灰、消石灰、水泥等表面活性物质作为填料的一部分，或采用石灰浆处理粗骨料等抗剥离措施，以提高沥青与矿料的黏附力，并增加混合料的水稳性。

（7）由于基层或土基软化变形而造成的路面松散，应参照有关要求先处理好基层后，再重做面层。

（九）泛油的维修

（1）只有轻微泛油的路段，可撒上 3—5mm 粒径的石屑或粗砂，并用压路机或控制行车碾压。

（2）泛油较重的路段，可先撒 5—10mm 粒径的碎石，用压路机碾压待稳定后，再撒 3—

5mm 粒径的石屑或粗砂，并用压路机或控制行车碾压。

（3）面层含油量高，且已形成软层的严重泛油路段，根据情况，采用下述方法进行处治：

①先撒一层 10—15mm 粒径（或更大的）碎石，用压路机将其.强行压入路面，待基本稳定后，再分次撒上 5—10mm 粒径的碎石，并碾压成型。

②将含油量过高的软层铣刨清除后，重作面层。

（4）处治泛油应注意以下事项：

①处治时间应选择在泛油路段已出现全面泛油的高温季节（每年的 6—8 月）。

②撒料应顺行车方向撒，先粗后细；做到少撒、薄撒、匀撒、无堆积、无空白。

③禁止使用含有粉粒的细料。

④采用压路机或引导行车碾压，使所撒石料均匀压入路面。

⑤如采用行车碾压，应及时将飞散的粒料扫回，待泛油稳定后，将多余浮动的石料清扫并回收。

（十）脱皮的维修

由于沥青面层与上封层之间黏结不好，或初期养护不良引起的脱皮，应清除已脱落和已松动的部分，再重新做上封层，所做封层的沥青用量及矿料粒径规格应视封层的厚度而定。

如沥青面层层间产生脱皮，应将脱落及松动部分清除，在下层沥青面上涂刷黏结沥青，并重做沥青层。

面层与基层之间因黏结不良而产生的脱皮，应先清除掉脱落、松动的面层，分析黏结不良的原因若面层与基层间所含水分较多，应晾晒；若面层与基层之间夹有泥层，则应将泥沙清除干净，喷洒透层沥青后，重做面层。

（十一）啃边的维修

（1）因路面边缘沥青面层破损而形成的啃边，应将破损的沥青面层挖除，在接茬处涂刷适量的黏结沥青，用沥青混合料进行填补，再整平压实修补啃边后的路面边缘应与原路面边缘齐顺。

（2）因基层松软、沉陷而形成的啃边，应先对路面边缘基层局部加强后再恢复面层。

（3）应加强路肩的养护工作，保持路肩稳定；随时注意填补路肩上的车辙、坑洼或沟槽；保持路肩与路面衔接平顺，并保持路肩应有的横坡，以利排水。

（4）为防止路面出现啃边，宜采取以下措施：

①用砂石、碎砖（瓦）、工业废渣等改善，加固路肩或设硬路肩，使路肩平整、坚实。

②可在路面边缘增设路缘石，或将路面基层加宽到其面层宽度外 10—25cm 处。

③在平交道口或曲线半径较小的路面内侧，可适当加宽路面。

（十二）磨光的维修

（1）路面石料棱角被磨掉，路面光滑，抗滑性能低于要求值时，应加铺抗滑层。

（2）对表面过于光滑，抗滑性能特别差的路段，应作罩面处理。

①可以采用拌和法或层铺法施工的单层表面处治，也可以采用乳化沥青稀浆封层。

②罩面前，应先处治好原路面上的各种病害，若原路表面有沥青含量过多的薄层，应将其刮除后洒黏层沥青。

第二节　水泥混凝土路面养护

水泥混凝土路面是指以水泥混凝土板作面层的路面水泥混凝土面层直接承受行车荷载的作用和环境的影响，应具有较高的抗弯拉强度、耐久性、耐磨性和抗滑性。

水泥混凝土路面的特点是在养护良好的条件下使用年限比其他路面长然而一旦开始破损，将会迅速发展且维修工程量大和投资较大、维修时间长因此必须作好预防性、经常性养护通过经常的巡视观察，及早发现缺陷，弄清原因，不失时机地采取适当的措施以保持路面状况的完好。

一、水泥混凝土路面养护基本要求和质量标准

（一）基本要求

（1）水泥混凝土路面养护工作必须贯彻"预防为主、防治结合"的方针根据路面实际情况和具体条件，以及水文、地质、气候、交通和公路等级等情况，采取预防性、经常性的保养和相应修补，对于较大范围路面修理，应安排大、中修或专项工程，使路面处于良好的技术状况。

（2）水泥混凝土路面应以机械养护为主，并积极采用新技术、新材料和新工艺。

（3）水泥混凝土路面养护必须贯彻安全生产的方针其安全技术、劳动保护等必须符合有关规定，做到安全生产，文明施工，保护环境。

（二）养护质量标准

（1）水泥混凝土路面的养护质量标准应符合《公路水泥混凝土路面养护技术规范》中的质量标准的要求。

（2）水泥混凝土路面在使用中，应对其使用质量进行检查凡不符合养护质量标准的，应及时维修，或有计划地安排大、中修或专项工程，予以改善和提高。

（三）水泥混凝土路面常见损坏类型

水泥混凝土路面常见损坏类型分为以下几种。

1. 破碎板

轻：板块被裂缝分为 3 块以上，破碎板未发生松动和沉陷，损坏按板块面积计算。

重：板块被裂缝分为 3 块以上，破碎板有松动、沉陷和唧泥等现象，损坏按板块面积计算。

2. 裂缝

板块上只有一条裂缝，裂缝类型包括横向、纵向和不规则的斜裂缝等。

轻：裂缝窄、裂缝处未剥落，缝宽小于 3mm，一般为未贯通裂缝，损坏按长度计算，检测结果要用影响宽度 1.0m）换算成面积。

中：边缘有碎裂，裂缝宽度在 3—10mm 之间，损坏按长度计算，检测结果要用影响宽度（1.0m）换算成面积。

重：缝宽、边缘有碎裂并伴有错台出现，缝宽大于 10mm，损坏按长度计算，检测结果要用影响宽度（1.0m）换算成面积。

3. 板角断裂

裂缝与纵横接缝相交，且交点距板角小于或等于板边长度一半的损坏。

轻：裂缝宽度小于 3mm，损坏按断裂板角的面积计算。

中：裂缝宽度在 3—10mm 之间，损坏按断裂板角的面积计算。

重：裂缝宽度大于 10mm，断角有松动，损坏按断裂板角的面积计算。

4. 错台

接缝两边出现的高差大于 5mm 的损坏。

轻：高差小于 10mm，损坏按长度计算，检测结果要用影响宽度（1.0m）换算成面积。

重：高差在 10mm 以上，损坏按长度计算，检测结果要用影响宽度（1.0m）换算成面积。

5. 唧泥

板块在车辆驶过后，接缝处有基层泥浆涌出，损坏按长度计算，检测结果要用影响宽度（1.0m）换算成面积。

6. 边角剥落

沿接缝方向的板边碎裂和脱落，裂缝面与板面成一定角度轻：浅层剥落，损坏按长度计算，检测结果要用影响宽度（1.0m）换算成面积。

中：中深层剥落，接缝附近水泥混凝土有开裂，损坏按长度计算，检测结果要用影响宽度（1.0m）换算成面积。

重：深层剥落，接缝附近水泥混凝土多处开裂，深度超过接缝槽底部，损坏按长度计算，检测结果要用影响宽度（1.0m）换算成面积。

7. 接缝料损坏

由于接缝的填缝料老化、剥落等原因，接缝内已无填料，接缝被砂、石、土等填塞。

轻：填料老化，不密水，但尚未剥落脱空，未被砂、石、泥土等填塞，损坏按长度计算，检测结果要用影响宽度（1.0m）换算成面积。

重：三分之一以上接缝出现空缝或被砂、石、土填塞，损坏按长度计算，检测结果要用影响宽度（1.0m）换算成面积。

8. 坑洞

板面出现有效直径大于 30mm、深度大于 10mm 的局部坑洞，损坏按坑洞或坑洞群所涉及的面积计算。

9. 拱起

横缝两侧的板体发生明显抬高，高度大于 10mm，损坏按拱起所涉及的板块面积计算。

10. 露骨

板块表面细集料散失、粗集料暴露或表层疏松剥落，损坏按面积计算。

二、水泥混凝土路面日常性养护

水泥混凝土路面的日常养护主要包括路面清扫保洁，路面纵横接缝保养，路面轻微裂缝的维修，破碎水泥混凝土板的维修，清除路面积雪、积泥，排除积水及杂物。

（一）清扫保洁

水泥混凝土路面必须定期清扫泥土和污物，与其他路面连接处及平交道口、城镇、居民区应勤加清扫，保持路容整洁路面上的小石子等杂物，在车辆碾压下破坏路面，落入接缝，引起接缝碎裂，也会被过往车辆碾飞伤人应及时清除小石子等杂物。

当路面被油类物质或化学品污染时，应采取措施进行交通管制，并立刻清洗干净，必要时用中和剂或其他材料（例如锯末、炭灰）处理，再用水冲洗。

（二）接缝保养及填料更换

水泥混凝土路面的日常养护重点在接缝处，应对接缝进行适时的保养，保持接缝完好、表面平顺。

（1）当填缝料突出砼板面，应及时铲平；当填缝料外溢到两侧面板，影响路面平整度时应及时清除；当杂物嵌入接缝时，应及时剔除。

（2）应对填缝料进行周期性或日常性的更换更换周期一般为2—3年，当局部脱落时进行灌缝填补；接缝渗水严重时进行整条接缝料更换。

（3）填缝料的更换应做到饱满、密实、黏结牢固，清缝、灌缝宜使用专用机具填缝料的灌注高度，夏季宜与面板平齐，冬季宜稍低于面板2mm，尽量选择在春秋两季更换。

（三）加强日常维护，防止积水

必须对水泥混凝土路面及所有排水构造物加强日常维护，防止积水，以保护路面不受地面水和地下水的损坏。

（1）对路面排水设施，应采取经常性的查巡并与重点检查相结合，发现损坏及时修复，发现堵塞及时疏通，路段积水应及时排出。

（2）路面接缝、路肩接缝及路缘石与路面接缝变宽出现接缝渗水时，应及时进行填缝处理。

三、水泥混凝土路面常见破损维修

（一）裂缝维修

裂缝黏结材料：聚氨酯，聚硫环氧树脂，甲凝，环氧树脂等高分子化学黏结材料也可用接缝料灌填裂缝。

1. 直接灌入法

适用于施工中产生的混凝土收缩裂缝在未通车前，一旦发现混凝土板出现裂缝，可用聚硫环氧树脂等灌注。

2. 喷嘴灌浆法

适用于通车路段冬季修补裂缝。

（1）清缝：用压缩空气通过特制喷嘴（鸭嘴形为好），配细铅丝小.钩子清除缝隙中的泥土等杂物。

（2）埋设灌浆嘴封闭裂缝：灌浆嘴一般约300mm远设一个，用按1：2配合加热熔化的松香和石蜡粘住，再用胶布将缝口贴好，并涂上松香和石蜡。

（3）配灌缝材料：根据缝口宽窄及要求开放通车时间选用适宜的灌浆材料及配比混合调匀倒于小钢精奶锅中。

（4）灌浆：将配制的灌浆材料倒入有机玻璃管注射器或其他特制的灌浆器中，一般宜在30—40min以内用压力将灌缝料由各灌浆嘴中灌入缝中，灌至将要顶动上面胶布为止其上宜加水泥浆或砂浆抹面并喷养护剂，使表面颜色一致。

（5）加热增强：用红外线灯或装60—100W灯泡的长条形灯罩，在已灌缝上加温，温度控制在50—60尤，加热1—2h，促使增强，即可开放通车。

3. 钻孔灌浆法

可用于非冬季修补裂缝

（1）沿裂缝用冲击电钻打一排直径为 15mm 的孔槽，以形成一带状槽。

（2）用压缩空气枪伸入槽孔内清除混凝土残屑。

（3）向孔槽内填实洁净的高强度砂浆（5—10mm）。

（4）沿孔槽灌浆。

（5）用丙乳胶拌和水泥覆盖装满槽口。

（6）用红外线灯加热 1—2h 促使其快速硬化，即可开放通车。

（二）坑洞修补

坑洞修补应根据不同情况采取相应措施。

（1）对个别的坑洞，应清除洞内杂物，用水泥砂浆等材料填充，达到平整密实。

（2）对较多坑洞且连成一片的，应采取薄层修补方法进行修补。

①切割面积的图形边线，应与路中心线平行或垂直。

②切割的深度，应在 60mm 以上，并将切割面内的光滑面凿毛。

③应清除槽内的混凝土碎屑，然后洒水润湿，刷一层水泥浆。

④混凝土拌和物填入槽内，振捣密实，并保持与原混凝土面板齐平。

⑤喷洒养护剂保养，然后派专人进行看管和养护。

⑥待混凝土达到通车强度后，方可开放交通。

（三）接缝维修

1. 接缝填缝料损坏的维修

（1）接缝中的旧填缝料和杂物，应予清除，并将缝内灰尘杂物吹净。

（2）在胀缝修理时，应先将热沥青涂刷缝壁，再将接缝板压入缝内对接缝板接头及接缝板与传力杆之间的间隙，必须用沥青或其他填缝料填实抹平上部用嵌缝条的应及时嵌入嵌缝条。

（3）用加热式填缝料修补时，必须将填缝料加热至灌入温度宜用嵌缝机填灌，填缝料应与缝壁黏结良好和填灌饱满在气温较低季节施工时，应先用喷灯将接缝预热。

（4）用常温式填缝料修补时，除无须加热外其施工方法与加热式填缝料相同。

（5）填缝料的技术要求与施工质量验收标准，应符合水泥混凝土路面有关施工规范的规定。

2. 纵向接缝张开的维修

（1）当相邻车道面板横向位移、纵向接缝张开宽度在 10mm 以下时，宜采取聚氯乙烯胶泥、焦油类填缝料和橡胶沥青（沥青）等加热施工式填缝料，其方法按接缝填缝料损坏维修规定。

（2）当相邻车道板横向位移、纵向接缝张口宽度在 10mm 以上时，宜采取聚氨酯类常温施工式填缝料进行维修。

①维修前应清除缝内杂物和灰尘。

②应按材料配比配制填缝料。

③宜采用挤压枪注入填缝料。

④填缝料固化后，方可开放交通。

（3）当纵向接缝张口宽度在 15mm 以上时，采用沥青砂填缝。

3. 接缝出现碎裂时，接缝维修应符合下列规定

（1）在破碎部位外缘，应切割成规则图形，其周围切割面应垂直于面板，底面宜为平面。

（2）应清除混凝土碎块，吹净灰尘杂物，并保持干燥状态。

（3）宜用高强度补强混合材料进行填充维修。

（4）修补材料达到通车强度后，方可开放交通。

（四）破碎板部分板或整块板更换

由于接缝、裂缝渗水软化基层，混凝土板断裂成破碎板时，应将整块板凿除，在处治好基层后，重新浇筑新的混凝土板块。

如果是因为接缝处渗水，唧泥造成的面板脱空断裂，则凿除 1/3—1/2 板块面积，处理好基层后，用超早强微膨胀水泥浇筑修复也有用混凝土预制块或条块石换补，这种方法修补时，对基层须用水泥稳定基层修补，修补块的缝隙宜用水泥砂浆或沥青橡胶填满，以防渗漏。

第三节 砂石路面养护

砂石路面，包括泥结碎石（砾石）和级配碎石（砾石）及其他粒料类等面层材料所构成的路面。

一、砂石路面的损坏及养护要求

（一）养护的要求

1. 基本要求

经常保持路面平整坚实，防止路面的破损和变形，一经发现立即修复，保持路面排水良好，加铺磨耗层和保护层，以及对路面必要的加宽、加厚等，以改善路面技术状况。

2. 质量要求

砂石路面的养护应做到勤预防、勤检查、勤修补、勤备料根据各地的季节特点确定并做好各季度的养路中心工作所用材料，应尽量利用当地可能采集或供应的价廉质好的天然材料

和工业废渣，以降低养护成本。

路面磨耗层和保护层应经常保持完好如发现里面有少量和轻微的波浪、坑槽、车辙等破损应及时修理，防止损坏范围扩大。

路面与路肩连接处，应保持平整坚实，高差不得大于2cm路面与桥涵衔接应平顺，防止跳车。

如原有路面磨耗过甚，强度或宽度不足，不能满足交通量增长的需要时，应采取加宽或加厚路面的办法，提高通行能力。

在保养修理时，所采用的材料应符合技术要求；路袖、路面加宽、加厚时，所采用的结构和材料，应与原有路面相同或相适应；对于从旧路面挖出来的材料，应筛分后才能与新材料掺配使用。

（二）砂石路面的常见损坏类型

（1）路拱不适：路拱过大或过小过大将降低行车安全性，过小将使路面雨水不能及时排出路拱不适程度根据经验确定。

（2）沉陷：路面表面的局部凹陷，按面积计算。

（3）波浪搓板：峰谷高差大于30mm的搓板状纵向连续起伏。

（4）车辙：轮迹处深度大于30mm的纵向带状凹槽（辙槽）。

（5）坑槽：路面上深度大于30mm、直径大于0.1m的坑洞。

（6）露骨：黏结料和细集料散失，主骨料外露，按面积计算。

二、碎（砾）石路面的日常养护

碎（砾）石路面的保养工作，主要是保护层的养护，磨耗层的小面积修补和坑槽车辙的修补，排除路面积水，保持路面清洁在进行扫砂、匀砂和扫雪除冰等保养工作时，必须注意防止损坏路面结构。

雨季是碎（砾）石路面养护的不利季节，应加强日常保养工作，做到雨前注意扫砂、匀砂，保持路面平整；雨中注意排水，不使路面、路肩积水；雨后注意刮（铲）补，及时刮（铲）波浪和修补坑洞。

（一）松散保护层的养护方法

应做到勤洒花泥、勤添砂、勤扫砂、勤匀砂、勤除细粉其操作应符合下列要求：

（1）勤添砂：砂要颗粒匀称，质地坚硬因车辆碾压，颗粒逐渐变小，需要及时添加，保持保护层适当厚度添加量应根据交通量大小、气候、季节等特点而定多雨地区或雨季，砂层宜厚一些，干燥地区或旱季可薄一些；平曲线上宜厚一些，直线上可薄一些保护层一般厚度为5—10mm。

（2）勤扫砂：采用机械扫砂车或人力扫砂，把被车轮碾飞到路面两边和路肩上的砂子及时均匀地扫回到路面上。

（3）勤匀砂：为使保护层均匀平整，不起波浪，应经常匀砂一般用机械牵引三角形（u形、w形）匀砂器，顺公路方向把保护层匀平；也可用人力橡胶匀砂器匀砂匀砂应掌握雨前多匀，砂厚多匀，添砂后多匀一般每天匀一遍，交通量超过 500 辆／昼夜时，一天匀二遍。

（4）勤除细粉保护层粒料被车辆碾压磨耗后，细粉增多，在雨季压实后形成细粉层，易产生波浪、坑槽，影响路面坚实平整，应及时清除其方法为：在雨后用人力刮平器或机械刮平器清除；也可在晴天把砂扫起来，筛除细粉后，再撒到路面上。

（5）在高温季节和雷雨季节、雨后和扬尘天气，要勤洒花泥，对路面起保护作用。

（二）稳定保护层的养护方法

（1）洒水法在干旱季节，为防止稳定保护层松散，应洒水保养洒水要均匀，洒后经过行车碾压可形成硬层。

（2）加浆法稳定保护层使用时间较长时，表面易磨损，应采用加浆法使表面稳定平实方法是：先在保护层表面撒一薄层黏土（黏土应经过 5mm 细筛），然后均匀洒水，再用扫浆器或竹扫帚扫匀拖平，加砂后引导车辆压实；或把黏土搅拌成泥浆，泼洒在保护层上，扫匀、拖平、加砂，引导车辆碾压。

三、路面的小修与中修

（一）磨耗层的修理

磨耗层的修理应符合下列要求：

（1）磨耗层发生高低不平，应铲去凸出部分，并用同样的润湿混合料补平低凹部分，碾压密实，使与原磨耗层保持一致。

（2）局部路段磨耗层全部被磨损，应清除残存部分，整平、洒水润湿，然后按新铺磨耗层的方法用同样的混合料重铺。

（3）磨耗层经行车碾压而减薄，但还基本可以利用时，可加铺一层封面为使上下结合良好，应先将旧磨耗层上浮砂、泥土等扫净，然后撒铺一层黏土，洒水扫浆；或浇洒一薄层黏土浆，铺上混合料，整平、洒水、压实。

（二）路面坑槽和车辙的修理

1. 路面坑槽和车辙的修理要求

（1）路面上发生坑槽和车辙后，为避免积水和扩大损坏范围，应按破坏面积大小及深浅程度采取不同方法及时修补，并采用与原路面相同的材料。

（2）面积较小、深度较浅的坑槽和较浅的车辙（小于3cm），可先将坑槽和车辙内及其周围的尘土杂物清除，洒水润湿，再用与原路面相同的材料拌和填补并碾压密实。

（3）坑槽或车辙的面积较大、深度较深（大于3cm）时，应挖槽修理。

（4）坑槽或车辙深达路基，应先处理路基土层，遇有稀泥应挖除干净，并在整平后重新填筑最佳含水量的土并压实挖除路基深度超过30cm时，应分层填筑压实，再在其上修铺路面。

2. 挖槽修理的方法

（1）先将待修补坑槽、车辙之处划出规则形状的轮廓，做到"圆洞方补，斜洞正补"所划轮廓要比损坏的略大（10—15cm），并清除尘土杂物。

（2）沿着轮廓垂直挖槽（必要时先洒水），挖槽的深度不小于原坑槽最大深度，做到浅洞深补挖槽时，对下层材料应尽量避免扰动，有松动应一并挖出路面坑槽较多，坑槽之间的距离又近，为便于修补并使修补部分平整，可以将邻近的坑槽划为一片，按片挖槽进行修补。

（3）把挖出的材料筛选，选出可以利用的材料。

（4）清除槽底、槽壁的松动部分及粉尘、杂物，做到合壁垂直、顺适，盆底平整并洒水润湿坑槽底及四周。

（5）选料配料，应根据原路面材料用量配合比，确定材料用量，洒水拌和路面材料至均匀。

（6）将拌和均匀的碎石混合料填入坑槽。

（7）整平填入坑槽的混合料。

（8）用小型压实机具或铁制手夯将填补好的部分压（夯）实并均匀洒封层泥，新填补的部分应略高于原路面 a5—2.0cm，如果坑槽较深（7⑩以上），应将混合料分两次或三次摊铺和压实。新铺部分压实系数采用 1.3，以便碾压密实后与原路面齐平如坑槽、车辙深度较大时，应按路面结构层次分层修补。

（三）路面松散和波浪的修理

1. 路面松散和波浪的修理要求

路面上出现松散时，应将保护层和松动的材料扫集堆在适当的地方，然后整平路面表层，洒水润湿，把扫集的松动材料进行筛分，补充新的材料，按比例加适量的黏土拌和均匀摊铺，校验断面，在混合料处于最佳含水量时，抓紧进行压实；或铺一薄层黏土，洒水扫浆，铺粒料后控制行车碾压，然后扫回保护层。

2. 面层波浪的修理方法

（1）出现轻微波浪而且已经稳定时，应予铲高补凹，保持平整。

（2）波浪严重，其波峰与波谷高差达 5cm 以上时，可作大修必要时还须处理路基土，或改善排水设施。

（3）经过测定如系强度不足而造成的面层波浪，应对原路面进行补强。

3.磨耗层波浪的修理方法

（1）波浪比较轻微的路段宜在雨后（或晴天洒水后）磨耗层处于湿润状态下，用镐、路刮或拉毛器把高凸部分刮松、刮去，凹陷处拉毛、整平，刮出的粒料如黏性不足，可以添加适当黏土拌和（或筛除过多的细料，添加适量粗料）铺平，及时碾压密实。

（2）波浪比较严重的路段，应铲除高凸部分，重铺磨耗层混合料黏土宜采用较高的塑性指数，被铲除的材料可选择重复利用。

（四）路面翻浆的处理

（1）当发现路面有潮斑，可在路肩上每隔5m开挖横沟，深达路面以下至路基，用以排除水分。

（2）采用加深边沟等办法，以降低地下水位。

（3）挖出翻浆土，重铺路面。

（4）路面翻浆，如果是由于路基翻浆引起的，应先处理路基翻浆。

（五）磨耗层、保护层的铺筑

磨耗层和保护层为路面提供了必要的平整度，并直接抵抗各种破坏作用因此在碎（砾）石路面和其他粒料路面上宜铺设磨耗层和保护层铺筑磨耗层、保护层属中修工程范围。

1.磨耗层的铺筑步骤

（1）放样清底根据设计铺筑宽度划出边线，把原路面上的浮土及松散材料清扫干净，修补好坑槽，校正路面横坡如路面横坡不符合规定时，应使用与原路面相同的材料补填低洼部分，对高出的地方铲平，然后进行压实，使路面平整坚实。

（2）扫浆在路面铺料宽度以内洒水，并用扫帚或扫浆器扫起一薄层泥浆如路面扫不起泥浆，可撒一薄层细黏土，然后适量洒水，再进行扫浆在泥浆表面未干之前即进行铺料。

（3）配料拌和根据材料性质及地区气候等因素，通过试验，确定材料的配合比按5—10m铺筑长度的用料数量，把各种材料堆放在路边拌和时一般干拌两遍，湿拌两遍，边拌和边洒水，达到均匀为止拌和砖屑、炉渣等粒料时，应先在砖屑等料堆上洒水润湿，然后才可与黏土拌和。拌和可用机械拌和或人工拌和较短路段及零星修补时，宜采用人工拌和，较长路段宜采用机械拌和。

（4）铺料扫浆之后，摊铺拌和料，用木刮板或轻巧耙耙平，防止大颗粒集中如出现大颗粒集中，应用耙头击散不得横向撒料或扬炉撒料，以免摊铺不匀，造成土和粒料离析每隔20m用直尺和路面横坡板校正平整度和路面横坡一般松铺料的厚度是压实厚度的1.3—1.4倍。

（5）培肩和碾压。碾压前应先做好路肩培筑和整平工作，使路肩与磨耗层同时被压实，以保护磨耗层的边缘。碾压工作应在混合料处于最佳含水量时进行，并要求和铺料工序紧密衔接，先用轻型压路机碾压2—3遍初步压实后，开放交通，利用行车控制碾压，碾压时，先两边，后中间，交错碾压，并随时注意校验平整度和路面横坡。

（6）加铺保护层加铺松散保护层，应在磨耗层全面压实后进行。

（7）初期养护磨耗层的初期养护，一般应在铺筑后第一周内每天洒水一次，第二周隔天洒水一次洒水的同时还应引导车辆碾压，并适当加以修理，等磨耗层达到全面坚实后，转入正常养护阶段。

2. 铺设松散保护层施工要求

松散保护层一般采用粒径为 2—8mm 的粗砂、砾砂、石屑等材料，厚度一般为 5—10mm 材料应坚硬耐磨，粒径均匀，粒径小于 0.5mm 的颗粒含量不应超过 15% 松散保护层粒径规格应符合规定。

铺设松散保护层时，应先将磨耗层表面整平并清除浮土、杂物，然后将粒料顺行车方向均匀撒铺到规定厚度。

第四节　路基养护

一、路基养护的基本内容

（一）路基养护工作内容

路基养护就是通过对公路路基各部分的日常巡视和定期检查，发现病害并及时查明原因，采取有效措施进行修复或加固，消除病害根源的工作其作业内容包括：

（1）整理路肩、边坡，修剪草木，清除杂物，保持路容整洁，加固路肩。

（2）疏通边沟，清除杂草，保持排水系统畅通。

（3）清除挡土墙、护坡上影响较大的杂草，修理伸缩缝，疏通泄水孔，处理松动石块。

（4）小段开挖水沟、截水沟或分期铺砌边沟，清除零星塌方，填补路基缺口，处理轻微的沉陷翻浆。

（5）养护桥头（涵头）接线、跳车，养护挡土墙、护坡、泄水槽、护栏、防水设施等。

（6）清除塌方、积雪，处理塌陷，检查险情，防治水毁。

（7）观察和预防、处理翻浆、滑坡、泥石流等病害。

有计划、有针对性地对局部路基进行加宽、加高，改善急弯、陡坡和视距不良地段，使之逐步达到所要求的技术标准。

（二）路基损坏分类

路基的损坏分以下 8 种：

（1）路肩、边沟不洁：路肩（包括土路肩、硬路肩和紧急停车带）和边沟（包含边坡）有杂物、油渍、垃圾及堆积物及15cm以上的高草。

（2）路肩损坏：路肩上出现的各种损坏。

（3）边坡树塌：挖方路段边坡坍塌。

（4）水毁冲沟：填方路段边坡由于雨水冲刷形成的冲沟。

（5）路基构造物损坏：包括挡墙、护坡等圬工体断裂、沉陷、倾斜、局部坍塌、松动和较大面积勾缝脱落。

（6）路缘石缺损：路缘石缺失或损坏。

（7）路基沉降：路基在顺路方向和垂直方向产生较大的下沉，下沉深度大于30mm的沉降。

（8）排水系统淤塞：边沟、排水沟、截水沟等排水系统出现淤积比较严重的情况下，边沟、排水沟和截水沟等排水系统全截面。

二、路基养护技术

（一）路肩养护技术

路肩是保证路基、路面有整体稳定性和排除路面水的重要结构，也是为保持临时停车所需两侧余宽的重要组成部分路肩的养护情况直接关系到路基路面的强度、稳定性和行车的畅通，因此必须重视路肩的养护、维修和加固。

（1）路肩的横坡应平整顺适，硬路肩横坡应与同类型路面横坡相同，土或植草的路肩应比路面横坡度大1%—2%，以利于排水。

（2）路肩上出现车辙、坑洼或与路面产生错台现象时，必须及时整修，并用与原路基相同的土填平夯实，使其顺适路肩过高妨碍路面排水时，应铲削整平。

（3）路肩上不应堆放任何杂物或养护材料沿路堆放的养路材料，应尽量在公路路肩之外，根据地形情况，选择适宜地点，设置堆料坪。

（4）路肩结构应尽量与环境协调，尽可能使之美观。

（二）边坡的养护

路基边坡的坡面应保持平顺、坚实无冲沟，其坡度应符合设计规定应经常观察路暂，特别是深路堑边坡的稳定情况如发现有危岩、浮石等，应及时处理、清除，避免危岩、浮石滚落危及行车、行人安全和堵塞边沟，影响排水。

当土路堑边坡出现冲沟时，应及时用黏土填塞捣实；如出现潜流涌水，可开沟隔断水源，将水引向路基以外。

填土路堤边坡因雨水冲刷，易形成冲沟和缺口，应及时用黏结性良好的土修补拍实对较大的冲沟和缺口，修理时应将原边坡挖成台阶形，然后分层填筑压实，并注意与原坡面衔接平顺。

（三）防护工程的养护

对于已经设置了防护与加固设施的边坡，应经常检查这些防护加固设施，针对不同情况，采用不同养护维修措施。

（1）植被护坡。植被护坡有种草、植树及铺草皮，应经常检查植被的发育状态、地下水及地表水流出状况草皮护坡有无局部的根部冲空现象，坡面及坡顶有无裂缝、隆起等异常现象，坡面及坡顶的尘埃、土砂等堆积状况针对不同情况，采取措施。

（2）砌石护坡。养护时应检查护坡有无松动现象；有无局部脱落及陷没现象；护坡工程有无滑动、下沉、隆起、裂缝等现象；检查是否有涌水及渗水状况，泄水孔是否起作用，基础及坡面是否受到冲刷针对上述现象找出原因，应及时填补，进行维修，保证边坡稳定。

（四）挡土墙的养护

（1）挡土墙发生裂缝、断裂，可将缝隙凿毛，清除碎渣和杂物，然后用水泥砂浆堵塞密实水泥混凝土或钢筋混凝土挡土墙的裂缝也可用环氧树脂黏合。

（2）挡土墙的泄水孔应经常保持畅通，泄水孔如有堵塞，应及时疏通如无法疏通，另行选择适当位置增设泄水孔，或在墙背后沿挡墙增做墙后排水设施，一般可增设盲沟将水引出路基以外，以防止墙后积水，造成土壤膨胀，将墙体挤裂、挤倒。

（3）砖石、混凝土或钢筋混凝土挡土墙表面如出现风化剥落，应将风化表层凿除，喷涂水泥砂浆保护层，防止剥落恶化。

（五）排水设施的养护

路基排水系统能否正常工作，直接影响到路基的稳定性，因此，加强对各排水设施的日常养护与维修、加固，是确保路基稳定的关键环节应做到雨前预防性养护，雨中及时养护，雨后恢复性养护。

1.汛前、雨中、暴雨后加强巡查

对边沟、截水沟、排水沟及暗沟（管）等排水设施，在春融前，特别是汛前，应全面进行检查疏浚，保证各排水沟渠完好无损，水流能够畅通无阻雨中必须上路巡查，及时排除堵塞、疏导水流，保持水流通畅，并防止水流集中冲坏路基暴雨后更应进行重点检查，如有冲刷、损坏，须及时修理加固，如有堵塞应立即清除，保持排水沟渠的断面形状和尺寸

对各类地面排水沟渠，应保持设计断面形状和尺寸，若发现边沟、截水沟、排水沟内有淤泥或边坡剥落的土块、岩石，或沟壁损坏，造成沟渠断面形状改变，应及时清淤和修复。

2.保持排水沟渠沟外边坡的坡度

对各类地面排水沟渠，还应保持沟外边坡的坡度，以防坍塌，阻塞边沟当发现排水沟渠

的边坡特别是土质边坡松散滑坍，应立即修复。

3.加固沟渠断面

为了保证沟渠迅速排水，应使沟底保持不小于 0.5% 的纵坡，在平原地区排水有困难的地段，也不宜小于 0.2% 当纵坡大于 3% 时，则需要进行加固，加固的方式有石灰三合土抹平，干砌（浆砌）片石、碎（砾）石垫底等办法。

4.农业灌溉用水应经由涵管、倒虹吸及渡槽等流过公路

坚决制止在路面、路肩上筑渠、挖沟引水兴建排灌渠道，要离开两侧边沟。

（六）路基沉陷修复

路基沉陷经常发生于高填土路基中，针对路基沉陷变形，应采取相应处理方法，现常用填换土层铺法和固化剂法等几种方法。

因填筑土质不符合要求和填土不均匀，路基出现下沉但面积不大且深度不深时，采用填换土层铺法是一种快捷的方法。

填换土层铺法是将原路基出现病害部分的土挖去，更换新的且符合规范要求的土、石一般采用级配较好的沙砾土，或塑性指数满足规范要求的亚黏土为宜回填时，挖补面积要扩大，且逐层挖台阶状，由下往上，逐层填筑，碾压密实，压实度达到要求。

三、特殊路基养护

（一）黄土地区路基

在干燥气候条件下形成的多孔性、具有柱状节理的黄色粉质土称为黄土。黄土主要分布在昆仑山、秦岭、山东半岛以北的干旱和半干旱地区，其中以黄土高原的黄土沉积最为典型黄土具有疏松、湿陷、遇水崩解、膨胀等特性，容易形成路基病害。

1.黄土地区路基的常见病害

（1）坡面在多次干湿循环后，出现裂缝、小块剥落、小型塌方、大小沟槽、陷穴；

（2）边沟被水冲深、蚀宽，使路肩、边坡脚受到破坏；

（3）边坡土体受积水浸泡后发生滑坍；

2.黄土地区路基养护措施；

黄土地区的路基沉陷病害主要是由于黄土陷穴和湿陷造成的黄土陷穴和湿陷是黄土经水冲蚀与溶蚀所形成的一种特殊物理地质现象，它对路基的危害较大。

水是引起黄土陷穴和湿陷的外因，因此防止黄土陷穴和湿陷引起路基变形的首要措施就是加强防、排水，采取封闭防水、拦截、分散的处理原则。

（二）泥沼及软土地区路基

泥沼是表层有泥炭覆盖，以下为淤泥或淤泥质土的低洼潮湿地带软土主要是由天然含水量大、压缩性高、承载能力低的淤泥沉积物及少量腐殖质所组成的土。

1.泥沼及软土地区路基的特点

泥沼、软土地带的路基，多因地面低洼、降水充足、地下水位高、含水饱和、透水性小、压缩性大、抗剪强度低，在填土荷载和行车荷载下，容易出现沉降、冰冻膨胀、弹簧、沉陷、滑动、基底向两侧挤出等病害

2.降低水位及反压护道法处治泥沼及软土地区路基病害

（1）降低水位法：

通过排水降低地下水位，促进路基土渗透固结，达到稳固路基的效果。

①在路基两侧开挖沟渠；

②直接加深路堤两侧边沟；

③在低于现有地下水位的两侧边沟底部位设置渗沟；

（2）反压护道法：

为防止软弱地基产生剪切、滑移，保证路基稳定，在路堤两侧或一侧填筑起反压作用的具有一定宽度和厚度的土体，称为反压护道。

当路堤下沉，路堤两侧或下边坡一侧隆起时，在路堤两侧或一侧填筑护道，在护道重力作用下，使路堤两侧（或单侧）有被挤出隆起的趋势得以平衡，保证路堤稳定。

（三）多年冻土地区路基养护

在我国的东北、西北及青藏高原的高寒地区，由于年平均气温在零摄氏度以下，地下形成一层能长期保持冻结状态的土，这种土称为多年冻土。

1.冻土地区的主要路基病害

多年冻土往往含有大量水分，或夹有冰层，由于施工扰动，不合理的开挖填筑方法等原因，使冻土融解，引起的路基病害主要有：

（1）路堑边坡坍塌，路基底发生不均匀沉陷；

（2）水分向路基上部积聚而引起冻胀、翻浆；

（3）路基底的冰丘、冰堆使路基鼓胀，引起路基、路面的开裂与变形，而溶解后又发生不均匀沉陷等；

2.多年冻土地区路基养护的措施

（1）多年冻土地区的路基养护，应采取"保护冻土"的原则，做到"宜填不挖"路基填方高度不宜小于1m。

（2）加强排水，防止地表积水，保持路基干燥在路基上侧 20m 以外开挖截水沟，防止雨雪水沿路基坡脚长流或向低处汇积，造成地表水下渗，路基下冻土层上限下降。

（3）不破坏路基坡脚 20m 以内原地貌，取土坑应设在路基坡脚 20m 以外。

（4）治理涎流冰，保证公路不受涎流冰的影响。

四、沙漠地区路基防沙设施拔高、扶正的方法

1. 沙漠地区公路路基的主要病害

由于沙漠地区气候比较干燥、降雨稀少、风沙大，地表植被均较稀疏、低矮，容易形成的路基病害有：

（1）路基及其设施被沙掩埋，称为沙埋，沙埋是沙漠公路的主要病害。

（2）边坡或路肩风蚀。

2. 沙漠地区公路防沙的措施

沙漠地区公路防沙的基本方针是："固、阻、疏、导，综合治理"，在路基两侧形成完整的防沙设施，防沙设施包括工程防沙、植物防沙两大类。

第五节　桥涵养护

桥涵的养护，主要是经常保持桥涵及其附属工程的清洁、完好，发现损坏，及时维修，保证行车安全和公路畅通，延长桥涵使用年限。

一、桥梁的经常检查

建立健全桥梁的检查、评定制度，是公路桥梁养护的重要内容桥梁检查就是对公路桥梁构造物进行周期性检查，系统地掌握其技术状况，及时发现缺损和相关环境的变化，按桥梁检查结果，对桥梁技术状况进行分类评定，制定相应的养护对策。

（一）桥梁检查分类和项目

桥梁检查分为经常检查、定期检查和特殊检查。

1. 经常检查

经常检查主要指对桥面设施、上部结构、下部结构及附属构造物的技术状况进行的检查。

2. 定期检查

定期检查为评定桥梁使用功能，制定管理养护计划提供基本数据，对桥梁主体结构及其

附属构造物的技术状况进行全面检查，为桥梁养护管理系统搜集结构技术状态的动态数据。

3.特殊检查

特殊检查是查清桥梁的病害原因、破损程度、承载能力和抗灾。能力，确定桥梁技术状况的工作。

特殊检查分为专门检查和应急检查

（二）经常检查

经常检查的周期根据桥梁技术状况而定，一般每月不得少于一次，汛期应加强不定期检查经常检查采用目测方法，也可配以简单工具进行测量，要对所检查项目的缺损类型做好现场登记，估计缺损范围及养护工作量，提出相应的小修保养措施，经常检查应包括下列内容：

（1）外观是否整洁，有无杂物堆积，杂草蔓生；构件表面的涂装层是否完好，有无损坏、老化变色、开裂、起皮、剥落、锈迹。

（2）桥面铺装是否平整，有无裂缝、局部坑槽、积水、沉陷、波浪、碎边；混凝土桥面是否有剥离、渗漏，钢筋是否露筋、锈蚀，填缝料是否老化、损坏，桥头有无跳车。

（3）排水设施是否良好，桥面泄水管是否堵塞和破损。

（4）伸缩缝是否堵塞卡死，连接部件是否有松动、脱落和局部破损。

（5）人行道、缘石、栏杆、扶手、防撞护栏和引道护栏（柱）有无撞坏、断裂、松动、错位、缺失、剥落、锈蚀等。

（6）观察桥梁结构有无异常变形、裂缝，位置是否发生移动，异常的竖向振动、横向摆动等情况，然后检查各部件的技术状况，查找异常原因。

（7）支座是否有明显缺陷；活动支座是否灵活，位移量是否正常支座的经常检查一般可以每季度一次。

（8）桥位区段河床冲淤变化情况。

（9）基础是否受到冲刷损坏、外露、悬空、下沉，墩台及基础是否受到生物腐蚀。

（10）墩台是否受到船只或漂浮物撞击而受损。

（11）翼墙（侧墙、耳墙）有无开裂、倾斜、滑移、沉降、风化剥落和异常变形。

（12）锥坡、护坡、调治构造物有无塌陷，铺砌面有无缺损、勾缝脱落、灌木杂草丛生。

（13）交通信号、标志、标线、照明设施以及桥梁其他附属设施是否完好。

（14）其他显而易见的损坏或病害。

二、桥梁的日常养护

（一）钢筋混凝土梁桥的日常养护

钢筋混凝土梁桥日常养护维修内容：清除表面污垢，修补混凝土空洞、破损、剥落、表面风化以及裂缝，清除暴露钢筋的锈渍、恢复保护层，处理各种横、纵向构件的开裂、开焊和锈蚀。

为了减少箱内外温差对结构的不利影响，要保持箱梁的箱内通风，未设通风孔的应补设为了防止清洗对混凝土造成损害，应采用清水刷洗钢筋混凝土梁体所结污垢，不得使用有腐蚀性的化学清洗剂若采用化学清洗剂时，应先确定其对混凝土无害方可使用。

（二）桥的养护与加固

拱桥的日常养护包括：

（1）经常清除表面污垢及圬工砌体因渗水而在表面附着的游离物。

（2）经常疏通泄水管孔，保持桥面及实腹拱拱腔排水畅通如发现拱桥桥面漏水应及时修补，空腹拱的主拱圈（肋）若发现渗水，应对拱背进行清理，清除可能积水的残渣、堆积物等，并用砂浆。

等材料抹平或堵塞裂缝实腹拱若发现主拱圈渗水，应检查拱腔排水系统，必要时可挖开拱上填料，修补防水层，修理排水管道。

（3）主拱及拱式腹拱的拱铰及变形缝应保持正常工作状态清除弧面铰及变形缝内嵌入的杂物，保持能自由转动、变形填缝材料如油毛毡，浸渍沥青的木板等，如有损坏应调整荷载横向分配。

（三）桥梁支座的日常养护

日常养护应保持支座的机动性和位移功能，防止杂物、垃圾等将支座卡死，防止钢构件锈蚀、橡胶件老化、紧固件松动等。

（1）支座各部应保持完整、清洁，每半年至少清扫一次清除支座周围的油污、垃圾，防止积水、积雪，保证支座正常工作。

（2）滚动支座的滚动面应定期涂润滑油（一般每年一次）在涂油之前，应把滚动面揩擦干净。

（3）对钢支座要进行除锈防腐除铰轴和滚动面外，其余部分均应涂刷防锈油漆。

（4）及时拧紧钢支座各部接合螺栓，使支承垫板平整、牢固。

（5）应防止橡胶支座接触油污引起老化、变质。

（6）滑板支座、盆式橡胶支座的防尘罩，应加强维护，保持完好，防止尘埃落入或雨、雪渗入支座内。

（四）墩台基础的日常养护与维修

（1）应采取措施保持桥梁墩台基础附近河床的稳定桥梁上下游各200m的范围内（当桥长的1.5倍超过200m时，范围应适当扩大）应做到：

①应适时地进行河床疏浚每次洪水过后，应及时清理河床上的漂浮物，使水流顺利宣泄。

②为保证桥梁的安全，必须在桥位处设置一个安全区域，《中华人民共和国公路法》第四十七条第一款对此有明确规定在桥梁安全区域内桥梁管理养护部门有严格管理的职责，任何单位和个人在此区域施工作业或堆放物件等应得到交通行政主管部门的批准同意桥梁安全区域的范围可视具体情况适当扩大，有关的管理应与河道管理部门相协调在桥下树立警示牌，禁止任何人或单位在安全区域内挖沙、取土、采石、倾倒废弃物，禁止进行爆破作业及其他危及公路桥梁安全的活动。

③不得任意修建对桥梁有害的建筑物，因抢险、防汛需要修筑堤坝、压缩或拓宽河床时，应事先报经交通行政主管部门或公路管理机构同意，并采取有效的防护措施，发现任何有可能破坏桥梁安全的行为，应及时制止。

（2）若基础冲刷过深或基底局部掏空，应立即抛填块石、片石、铅丝石笼等进行维护。

①桥下河床铺砌出现局部损坏时应及时维修若砌块损坏，可补砌或采用混凝土修补。

②对设置的防撞、导航、警示等附属设施应经常检查、维护，保持良好状态。

（五）墩台的日常养护与维修

（1）保持墩台表面整洁，及时清除墩台表面的青苔、杂草、灌木和污秽。

（2）对发生灰缝脱落的圬工砌体，应清除缝内杂物，重新用水泥砂浆勾缝。

（3）墩台身圬工砌体表面风化剥落或损坏时，损坏深度在 3cm 以内的，可用水泥砂浆抹面修补，砂浆强度等级一般不应低于 M5 当损坏面积较大且深度超过 3cm 时，不得用砂浆修补，而需采用挂网喷浆或浇注混凝土的方法加固。

（4）圬工砌体镶面部分严重风化和损坏时，应用石料或混凝土预制块补砌、更换，新老部分要结合牢固，色泽质地应与原砌体基本一致。

（5）墩台身圬工砌体的砌块如出现裂缝，应拆除后重新砌筑。

（6）墩台表面发生侵蚀剥落、蜂窝麻面、裂缝、露筋等病害时，应采用水泥砂浆修补因受行车震动影响，不易用水泥砂浆补牢的，应考虑采用环氧树脂或其他聚合物混凝土进行修补。

三、涵洞日常养护与维修

涵洞是在公路上数量很多、形式多样且分布很广的一种构造物，是保证公路畅通无阻的环节之一，因此必须认真做好涵洞的养护工作。

涵洞养护应保证涵洞的洞身、洞底、进出水口、护坡和填土完好，清洁，不漏水，使水流在任何情况下都能顺畅通过洞孔，排到适当地点因此，涵洞养护必须认真进行，经常和定期地进行技术检查，对于发现的病害和隐患，应分析其产生的原因，采取适当的工程技术措施，及时处治，提高涵洞的使用质量和抗灾能力。

（1）及时清除洞口和洞内的淤积杂物和积雪等，并将其抛弃到路基边沟以外的适当地点。

（2）洞口和洞底铺砌层发生变形、沉陷、破损和漏水时，均需及时修理，并整修上下游沟槽，使水流的坡度保持顺适。

（3）涵洞出水口的跌水、急流坡，若与洞口结合处发生裂缝时，应采用干燥麻絮浸透沥青后填实，使其与洞口紧密结合成整体。

（4）倒虹吸管易破裂、漏水，要认真检查若虹吸管顶面出现湿斑，应及时停止使用，挖开修理，更换软化的路基填土和破裂的管节，接头处必须填塞紧密。

（5）管涵的接头处和四铰涵管铰点的接缝处，若发生填缝料脱落时，应用干燥麻絮浸透沥青后填实，不得采用灰浆抹缝的办法修理。

（6）砖、石涵洞的表面如发生局部风化、轻微裂缝时，一般可用水泥砂浆或环氧树脂封闭灰缝脱落，应及时修补。

（7）涵洞上下游的路基护坡、引水沟、泄水槽、窨井和沉淀井发生变形或沉陷时，一般属设计和施工不良造成的，必须认真修。复

（8）砖石拱涵的洞顶漏水，应挖开填土，用高强度等级的水泥砂浆修理损坏部分，再衬铺胶泥防水层 10—15cm，或用油毡防水层（两层毡三层油），应认真重做，以防止渗漏。

第六节　沿线设施养护和公路绿化

一、沿线设施的损坏类型和养护要点

（一）沿线设施的损坏类型

1.防护设施缺损

防护设施（防撞护栏、防落网、示警桩、中央分隔带活动护栏和防眩板等）缺少、损坏或损坏修复后部件尺寸和安装质量达不到规范的技术要求。

2.隔离栅损坏

隔离栅损坏后修复不及时或修复质量达不到规范的技术要。

3.标志缺损

各种交通标志（指示标志、警告标志、禁令标志、里程碑、轮廓标、百米标等）残缺、位置不当或尺寸不规范、颜色不鲜明、污染，可变信息板出现故障等。

4.标线缺损

标线（含凸起路标）缺少或损坏。

5.绿化管护不善

树木、花草枯萎或缺树，虫害未及时防治，绿化带未及时修剪或有杂物，路段应绿化而未绿化。

（二）沿线设施养护要点

1.护栏

在日常检查中，应观察护栏有无异常、损坏或变形状况、污秽程度及油漆损坏状况、护栏及反光膜的缺损情况。

经常清除护栏周围的杂草、杂物等如发现护栏表面油漆损坏，应及时修补；反光膜脱落，随时补贴。

2.标志

应经常检查标志有无歪斜、变形、缺少、损坏、锈蚀，油漆是否剥落、褪色。

标志日常养护主要内容是清洗污秽、扶正标志，修复或更换变形、损坏部分，缺少的应添补，保持标志位置正确，颜色鲜明、醒目。

有树木遮蔽时，必须清除阻碍视线的物体或在规定范围内变更标志的设置位置，定期刷新。

标志牌变形、支柱弯曲、倾斜应尽快恢复；标志牌、支柱损伤、生锈引起油漆剥落，其范围不大时，可对剥落部分重新油漆，油漆严重剥落或褪色，应重新油漆；标志牌或支柱松动，应及时紧固。

3.公路交通标线的养护要求

路面标线、导向箭头、文字标记的养护和修理包括以下主要内容：

（1）路面标线污秽，影响辨认性能时，应及时进行清扫或冲。

（2）路面标线磨损严重或脱落，影响辨认性能时，应重新喷刷或修复，并注意避免与原标线错位。

（3）进行路面局部修理使路面标线局部缺损或被覆盖，应在路面修理完工予以修补或喷刷。

二、公路绿化

公路绿化就是利用绿色的乔木、灌木及花、草合理覆盖公路两侧边坡、分隔带及沿线空地等一切可绿化的公路用地公路绿化是公路建设的一个重要组成部分，对于提高交通安全性和舒适性，保护自然环境和改善生活环境，美化路容、改善景观，降低噪声干扰和防止环境污染等都具有极其重要的意义公路绿化的养护内容包括以下几方面。

1. 浇水

根据新植幼树及花、草生长的需要，以及在干旱季节、干燥地区，应适当、及时进行人工浇水，促其正常生长。

2. 除草和松土

在春、夏植物生长旺盛季节，除草、松土应结合进行松土深度随植物种类、大小而定，以5—6cm为宜，应除掉杂草根系，注意不损伤绿化植物根系风沙较大的地区，可不松土。

3. 施肥

对绿化物施肥能提高土壤肥力、改良土壤结构、改善树木营养状况、维持树木正常发育生长对土壤贫瘠、生长不良的绿化植物，尤其是果树和珍贵苗木种类，应予施肥，促其生长。

4. 防治病虫害

路树及花、草，要严防病虫害的发生，遵循"防重于治"的原则，做好防治工作发现病虫害后，应做到"治早、治小、治了"，应及时喷洒灭虫剂，不使其泛滥成灾每年秋季或春季，在树干上距地面1—1.5m高处刷上涂百剂（生石灰5kg+石硫合剂原液1.5kg+盐0.5kg+动物油0.1kg+水20kg），可起到防病虫侵害、增加公路美观作用。

5. 修剪

为了促进植物生长和发育健壮，形状优美、透光适度、通风良好、减少病虫害的发生，适时开花结果，应及时修剪抚育修剪时期应在秋季植物落叶后或春季萌芽前进行，主要将乔木、灌木的枯枝、病枝、弯曲畸形枝、过密枝以及已侵入公路建筑界限、遮挡交通标志、影响视距、行车安全的枝条及时剪除修剪切口应平滑，并与树干齐平，防止损伤树干、高枝突出和树冠大小不一公路进行加宽改造、加铺路面厚度后都要修剪树枝。

6. 补植

各种苗木如灾后枯死，公路进行加宽改造、人为砍伐破坏、沿路修建人工构造物后造成行道树枯死、损坏，应及时补植，补植的苗木，应与原植苗木的种类相同，其规格应大于原植苗木规格对于已基本成才的行道树，除株距大于20m补植后不影响生长者外，可不补植未成活的新植路树，车辆肇事、风害、雪害和水毁造成的倾倒木、折断木、受毒气、污水危害致死的树木，要及时清除和补植。

第七节　农村公路防洪、防冰和防雪

农村公路的防洪、防冰和防雪应遵循"预防为主、防治结合"的方针根据公路沿线的水文地质条件、季节特点、公路实际情况，认真检查分析路段、桥涵、排水设施的抗灾能力，制订必要的预防措施和抢险预案，在水毁、冰冻、雪阻易发生路段事先贮备必要的抢险材料和设备，一旦发生毁阻，能及时进行抢修。

一、水毁的防治和抢险

对公路水毁采用"雨前预防、雨中突击、雨后恢复"的原则

1.防治措施

为预防和减轻洪水对公路的损害，在日常养护管理中除做好雨季、汛期和特殊时期的公路巡查和专项检查外，还应根据检查结果，按照"清、固、拦、疏"的水毁防治原则对公路排水设施进行必要的防治措施。

清：清理公路的边沟、排水沟、涵洞等排水设施，以恢复和保障公路排水设施的正常运行。

固：加固挡墙、桥涵、路基边坡等公路附属设施，以提高公路设施自身的抗洪能力。

拦：采取一定的工程措施在易经常遭受洪水路段设置必要的拦截设施，预防暴雨时洪水冲毁公路路基、路面。

疏：对河道中可能影响洪水排泄的植被、孤石进行疏理、清除，预防河道上游漂浮物、淤塞物的急剧下冲，撞击桥梁墩台，淤塞涵洞对已经知道不满足洪水排放的涵洞进行扩建清理和疏导各种排水系统，保持排水畅通和具备一定的泄洪能力。

另外还应储备石料、沙袋、原木和锄头、铁锹、扁担等防护抢险材料和工具，排涝水泵、电机等防洪设备。要与当地气象、水文部门取得联系，及时收集气象信息和雨水情况预报资料，掌握洪水动态。

2.汛期抢险

汛期要准备必需的抢险物资和设备，认真落实防汛抢险责任制和抢险预案，做到责任到人，措施到位，力争将水毁损失降到最低。汛期对抗洪能力不足的桥梁，应有专人负责观察，发现险情及时进行抢护。当洪水对公路及其附属设施造成破坏时，应及时设置必要的警示标志，采取应急措施，进行紧急抢修，避免或缩短阻车时间灾后做好水毁工程的修复工作。

二、防冰和防雪

农村公路冰雪的防治主要是加强冬季道路排水，防止路基、路面和边沟积水结冰，影响车辆正常通行，一旦路面结冰、积雪形成冰层，应及时清除具体的防治措施如下：

（1）备足防滑、融雪物资，如砂石料、工业盐等。

（2）加强道路巡查，及时清除冰雪及倒伏的路树，全力做好重点路线、陡坡路段、桥梁、急变及穿村镇城区路段的除冰、除雪和防滑工作。

（3）对较大降雪要按照"先危险路段后其他路段，先重要路段后一般路段"的原则，及时清除冰雪。

第三章　农村公路养护作业规程和制度标准

第一节　农村公路养护安全作业规程

一、总则

（1）为保障公路养护维修作业人员和设备的安全以及车辆的安全运行，规范养护维修工程的安全管理和作业行为，特制定本规程。

（2）本规程适用于三级及三级以上公路的养护维修作业，四级公路可参照执行。

（3）基本要求：

①在进行养护维修作业前，应结合施工组织设计，制定安全保障方案，并报有关部门批准。

②养护维修作业单位均应按国家规定建立安全管理部门，配备专职或兼职安全管理人员，实施对养护维修作业人员的安全培训和教育。

③养护维修作业人员必须接受安全技术教育，遵守各项安全技术操作规程。

④公路管理单位或经营单位应加强养护维修安全作业的管理，公路管理机构应对养护维修安全作业进行监督和检查。

⑤养护维修作业的安全设施应始终处于良好的工作状态，在未完成养护维修作业之前，任何人不得随意撤除或改变安全设施的位置、扩大或缩小控制区范围，以保证养护维修作业控制区安全控制的有效性。

（4）公路养护维修的安全作业，除应符合本规程外，还应符合国家有关规定。

二、术语与符号

1.养护维修作业控制区

为公路养护维修作业所设置的交通管理区域，分为警告、上游过渡、缓冲、工作、下游过渡和终止6个区域。

2. 警告

从作业控制区起点设置施工标志到上游过渡区之间的路段，用以警告车辆驾驶员已经进入养护维修作业路段，按交通标志调整行车状态。

3. 警告区最小长度

保证驶入警告区的车辆减速至工作区规定的限速所需要的警告区路段的最短长度。

4. 上游过渡区

保证车辆平稳地从封闭车道的上游横向过渡到缓冲区旁边非封闭车道的路段。

5. 缓冲区

上游过渡区和工作区之间的路段。

6. 工作区

养护维修作业的施工操作区域。

7. 下游过渡区

保证车辆平稳地从工作区旁边的车道横向过渡到正常车道的路段。

8. 终止区

设置于工作区下游调整车辆行车状态的路段。

9. 养护安全设施

警告、提醒和引导车辆和行人通过养护维修作业控制区域，保护养护维修作业人员和设备安全的设施。

10. 渠化装置

警告、提醒和引导车辆和行人通过养护维修作业控制区域，隔离车流、人流与工作区的设施。

11. 临时性交通标志

为满足养护维修作业安全需要而临时设置的交通标志。

12. 临时性路面标线

为满足养护维修作业安全需要而临时施划的交通标线。

三、养护安全设施

（1）用于养护维修的标志标线属于临时性安全设施，交通标志与标线应组合使用。

（2）在养护维修作业中，可用作渠化交通的安全设施有锥形交通路标、安全带、路栏、施工隔离墩和防撞桶（墙）等。

①锥形交通路标宜采用橡胶等柔性材料制成，底部应有一定的摩阻性能。形状为圆锥形，其颜色、尺寸和形状应符合《道路交通标志和标线》（GB5768）规定。布设间距宜为10—20m。用于夜间作业时应有反光功能，并配施工警告灯号。

②安全带宜采用布质等柔性材料制成，宽度为10—20cm，带上有红白相间色，用于夜间作业应有反光功能。宜与其他设施一起组合使用。

③栏应由刚性材料制成，用于夜间作业时应有反光功能，其颜色、尺寸和形状应符合《道路交通标志和标线》（GB5768）规定。

④施工隔离墩宜为由线性低密度聚乙烯等高强合成材料制成的空心半刚性装置，其上有黄、黑色和反光器，使用时内部应放置水袋或灌水，并由连杆相连接。

⑤防撞桶（墙）应为半刚性装置，是由线性低密度聚乙烯等高强合成材料制成的空心装置，其上有黄黑相间色，顶部可安装黄色施工警告灯号，使用时内部应放置水袋或灌水，防撞墙还应两个为一组组合在一起使用。

（3）移动式标志车。带有动力装置或可移动装置（拖车）的安全防护设施，颜色应为醒目黄色，装有黄色施工警告灯号，其后部有醒目的标志牌，图案和显示形式可按实际需要改变，使用时其尾部应面向交通流方向，设置于上游过渡区内或缓冲区内。

（4）施工警告灯号。应符合《道路交通标志和标线》（GB5768）规定。施工警告灯号宜与其他安全设施一起组合使用。

（5）夜间照明设施。当夜间进行养护维修作业时，应设置照明设施。照明必须满足作业要求，并覆盖整个工作区域。

（6）养护安全设施的设置与撤除。当进行养护维修作业时，应顺着交通流方向设置安全设施。当作业完成后，应逆着交通流方向撤除为养护维修作业而设置的有关安全设施，恢复正常交通。

四、二、三级公路养护维修作业控制区布置

1.基本要求

（1）控制区布置应兼顾养护维修作业的内容与要求、时间和周期、交通量、经济效益等因素，控制区内交通标志的设置必须合理、前后协调，起到引导车流平稳变化的作用。

（2）控制区上游因道路线形造成视距不良时，应在控制区上游的适当位置处增设施工标志。

2.养护维修作业控制区布置

（1）在警告区内应设置施工标志、限制速度标志和可变标志牌或线形诱导标等；在上游过渡区起点至下游过渡区终点之间应放置锥形交通路标；在缓冲区与工作区交界处应布设路栏；在工作区周围应布设施工隔离墩或安全带。控制区内其他安全设施可以视具体情况而定。

（2）路段养护维修作业时，对于单向通行的情况，除必要的安全设施外，必须在工作区两端各配备一名交通指挥人员或设置交通信号控制灯。

（3）弯道上养护维修作业控制区布置应符合以下规定：

①当工作区位置处于视距不良的路段时，应在控制区内增加施工标志。

②当双车道的一个车道封闭作业时，工作区两端均必须配备交通指挥人员。但当单向两车道的其中一外侧车道封闭作业时，工作区下游可不配备交通指挥人员。

（4）当对整个路面进行养护维修作业时，应修筑临时交通便道，以保证车辆通行，控制区的布置应符合以下规定：

①临时路面标线应使用黄色。

②控制区内必须设置路栏和施工警告灯号。

③作业车上必须安装施工警告灯号。

④所修筑的交通便道应划道路轮廓线并应设置可渠化交通的安全设施。

（5）在路肩上养护维修作业时，其控制区的布置应符合以下规定：

①必须保证紧靠路肩的车道宽度大于 3m。

②作业车上必须安装施工警告灯号。

③若设置移动式标志车，可不设过渡区。

④当交通流量较大时，必须封闭紧靠路肩的车道，并按车道封闭要求布置控制区。

（6）养护维修作业周期在半天以内时，控制区布置应符合以下规定：

①上游过渡区宜设置移动式标志车。

②作业车上必须安装施工警告灯号。

③在移动养护作业时，移动式标志车应与作业车保持在 50—100m 的间距。

五、特大桥桥面和隧道养护维修作业控制区布置

1. 基本要求

（1）在开放交通条件下的养护维修作业，应制定控制区交通管理方案。

（2）应配备专职人员加强车速限制和车辆限宽的管理。

（3）隧道入口前必须设置施工标志、限制速度和限宽标志。

（4）隧通控制区必须有足够的照明设施。

（5）特大桥的养护维修，应根据需要设置限载标志。

（6）特大桥以外的其他桥梁养护维修作业控制区的布置可参照本规程执行。

2. 特大桥养护维修作业控制区布置

（1）特大桥养护维修作业控制区的布置。宜只封闭一条车道进行养护维修作业。当为单向 3 车道时，封闭部分的宽度最大不宜超过两条车道。

（2）具体布置可按本规程相关规定执行。

3.硅道养护维修作业控制区布置

（1）隧道单洞双向交通的控制区布置，应只封闭一条车道进行养护维修作业，隧道口应设置交通信号灯并配备交通指挥人员，并至少从隧道口开始封闭养护缝修作业车道。当工作区处于弯道范围时，应将警告区的起始位置前移至道路的直线段。

（2）隧道双洞单向交通的控制区布置应将警告区和上游过渡区设于洞口外。

（3）移动维修作业时，宜设置移动式标志车，并应在隧道两端配备交通指挥人员。作业周期大于两小时时须设置锥形交通路标。

六、平面交叉口养护维修作业控制区布置

（1）平面交叉口养护维修作业控制区布置应考虑养护维修作业的内容与要求、时间和周期、交通量、经济效益等因素，控制区内交通标志的设置要合理、前后协调，起到引导车流平稳变化的作用。

（2）平面交叉口养护维修作业控制区的上游视距不良时，可在作业控制区上游适当位置处增设施工标志。

（3）平面交叉口养护维修作业控制区布置应符合以下规定：

①须在工作区与缓冲区分界处设置施工警告灯号。

②可设置移动式标志车。

③作业车上必须安装施工警告灯号。

（4）平面交叉口进口或出口车道因封闭改为双向通行时，应划出黄色车道分割线。如车道宽度不够，不能双向通行时，应由现场指挥人员指挥车辆单向通行。

七、养护维修安全作业

（1）凡在公路上进行养护维修作业的人员必须穿着带有反光标志的橘红色工作装(套装)，管理人员必须穿着带有反光标志的橘红色背心。

（2）公路路面养护维修作业必须按作业控制区交通控制标准设置相关的渠化装置和标志，并指派专人负责维持交通。

（3）在高速公路和一级公路上养护维修作业时，应用车辆接送养护维修作业人员。养护维修作业人员不得在控制区外活动或将任何物体置于控制区以外。

（4）在山体滑坡、塌方、泥石流等路段养护维修作业时，应设专人观察险情。

（5）在高路堤路肩、陡边坡等路段养护维修作业时，应采取防滑坠落措施，并注意防备危岩、浮石滚落。

（6）坑槽修补应当天完成，若不能完成须按本规程规定布置养护维修作业控制区。

八、桥梁、隧道养护维修安全作业

（1）公路桥梁、涵洞、隧道养护现场要专门设置养护维修作业时的交通标志。桥面养护应按作业控制区布置要求设置相关的渠化装置和标志，并设专人负责维持交通。

（2）桥梁养护维修作业时，应首先了解架设在桥面上下的各种管线，并应注意保护公用设施（煤气、水管、电缆、架空线等），必要时应与有关单位联系，取得配合。

（3）在桥梁栏杆外进行作业须设置悬挂式吊篮等防护设施，作业人员须系安全带

（4）桥墩、桥台维修时，应在上、下游航道两端设置安全设施，夜间须设置警示信号。必要时应与有关单位取得联系，取得配合。

（5）在养护维修明洞和半山洞前，应及时清除山体边坡或洞顶危石。

（6）在隧道内进行登高堵漏作业或维修照明设施时，登高设施的周围应设醒目的安全设施。

（7）对隧道衬砌局部坍塌进行养护维修作业时，应采取措施保证养护人员安全。

（8）当实测的隧道内 CO 浓度或烟尘浓度高于规定的允许浓度时，作业人员应及时撤离，并开启通风设备进行通风。

（9）隧道内不准存放易燃易爆物品，严禁明火作业或取暖。

（10）隧道洞口周围 100 米范围内，未经隧道养护机构许可，不得挖砂、采石、取土、倾倒废弃物，不得进行爆破作业及其他危及公路隧道安全的活动。

（11）养护作业宜选择在交通量较小时段进行。在进行养护作业前，应做好以下工作：

①检测隧道内 CO、烟雾等有害气体的浓度及能见度是否会影响施工安全。

②检测隧道结构状况是否会影响作业安全，如有危险，应先处理后作业。

③检查施工道信号灯是否准确、明显，施工标志设置是否规范。

④对养护机械、台架应进行全面的安全检查，并应在机械上设置明显的反光标志，在台架周围设置防眩灯，以反映作业现场的轮廓。

（12）在隧道内进行养护作业时，应遵守以下规定：

①养护维修作业控制区经划定后不得随意变更。

②作业人员不得在工作区外活动或将任何施工机具、材料置于工作区以外。

③养护施工路段内的照明应满足要求。

（13）电力设施等有特别要求维护的，应按有关部门的安全操作规程执行。

（14）隧道内发生交通事故时，应通知并配合交通安全管理部门到现场处理交通事故。

（15）事故发生后，应尽快清理现场，排除路障，恢复隧道正常行车，并登记相关损失，应认真分析事故原因，恢复或改善隧道的防灾能力。

九、特殊天气和地区养护维修安全作业

1. 冬季除雪安全作业

（1）除雪作业时应加强交通管制。

（2）除雪应以机械为主，在机械除雪不能操作的地方可辅之以人工除雪。

（3）除雪作业人员和除雪机械作业时除按本章有关规定执行外，应做好防滑措施。

2. 雨季安全作业

（1）现场道路应加强维护，斜道和脚手板应有防滑措施。

（2）暴雨台风前后，应检查工地临时设施、脚手架、机电设备、临时线路，发现倾斜、变形、下沉、漏电、漏雨等现象，应及时修理加固。

（3）在雨季养护维修作业时，作业现场应及时排除积水，人行道的上下坡应挖步梯或铺砂，脚手板、斜道板、跳板上应采取防滑措施。加强对排架、脚手架和土方工程的检查，防止倾斜和坍塌。

（4）在雨季施工时，处于洪水可能淹没地带的机械设备、材料等应做好防范措，施工人员要提前做好安全撤离的准备工作。

（5）长时间在雨季中作业的工程，应根据条件搭设防雨栅。作业中遇有暴风雨应停止施工。

3. 雾天养护维修安全作业

（1）雾天不宜进行养护维修作业。

（2）雾天需要进行抢修时，宜会同有关部门，封闭交通进行作业，所有安全设施上均须设置黄色施工警告灯号。

4. 山区养护维修安全作业

（1）在视距条件较差或坡度较大的路段进行养护维修作业时，应设专人指挥交通，作业控制区应增加有关设施。

（2）控制区的施工标志应与急弯路标志、反向弯路标志或连续弯路标志等并列设置。

（3）在同一弯道不得同时设置两个或两个以上养护维修作业控制区。

5. 清扫、绿化养护及道路检测安全作业

（1）严禁在能见度差（如夜晚、大雾天）的条件下进行人工清扫。

（2）凡需占用车道进行绿化作业时，必须按作业控制区布置要求设置有关标志。

（3）遇大风、大雨、下雪、雾天等特殊气候时必须停止绿化养护维修作业。

（4）高速公路、一级公路中央分隔带绿化浇水作业时，浇水车辆尾部必须安装发光可变标志牌或按移动养护维修作业控制区布置。

（5）道路检测车在高速公路、一级公路进行道路性能检测时，凡行进速度低于50km/h时，

均应按临时定点或移动养护维修作业控制区布置，或应在检测设备尾部安装发光可变标志牌。

6. 养护维修机具安全操作

（1）养护机械应按其技术性能要求正确使用，不得使用缺少安全装置或安全装置已失效的机械作业，不得操作带故障的机械作业。

（2）操作人员必须执行有关工作前的检查制度、工作中的观察制度和工作后的检查保养制度。

第二节　农村公路管理养护工作制度及程序

一、管理养护工作制度

（一）养护工作制度

（1）按照国家规定的技术规范和操作规程对公路进行养护，保证公路经常处于完好的技术状态。

（2）认真落实日常巡查制度，加强公路日常管理养护，保持路面清洁，路肩整洁，边坡稳定，排水畅通；桥涵构造物完好；沿线设施完善；绿化协调美观，创建畅、安、舒、美的公路交通环境。

（3）认真执行《公路养护技术规范》（UTGH10—2009），严格按操作规程修复路基、路面、桥涵构造物等的病害，做到日常养护工作规范化、科学化。

（4）坚持汛前排查，提前预防；汛期雨中上岗，小型病害及时修复，重大情况危及行车安全时，应立即在两端设立危险警告标志或禁止通行标志并及时汇报，雨后抓紧抢修恢复，确保公路畅通。

（5）养护单位遵守"每天巡路，每周检查总结"的公路养护质量检查制度，每月月底按照《公路技术状况评定标准》（JTGH20—2007）评定路况。

（6）积极推广应用公路养护新技术、新工艺、新材料，走科学养护的路子。支持和鼓励职工进行革新和合理化建议。

（7）加强安全生产管理，按规定、规范操作，确保作业安全。

（8）遵纪守法，廉洁奉公，自觉遵守各项法律法规。

（9）爱护养护处的房产、设备、机具及其他生产办公用品。

（10）完成县（市、区）局下达的各项养护生产计划。

（二）学习制度

（1）建立健全职工定期学习制度，每月组织职工进行两次学习，学习由养护单位主任主持并由记录员做好记录。

（2）学习党的方针政策、政治理论、法律法规、科学文化知识，学习公路行>业技术标准、规范、操作规程，刻苦钻研新技术、掌握新技能，不断提高自身政治与业务素质，争做知识型的新一代养路工人。

（3）为保证学习效果，应建立学习考勤和记录制度，做到人员、时间、内容三落实，不准迟到、早退，不准处理与学习无关的事清，除因公出差外，任何人不得无故缺席。

（三）劳动考勤制度

（1）实行人员考勤制度，逐日填写考勤表并存放在学习室内，以便监督和检查。

（2）严格执行请假制度。职工请一天以内的事假由主任批准，三天以内由县局单位批准，三天以上的事假和婚、丧、产、探亲假由县局批准。按审批程序逐级由有关负责人签字生效；凡未经批准擅岗者，不论何种原因均按旷工处理。请假期满后应按时销假，不得无故超假；若在请假期间遇重大特殊情况，应事先办理续假手续。因工负伤、非因工负伤及患有各种疾病需请假者，必须有医院证明，当天经养护处及县局批准签字生效。

（3）节假日实行轮休制，一般应在当月休完。

（4）考勤必须认真负责，做到真实、及时、准确。对弄虚作假、瞒报、虚报等情况，一经发现，将追究养护处主任的责任。

（四）生产检查制度

（1）生产检查验收采取主任、安全质检员、记录员验收的方式进行，并自觉接受上级管理养护人员的检查监督。

（2）检查验收应严格执行有关技术标准、技术规范和技术规程，确保工程质量和安全生产。

（3）经检验不合格的施工设备和工程材料不得使用。

（4）每月由养护单位主任组织定期召开生产会，总结生产情况，安排下步工作。安全质检员和记录员对所养护的路段按《公路技术状况评定标准》（JTGH20—2007）进行检查评定，并按时上报县（市、区）交通运输局。

（5）各工作人员认真履行自己的工作职责，并做好当天的工作记录。

（五）机具材料保管制度

（1）小型机械设备和主要材料要建账、建卡，建立物资材料登记簿，并有专人负责管理，所有进出材料机械、工具等必须按规定办理出入库手续，每月进行一次盘点，做到账实相符；管理人员变动时，应办理交接手续。

（2）购买的生产用具，其原始单据必须要有两人签名方可报账。

（3）小型机械设备实行专机专人负责制，要实行定期保养制度。

（4）机具设备不准随便借出。特殊情况经主任同意并报上级管理单位主管领导批准后才能借出，但必须办理借用手续并如期收回，损坏或遗失的由借用单位（人）负责修复和赔偿。

（5）路用材料及设备、设施不准让售。

（6）生产工具及其他实物大件要分开堆放、放置有序、专人负责，并经常检查防潮防腐，做到整齐清洁，仓库干净，小件工具管理责任到人，凡因个人责任造成的损坏遗失一律照价赔偿。

（7）凡需要更新的机械或其他物资，必须报请上级机关检查核实并同意，然后按报废更新手续办理。

（六）养护本单位巡路抢修制度

（1）巡路工作要做到经常化、制度化。巡路可以采取乘车、步行方式进行，但每周必须进行一次步行，每天必须巡查所管养路段，巡查次数每天不少于2次。遇到雨、雪、大风等不良天气应增加巡查次数，汛期紧急情况下应昼夜不间断巡查。

（2）巡查的工作范围包括路基、路面、桥涵构造物、绿化、标志标线、安全防护设施及其他附属设施。

（3）对于巡查中发现的问题，能处理的及时处理（如清除堆积杂物、清除路面石块、排除积水积雪、疏通排水设施等），不能处理的迅速上报解决。发现危及行车安全的重大险情，应在上报的同时，立即在两端设立明显的警示标志，提醒过往车辆注意；警示标志未设立之前，应留人值守、现场指挥交通或指挥车辆绕道，防止意外事故发生；养护处应在上报情况的同时不等不靠积极组织排险抢修，恢复原状，确保公路安全畅通。

（4）巡查时发现违章建筑和侵占路产路权的行为，要做好记录并及时向路政管理人员和养护科反映情况。

（5）专门巡查、不良天气巡查及平时巡查发现问题时，巡查人员应认真做好路段巡查情况记录。

（七）安全生产劳动保护制度

（1）严格遵守各项操作规程，不准违章指挥和违章作业，不准无照开机开车。对违章指令有权拒绝，并有责任制止他人违章作业。所使用的机械、设备、养护作业车辆，必须设置规范性标志。机械操作人员不准带病作业，严禁酒后开机开车。严禁无牌无证车辆、机械及人员上路作业。

（2）出工收工时，要严格遵守交通规则，注意来往车辆。施工地段必须认真按照《公路养护安全作业规程》（JTGH30—2004）实行规范化的交通安全控制，实行文明生产。

（3）上路作业，必须穿着具有反光性能的标志服，并穿戴好防护用品，落石路段应戴好安全帽，特殊工种必须穿戴劳动保护服。清扫路面时要在显要位置设置锥形标，施工人员不得穿高跟鞋、拖鞋或赤脚上路作业，做到文明施工。

（4）及时清除路障，养护用料做到六不堆即："路面不堆、弯道内侧不堆、路基陡坡不堆、路肩两边不并排堆、桥头不堆、单行道不堆"，施工现场要清理及时，以保证交通安全。

（5）发生工伤事故，应迅速组织抢救受伤人员，并保护现场及时报请上级调查处理。

（6）严格执行《中华人民共和国劳动合同法》及有关规定，确保职工身心健康。

（八）安全生产作业制度

公路养护安全生产应贯彻"以人为本，安全第一"和"预防为主"的方针，严格执行施工安全规程，切实加强安全生产管理和施工现场管理，防止重大安全事故的发生，切实保护施工人员及公路沿线人民群众生命安全。为此，要切实做到以下 3 点。

（1）公路养护人员施工作业时：

①应事先在作业场地或施工路段两端设置明显的施工标志，保护养护或施工人员及施工场地的安全，引导车辆顺利通行。夜间养护作业应有足够的照明设备，并设置警示灯光信号。

②从事公路养护作业人员必须穿着具有反光功能的安全标志服。

③公路养护车辆或作业人员在不影响过往车辆通行的前提下，其行驶（走）路线和方向不受公路标志、标线限制，过往车辆应对公路养护车辆和作业人员注意避让。

④机械作业时，操作人员不得撤离工作岗位，不准将养护机械交给非本机操作人员操作，严禁无关人员进入机械作业区和操作室内，工作时，思想要集中，严禁酒后操作。

⑤使用养护机械设备时应按规定进行操作，及时排除机械设备故障，保证运转正常。

⑥公路养护或施工作业完成后，要及时清理工作场地，清除障碍物，恢复公路原状，保障公路安全畅通。

（2）非公路养护人员承接公路养护工程时，应遵照以上相关条款，明确安全责任，注意安全生产。

（3）公路养护人员在雨季和洪水来临之前，应事先清疏各种排水系统，修理加固和改善各类构造物，并采取适当措施，防止漂流物急剧大量冲下；在雨天和汛期应对所辖路段进行昼夜巡视检查桥涵、路基及各种构造物。小的毁阻，当场予以排除，发生严重毁坏危及行车安全时，应立即在两端设立警告标志或禁止通行标志，并及时向上级报告。

（九）巡路制度

（1）公路巡路实行动态管理与静态管理相结合，随时掌握公路病害情况，及时进行维修处理。危桥、险路和易出现病害地段为巡路工作重点。

（2）公路管理养护人员应坚持上路巡查，实行区农村公路管理处、镇农村公路管理养护办公室、养路员三级巡路体制。累计每月巡路时间不少于 22 天（特殊情况除外）。

（3）巡路人员要认真、仔细巡路，发现情况及时汇报、处理。交管所要建立巡路工作日记，专人负责，认真记录。

（4）公路管理养护人员巡路时，应发挥兼职路政管理员的职责，制止各种损害、破坏公路路产路权的违法行为。

（十）公路边坡、路肩整修制度

（1）边坡长度在 3m 以内（从路肩坝外棱量起）的路段，每公里每月要按要求完成 15m 的护土任务。

（2）坡长度在 3m 以外（同上）整修难度较大的路段，每公里每月要完成 10m 的护土任务。

（3）完不成护土任务的路段扣发该养路员月报酬的 50%。

（4）整修难度较大的路段，由局业务科室勘察认定，报局领导同意后，由局投资贴护。

（十一）公路绿化管理档案制度

（1）镇农村公路管理养护办公室每年 2 月份都要对辖区内各路段公路绿化物新、补植情况进行调查、统计，并依此填写公路绿化情况调查表，于 3 月 1 日前报农村公路管理处。

（2）要认真清查路树资源，建立绿化档案，对已有的行道树、冬青、百日红等乔灌木，要进行登记造册，责任到人，进行良好的抚育和管理。

（十二）公路巡查请示报告制度

（1）进一步加强公路巡查工作，专职管理人员对所辖路段每天至少要巡查一遍，并认真做好巡查记录。

（2）对在公路上及公路用地范围内摆摊设点、堆放物品、倾倒垃圾、挖沟引水等现象，要及时进行教育制止并限期清除；对教育劝告不听或逾期不清除的，要会同路政科依法予以查处；对发现的坑槽、丢弃的石块等，要及时垫平或清除，凡措施不及时或清理不到位的，每发现一处扣养路员报酬 5 元。对引发交通安全事故的，按照有关规定追究有关人员的责任。

（3）已有的行道树、灌木、花卉和里程碑、百米桩等要严加管护，每丢失一棵（墩、块、件），扣该段养路员报酬 10 元。

（4）严格路政审批手续和公路安全管理工作，对巡查中发现的侵占、毁坏路产路权案件或安全隐患等重大问题，要立即采取相应的措施。及时逐级上报。否则，视其情节追究有关人员的责任。

（5）严格公路养护工程申报制度，养护工程土方量在 5m³ 以内的，由所里组织养路员自行施工；工程土方量在 5m³ 以上的和桥涵、浆砌等工程及雇用人工、车辆等开支项目，要及时汇报业务科室或分管领导，待业务科室实地勘查、设计、预算提出申请报告，经分管领导审核，报经局长批准后方可实施，否则，一切费用由所里自行负担。

（6）遇公路水毁，情况紧急时，交管所要立即组织人力、物力进行抢修，并迅速向局报告。如因抢修不及时导致公路毁坏的，将追究有关交管所的责任，并承担由此造成的一切经济损失。

如遇特大自然灾害，危及公路通行的，应立即向当地政府汇报，及时组织人力、物力排险加固，以减少损失，确保公路畅通。

（十三）路面"保洁日"制度

（1）实行路面"保洁日"制度，每月规定 6 天为路面"保洁日"。具体时间定为每月农历的"逢五排十"日，逢集市的路段"保洁日"定为逢集后的第二天。

（2）"保洁日"期间，交管所专职人员和养路员，除特殊情况全部上路，全力抓好路面保洁工作。

（3）凡不按规定上路的，每发现一次，罚专职副所长、公路管理员工资各 20 元，罚养路员 10 元，从下月工资报酬中扣除。

（十四）公路养护统计工作制度

（1）统计员统计公路养护数据、考勤情况等数据资料时要确保数字准确、全面，并有简要的情况说明。

（2）每月月底及时编制征收月报表、考勤表、养路员出勤表、收支资料表等报表，交所长审核。

（3）对上级安排的统计工作，要及时保质保量地完成，并按时向局有关科室报送相关资料表。

（4）建立健全原始记录管理制度，加强原始记录的检查，及时做好收集、整理、分类、装订、保管工作。

（5）建立健全统计台账、记录簿和相关表格。

（十五）公路养护工作交接制度

（1）为更好地保持工作的有效性和连续性特制定本制度。

（2）对于职位提升、工作调离、离退休等工作人员，离任前应主动向接任该职位人员交接工作及完成工作任务情况和相关文件材料，并认真办理交接签字手续。

（3）办理工作、文件、材料交接时，科长应负责监督交接，并在交接手续上签字。

（4）离职人员应积极按规定办理交接签字手续，不得故意毁坏文件资料。

（十六）公路养护专用车辆管理制度

（1）养护车辆严格按交通运输部《公路监督检查专用车辆管理办法》（交通运输部令 2002 年第 6 号）进行管理和使用。

（2）车辆要及时保养，保证车况良好，未经主要领导批准，不得随便使用，以保证正常执行公务需要。

（3）养护车辆为公路大、中、小修保养工程等业务服务，任何单位和个人不得挪作他用。

（4）养护专用车辆不得为非公路养护工程活动开道使用，未经允许不准随意开启警示灯和警报器；在公安机关明令禁止使用警报器的道路和区域内不准鸣警报器，严禁在城区内使用警报器。

（5）养护专用车辆不准用于婚丧嫁娶。严禁将养护专用车辆停放在宾馆、饭店、歌舞厅等公共娱乐场所。

（6）养护专用车辆驾驶员要认真负责，谨慎驾驶，确保行车安全，不准将养护专用车交与他人驾驶，并注意爱护车辆。

（7）如违反上述规定，追究有关当事人和有关人员的责任。

（十七）汛期昼夜值班制度

按照区委、区政府和市交通运输局对防汛工作的指示，结合交通工作的实际情况，为全面做好我区的交通防汛工作，确保安全度汛，县级交通运输局建立汛期昼夜值班制度。

局办公室为防汛值班室，当日值班员也是防汛值班员。值班电话为XXX。汛期各单位要有专人实行昼夜值班，做到24h不空岗，保证随叫随到，调度指挥畅通。凡无人值班而延误抢险救灾时机或造成损失的，要追究有关领导和当事人的责任。

二、管理养护工作程序

（一）日常养护工作程序

1. 日常巡查工作程序

（1）巡路人员：巡路员系养护处人员，具有一定的公路知识，有较强的事业心、责任感。每天7：30到养护处签到，然后携带米尺、巡查记录等巡路工具，更换巡路服装进行巡路准备工作。

（2）巡路方法：巡路人员在进行巡路工作时，每星期至少有一次步行巡路，其余时间可以乘车巡路。

（3）巡路频率：巡路人员要定人、定时、定路段，巡查次数每天不少于2次。雨雪、冰冻天气、重要节日等特殊天气应增加巡路次数和时间。

（4）巡路内容包括：路基、路面、桥涵构造物、标志、绿化、沿线设施等附属设施的完好。

（5）处理程序：

①巡路时发现下述问题要及时处理：路面妨碍交通的堆积物、抛撒物；路肩上有种植农作物和堆放杂物；桥面破损、塌陷，桥下河道有非法挖砂取土等现象。巡路员要认真做好记录并及时处理或设置标志。

②路面损坏有坑槽、存在积水、积雪；路基存在水毁冲沟，边坡有空洞、冲沟、坍塌和明显凹凸，边沟、排水沟有淤塞现象；桥面破损、坍塌，结构出现病害，桥梁栏杆、伸缩缝、

泄水孔等出现损坏，桥头警示桩、桥名牌、总重标志、轴重标志、危桥标志、分道标牌等出现缺损。沿线百米桩、里程碑、道口桩、警示桩、标志等沿线设施存在歪斜、污染和缺失；行道树歪斜、缺株；模纹色块发生病虫害等现象。遇有上述情况发生，要做好记录及时向主任和县局汇报。

③发现危及行车安全的重大险情要及时报告养护处或县交通运输局。在上报的同时，立即在两端设立明显的警示标志，提醒过往车辆注意。

④警示标志未设立之前，应留人值守现场指挥交通或指挥车辆绕道，防止意外事故发生，确保公路安全畅通。

2. 日常保洁工作程序

（1）养路员要按时出勤，按规定着装，按划分责任段进行路面保洁。

（2）养路员上路作业时，应着醒目的养护标志服，首先对所管养路段进行巡视，发现影响行车安全的堆积物、抛撒物应及时清除；然后再对管护路段进行保洁。

（3）保洁清扫时要逆向清扫，并携带一个锥形标，清扫时放置在清扫地点的前面，保障人身安全。

（4）养路员要对管护路段内的桥梁伸缩缝、泄水槽进行认真清理使其保持清洁。

（5）养路员清扫的杂物必须集中处理，严禁随便倾倒。

（6）对于经常出现路面污染、积水路段保洁时做好记录，报养护处主任采取技术措施，集中处理。

（7）为确保冬季行车安全，应及时将路面积雪予以清除，并排出路肩以外。路面出现结冰时，要在桥面、陡坡、急弯、平交道口等处及时撒布防滑砂石及融雪材料等。

3. 日常保养工作程序

根据路况巡查和路况评定结果对路基构造物、路面、桥涵、交通附属设施、绿化等存在病害情况进行保养维修。日常保养及部分小型小修工程由养护处负责实施，小修及大中修由县局、市局负责实施。

（1）根据路况巡查与评定，属于日常保养及小型小修工程由养护单位负责实施。

（2）养护本单位根据病害情况制定实施方案，落实实施人员。

（3）施工人员按照《公路养护安全作业规程》（JTGH30—2004）准备施工标志。

（4）施工标志准备齐全后，按照有关施工规范进行施工，并做好施工原始记录。

（5）施工完成后，按照有关标准进行验收，做好验收记录。

（6）修复时限：

①路面、桥涵出现的小型病害，要在当日内进行维修处理。

②病害严重的路面应详细记录，在三日内修补完成。

③边沟、排水沟、涵洞每月修整一次；路肩草皮雨季要求每月修剪两次，其余时间视现场情况而定。

④桥涵锥护坡和桥梁栏杆的微小损坏及引道小型水毁,钢构件栏杆必须一星期内修复完成,硅构件必须在两星期内修复完成。

⑤加强百米桩、里程碑、道口桩、警示桩等沿线设施要在两日内完成维修、更换工作,认真做好修复施工记录。

⑥乔、灌、草有病虫害发生,要在2日内采取防治措施。

⑦人为或车辆破坏的草坪和树木以及汛期和特殊天气造成的歪斜行道树和断枝,要在3日内修复或清除。

(二)内业工作流程

1. 公路管理养护工作档案工作规范

(1)规章制度档案:

①机构设置与人员配备情况存档内容:养护机构设置、人员配备情况简介及公路管理养护人员登记。

②岗位职责:存档内容:科(所)职责、科(所)长职责、工作人员职责、科(所)工作人员职责分工等。

③工作制度:存档内容:工作、学习、会议、卫生、考勤五方面制度。

(2)计划管理档案:

①任务目标:存档内容:近期与远景公路规划,年度目标任务。

②工作计划:存档内容:年(季、月)生产、费用、好路率计划。

③工作完成情况:存档内容:年度主要生产完成情况和局(所)月(季、年)生产、费用、好路率完成情况资料。

④审批计划:存档内容:县乡公路列(撤)养、样板路建设、砂土路升级改造、小修保养工程计划等方面的审批文件及有关资料。

(3)资金管理档案

①养护成本核算

存档内容:公路养护经济指标,年、季小修保养成本核算。

②养护经费使用情况

存档内容:养护经费使用台账,公路小修保养及中修工程经费使用情况统计资料。

③经费报销

存档内容:大中修工程决算书,小修保养工程费用支出审、验手续及有关凭证和资料。

(4)日常工作档案:

①工作记录:存档内容:工作日志。

②学习记录:存档内容:科(所)集体、个人学习记录。

③检查记录:存档内容:桥涵经常检查记录、公路水毁记录、公路养护质量检查记录、

工作检查考核记录。

④考勤记录：存档内容：工作人员考勤/公路管理养护人员出勤出工情况统计。

⑤会议记录：存档内容：局、科（所）组织召开的各种会议记录。

⑥宣传培训记录：存档内容：历次宣传、培训活动的情况记录。

（5）技术管理档案：

①技术标准规范：存档内容：国家、部、省、市有关公路建设管理养护的技术政策、标准规范、办法和相应的操作规程等。

②交通情况调查：存档内容：交通量观测、行车速度调查与观测、公路交通启讫点调查、县乡公路交通量比重调查、轴载调查等资料。

③公路路况登记：存档内容：本区域内所有管养路线的公路路况资料。

（6）大中修工程项目文件档案：

①中修工程：存档+内容．中修工程项目在基本建设程序各阶段的文件资料。

②大修工程：存档内容：大修工程项目在基本建设程序各阶段的文件资料。

附注说明：研究报告、设计文件应按国家及省颁布的有关规范、标准、办法编制。建设程序各阶段中所用图表，均使用交通部及省厅统一制定的表式。

（7）公路绿化档案：

①总体规划：存档内容：公路绿化总体规划。

②年度实施计划：存档内容：公路绿化年度计划。

③公路绿化完成表：存档内容：年度公路绿化完成情况。

④公路绿化情况资料：存档内容：辖区内各路线绿化情况资料。

（8）文书档案：

①文件：存档内容：业务文件和非业务文件。

②文书材料：存档内容：工作材料、会议材料、宣传培训材料。

③综合材料：存档内容：文件、文书材料以外的具有参考、借鉴价值的资料。

（9）统计报表档案：

①月、季报表：存档内容：公路养护质量月、季报表。

②年报表：存档内容：公路养护状况年度报表。

③其他报表：存档内容：养护报表以外的报表。

（10）综合档案：

存档内容：除上述9种档案以外需存放的内容。

2.公路管理养护大中修工程建设程序

（1）中修工程：

①根据实际情况，由农村公路管理处提交项目建设报告。

②经区局批准同意下达计划。

③根据下达的计划，农村公路管理处负责编写设计文件。

④按照批准的建设文件，由农村公路管理处组织项目实施。

⑤项目完工后，进行项目竣工验收。

（2）大修工程：

①根据各镇的实际情况，由县级交通运输局编制工程项目建议书和可行性研究报告，向市局报建。

②市局经过研究批准后，下达大修工程建设计划。

③根据下达的大修工程计划，由县级交通运输局具体负责组织编写工程施工设计文件，并报市局审批。

④根据批准的施工设计文件，各县级交通运输局在市局的指导下组织工程项目实施。

⑤项目完工后，由市局组织进行项目竣工验收。

3. 公路管理养护大中修工程建设文件资料存档流程

（1）中修工程基本建设程序各阶段的文件资料要按下列顺序存放：

①中修工程项目建设报告及批复意见。

②中修工程项目建设计划。

③施工设计文件资料（设计、实施方案，施工图纸，工程费用预算及成本核算）。

④施工资料（施工原始资料，原材料质检结果，施工自检记录，工程监理报告）。

⑤工程竣工验收报告及工程决算书。

（2）中修工程基本建设程序各阶段的文件资料要按下列顺序存放：

①大修工程项目建议书和可行性研究报告、报建手续及批复意见。

②大修项目建设计划。

③施工设计文件（设计技术方案，施工图纸，技术变更和设计交底资料，完整的复核、审核、会签批准设计手续，工程费用预算与成本核算）。

④施工资料（开工报告及批复，施工组织设计方案，完整的施工原始记录、实验数据、自检数据等质量保证资料，竣工图表）。

⑤申请验收报告、竣工验收鉴定书、工程决算。

第三节　农村公路桥梁管理养护工作制度

一、总章

第一条为加强和规范我市农村公路桥梁管理养护工作，保证农村公路畅通和桥梁运行安全，依据《中华人民共和国公路法》、交通运输部《公路桥梁管理养护工作制度》（交公路

发 [2007]336 号）及上级有关规定，制定本制度。

第二条本制度适用于本行政区域内农村公路的桥梁管理养护工作。

第三条农村公路桥梁管理养护应贯彻"预防为主，安全至上"的工作方针，努力提高桥梁结构的耐久性和安全性。

第四条各级地方人民政府交通主管部门及农村公路管理机构（单位），应高度重视桥梁管理养护工作，严格执行桥梁管理养护的各项规章制度，采取科学有效的管理手段和技术措施，对所管辖的农村公路桥梁及时组织实施检查、检测和养护维修，确保公路畅通和桥梁安全。

第五条桥梁管理养护的技术工作实行桥梁养护工程师（或技术员）制度。

第六条农村公路桥梁管理养护实行"统一领导，分级管理"。县级交通运输局主管本行政区域内的农村公路桥梁管理养护工作，具体负责县道的桥梁管理养护工作，并对乡道、村道的桥梁管理养护工作进行监督、检查与指导；乡镇人民政府具体负责辖区内乡道、村道的桥梁管理养护工作。

第七条农村公路上的桥梁管理养护经费按上级有关规定筹集使用。

二、管理责任划分

第八条农村公路的桥梁管理养护应根据"事权一致、责任清晰"的原则，明确本辖区农村公路桥梁管理养护的管养单位和监管单位，并合理确定各自的工作职责。

第九条公路桥梁管理养护的管养单位是指具体承担公路桥梁管理养护任务的管理单位。公路桥梁管理养护监管单位是指依照有关规定，主管桥梁管理养护工作的县级以上交通主管部门及受其委托承担监管职责的公路管理机构。

第十条乡道、村道上桥梁管理养护的管养单位是乡（镇）人民政府，监管单位是县（区）交通运输局；县道上桥梁管理养护的管养单位是县（区）交通运输局，监管单位是市交通运输局，市交通运输局可委托其所属的公路管理机构，对全市农村公路的桥梁管理养护履行监督与指导职责。

第十一条农村公路桥梁管养单位疏于管理养护，不按相关规定准确掌握桥梁技术状况，或未及时采取相关措施，而导致的桥梁安全事故，由管养单位承担主要责任，监管单位承担监管责任。

第十二条农村公路桥梁管养单位和监管单位必须明确负责桥梁管理养护工作的分管行政领导和具体技术人员，保证桥梁管理养护的各项职责得以贯彻落实。

农村公路桥梁管理养护要分工明确，责任到人，每一座桥梁都要落实到位。

三、桥梁养护工程师（或技术员）制度

第十三条桥梁管理养护的技术工作实行桥梁养护工程师（或技术员）制度，桥梁养护工程师和相关技术人员应按照《公路桥涵养护规范》（JTGH11—2004）的要求和规定，及时、

全面掌握桥梁技术现状，保障桥梁安全运行。乡（镇）人民政府要设置1—2名专职的桥梁养护工程师（或技术员），县（区）交通运输局要设置2名以上专职的桥梁养护工程师和3名以上专职的桥梁养护技术员，并履行相关监管职能。市交通运输局设2名专职和3名兼职的桥梁养护工程师，具体履行监管职能。

第十四条农村公路桥梁管养单位的桥梁养护工程师（或技术员）具体履行以下主要职责：

（1）主持桥梁的经常检查与评定，负责组织桥梁的定期检查与评定。并根据检查结果编制并上报养护维修建议计划，提出须进行特殊检查的桥梁的申请报告，组织编制桥梁养护、维修、改建方案和对策措施。

（2）主持桥梁的小修保养和抗灾抢险工作，考核桥梁养护质量，并及时上报辖区内桥梁受自然灾害和其他因素损坏的情况。组织实施超重车辆通过的有关技术工作。

（3）参与监督、组织桥梁养护大、中修和改建工程；组织并参与桥梁大、中修和改建工程的中间检查和交（竣）工验收。

（4）负责所管辖桥梁技术档案的补充、完善和保密工作，定期对辖区内桥梁技术状况进行综合评价与分析；负责桥梁管理系统的数据更新、系统维护、系统运行以及桥梁养护报告编写等工作。

第十五条农村公路桥梁管理养护监管单位的桥梁养护工程师履行以下主要职责：

（1）负责辖区内桥梁管理养护的技术工作，监督检查管养单位桥梁养护工程师（或技术员）职责履行情况。

（1）组织制定辖区内桥梁管理养护工作计划，并监督实施。

（2）按规定负责复核四、五类技术状况桥梁的评定工作。'

（3）参与制定重要桥梁的大、中修和改建工程技术方案和对策措施，并组织审验其科学合理性。

（4）组织辖区内桥梁养护工程师及有关技术人员的技术业务培训。

第十六条桥梁养护工程师（或技术员）实行定期培训考核制度。

四、桥梁检查与评定

第十七条桥梁检查分为经常检查、定期检查和特殊检查。

（1）经常检查主要对桥面设施、上部结构、下部结构和附属构造物的技术状况进行日常巡视检查。

（2）定期检查是指按照规定周期，对桥梁主体结构及其附属构造物的技术状况进行定期跟踪的全面检查，评定桥梁技术状况等级。

（3）特殊检查指在特定情况下对桥梁技术状况进行鉴定，以查清桥梁的病害成因、破损程度、承载能力或抗灾能力等。

（4）经常检查和定期检查应符合《公路桥涵养护规范》（JTGH11—2004）的规定。

第十八条经常检查主要以目测方式配合简单工具进行，检查周期为每月不少于一次，汛期应增加检查频率。对经常检查中发现重要部（构）件明显达到三、四、五类技术状况的桥梁，应立即安排定期检查。

经常检查过程中应填写"桥梁经常检查记录表"，现场登记所检查的项目和缺损类型，估计缺损范围和养护工程量，提出相应的小修保养措施，为编制小修保养计划提供依据。

检查结束后要及时更新桥梁管理养护系统数据。

第十九条桥梁定期检查主要以目测结合仪器检查方式进行。其检查周期一般不低于每三年一次，特殊结构桥梁应每年一次。

第二十条特殊检查应委托有相应资质和能力的单位实施。

特殊检查应采用仪器设备，通过检测或试验的方法，并结合理论分析，对桥梁的缺损状况、病害成因、承载能力或抗灾能力做出科学明确的判定。并根据检测结果提出针对性的维修处治措施建议。

桥梁的特殊检查评定应符合有关标准和技术规范的要求。

第二十一条依据检查结果，桥梁技术状况等级评定分为一至五类

一类桥：技术状况处于完好或良好状态，仅需对桥梁进行保养维护。

二类桥：技术状况处于良好或较好状态，仅需对桥梁进行小修或保养。

三类桥：技术状况处于较差状态，个别重要构件有轻微缺损或部分次要构件有较严重缺损，但桥梁尚能维持正常使用功能。

四类桥：技术状况处于差的状态，部分重要构件有较严重缺损或部分次要构件有严重缺损，桥梁正常使用功能明显降低，桥梁承载能力降低但尚未直接危及桥梁安全。

五类桥：技术状况处于危险状态，部分重要构件出现严重缺损，桥梁承载能力明显降低并直接危及桥梁安全。

第二十二条农村公路桥梁技术状况由桥梁管养单位负责组织评定。对评定为四类、五类的桥梁按以下规定进行复核，复核期间，管养单位应采取应急保障措施，保证桥梁运营安全。

乡道、村道上技术状况为四类的中、小桥梁以及结构较简单、病害清楚的大桥，由桥梁养护工程师负责组织复核。

第二十三条特大桥、特殊结构桥梁和单孔跨径60ra及以上大桥的检测评定工作应符合以下规定：

（1）在桥梁上下部结构的必要部位埋设永久性位移观测点，并定期进行观测，一、二类桥每三年至少一次，三类桥每年至少一次，四、五类桥每季度至少一次，特殊情况时应加大观测密度。

（2）应安排专项经费委托有资质的单位进行定期的特殊检查。一、二类桥每五年至少一次，三类桥每三年至少一次，四、五类桥应立即安排进行特殊检测。

（3）对特别重要的特大桥，应建立符合自身特点的管理养护系统和健康监测系统。三、四、五类桥梁检查项目。

五、桥梁养护工程管理

第二十四条桥梁养护工程分为小修保养、中修、大修、改建。

对技术状况为一、二类的桥梁应加强小修保养，防止出现明显病害。对技术状况为三类的桥梁应及时进行中修，防止病害加快扩展，影响桥梁安全运营。

对技术状况为四类和五类的桥梁，应及时采取管理措施，保证安全。并依据桥梁特殊检查结果和技术论证分析，安排大修或改建。不能及时安排大修或改建的，需按有关安全管理规定采取相应的管理保障措施，防止出现桥梁安全事故。乡道、村道上属四类、五类的桥梁需进行限载、限速通行和封闭交通的，应报县级交通运输局审查并备案。县道上桥梁属类似情况的，应报市交通运输局审查并备案。紧急情况可先行封闭，再上报。

对荷载等级、宽度、抗灾能力、安全防护标准等技术指标低于所在公路技术标准的桥梁，应有计划地进行技术改造。

第二十五条桥梁小修保养、中修工程由管养单位组织实施，大修、改建工程根据情况由县级及以上交通主管部门负责组织实施。

第二十六条小修保养、中修工程可承包给专业化施工队伍，实施合同管理。大修、改建工程应通过竞争方式选择施工单位，并视工程具体情况推行招标投标制度。

情况特殊不进行招标投标的项目，应对被委托人的资质、业绩和信誉等有关情况进行审查。

第二十七条桥梁中修、大修、改建工程完工后，应按照相关规定进行验收。工程实施后的桥梁技术状况必须恢复至一、二类。

第二十八条各级交通主管部门和桥梁管养单位应采取有效措施，加强桥梁养护工程的施工管理。

对需要封闭交通或长时间占用行车道施工的桥梁养护工程，除紧急情况外应在项目开工前15天，发布相关信息。

第二十九条桥梁养护工程施工单位应按照相关规定，合理布设施工作业区，设置标志和安全防护设施，保证施工车辆、人员和过往车辆的安全，必要时还应协助有关部门做好交通疏导工作。

六、技术档案管理

第三十条桥梁管养单位和监管单位应建立健全农村公路桥梁技术档案管理制度，大力推广应用公路桥梁管理系统，及时更新桥梁技术数据，保证农村公路桥梁技术档案真实完整，逐步实现电子化管理。

特别重要的特大型桥梁应建立符合自身特点的电子档案管理系统和管理养护系统。

第三十一条农村公路桥梁技术档案应包括桥梁基础资料、管理资料、检查资料、养护维修资料、特殊情况资料等。

第三十二条桥梁基础资料包括以下内容：

（1）桥梁设计施工图及竣工图，结构计算分析报告。

（2）施工过程中的试验、质量检测、科研等施工原始资料。

（3）工程事故处理资料。

（4）施工全过程的结构位移或变形测试资料。

（5）观测或监测点（部件）资料。

（6）交（竣）工验收资料。

对新建桥梁，接养单位应参与交（竣）工验收。桥梁建设单位应向接养单位移交桥梁基础资料（乡村道路上的桥梁资料，可由县（区）交通运输局代管），并协同做好接养工作。

第三十三条桥梁管理资料包括桥梁管养单位、监管单位，及其分管领导、桥梁养护工程师（或技术员）等的基本资料。

管理资料中对桥梁养护工程师（或技术员）除应归档个人基本资料外，还应归档其业务考核情况和年度主要工作情况。

第三十四条桥梁检查资料包括桥梁经常检查、定期检查结果、养护对策建议、特殊检查建议报告、养护建议计划等技术资料，以及检查的时间、实施人员等基本资料。

特殊检查还应包括检测（试验）方案、检测（试验）报告、照片及多媒体材料，检测（试验）方的资质证书（复印件）、业绩证明（复印件）以及主要检测人员的资格证书（复印件）等。

第三十五条桥梁养护维修资料应包括以下内容：

（1）小修保养工程的实施技术资料和养护质量评定结果，以及工程实施的时间、组织实施人员等。

（2）桥梁的中修、大修、改建工程的设计图纸、竣工图纸、施工资料、监理资料、监控（监测）资料、质量事故处理报告、交（竣）工验收等技术资料，以及设计、施工、监理和监控（监测）等各方的资质证书（复印件）、业绩证明（复印件）及其主要检测人员的资格证书（复印件）等。

第三十六条桥梁特殊情况资料主要包括地质灾害、气象灾害、超限运输等特殊事件的具体情况、损害程度、处治方案等。

第三十七条基本资料缺失的桥梁，应根据历年检查、养护资料，逐步建立和完善其技术档案。必要时，可专门安排有针对性的检测、试验或特殊检查，补充、完善桥梁技术资料。

七、应急处置管理

第三十八条桥梁突发事件的处置工作应在各级政府的统一领导下，由县级交通运输局及乡镇人民政府按管理职责划分具体负责，实行条块结合、以块为主。

第三十九条县级交通运输局及各乡镇人民政府按管理职责划分，应分别制定以预防和处置桥梁坍塌事故为重点的突发事件应急预案，明确信息上报、分级响应、交通保障与恢复、事故调查等工作的职责和程序。

具体的桥梁管理养护单位应单独制定针对重要和特大型桥梁的应急预案。对技术状况为四、五类的桥梁，以及超过使用年限的危旧桥梁，除采取相应的管理措施外，还应分别制定应急交通组织方案，确保一旦发生事故，交通组织工作井然有序。

第四十条接获农村公路桥梁突发信息后，桥梁管养单位应立即向上级主管部门报告并启动应急预案，及时、有效地进行处置工作。应急处置过程中，要按相关规定向上级主管部门续报有关情况。同时桥梁管养单位和监管单位按管理职责划分应在接获农村公路桥梁突发信息后立即分别上报区人民政府，并按规定落实有关情况。

第四十一条县级交通运输局和各乡镇人民政府要按照职责分工和相关预案切实做好应对桥梁突发事件的人员、物资、资金保障工作，确保应急工作正常有序进行。

八、监督检查

第四十二条县级交通运输局应依法履行监督检查职能，对农村公路桥梁管理养护工作实施监督检查时，应当深入桥梁管理养护工作现场，并采取必要的技术检测手段，不得流于形式。监督检查应包括以下主要内容：

（1）各项规章、制度和技术规范的执行情况。

（2）人员、经费的落实情况。

（3）桥梁检查、评定工作的开展情况。

（4）养护计划执行和养护工程管理情况。

（5）桥梁技术档案和管理信息系统的建设维护情况。

（6）各项应急预案的制定和执行情况。

（7）上级规定的其他监督检查项目。

第四十三条市县级交通运输局在监督检查过程中，对发现的问题，应当责令有关单位立即改正。监督检查结束后，应向有关单位反馈书面意见。

对桥梁管理养护工作薄弱、技术状况评定不规范、安全隐患突出的单位，应给予通报批评。造成严重后果的，应按规定追究有关人员的责任。

第四节　农村公路管理养护工作标准

一、养护日常巡查工作标准

（1）人员要求：巡路人员系养护处人员，可以是专职或兼职（视情况确定，建议养护人员兼职），并受养护处主任的领导。巡路人员要具备养护中级工以上的水平，有较强的事业心、责任心，对侵占损坏公路、公路用地及公路设施的行为，要坚持原则，大胆管理。

（2）巡路方法：巡路人员在进行巡路工作时，必须着安全标志服，携带米尺、巡查记录等用品。巡路时注意掌握公路技术状况的变化，对重点结构物和路段的损坏情况做详细记录，巡路结束后，应于当天整理巡路检查记录表，做好交接工作。应每天记录当地的天气预报和实际天气情况。在多风、多雨、多雪、多冰冻的季节，应随时注意天气变化并获取最新气象信息，以便及时采取相应措施。

（3）巡路内容包括路基、路面、桥涵构造物、标志、绿化、沿线设施等附属设施的完好程度。对影响行车安全的桥涵，作为巡路重点仔细巡查。

①路面是否有妨碍交通的堆积物、抛撒物，是否有积水、积雪，是否有影响行车安全的路面病害。

②路基是否有水毁冲沟，路肩上是否有种植农作物和堆放任何杂物，路肩草坪是否杂草丛生，路基是否坡面饱满、顺适，上下、内外线条是否清晰醒目，坡脚刷修是否整齐成线，是否有空洞、冲沟、坍塌和明显凹凸现象，边沟、排水沟是否淤塞，是否保持排水畅通。

③桥面是否破损、塌陷，上下部结构是否出现明显病害（混凝土破损、梁板断裂、墙体开裂及原观察中的病害急剧恶化等），桥下是否漏水，桥梁栏杆、伸缩缝、泄水孔是否损坏，桥头警示桩、桥名牌、总重标志、轴重标志、危桥标志、分道标牌等是否齐全完好，桥下河道是否有非法挖砂取土现象等。对一二类桥梁，巡查频率为每天一次，对三四类桥梁，每天不少于两次，对于五类桥梁应专人职守。

④百米桩、里程碑、道口桩、警示桩、标志等沿线设施是否歪斜、污染和缺失，行道树是否歪斜、缺土及发生病虫害，标志标牌是否有路树遮挡现象。

⑤巡查过程中，遇有上述情况发生，应立即以书面形式（通知单）告知养护单位主任并修复，并在巡查时及时认真填写巡查记录表。发现危及行车安全的重大险情要及时报告养护处或县交通运输局，并在上报的同时，立即在两端设立明显的警示标志，提醒过往车辆注意；警示标志未设立之前，应留人值守现场、指挥交通或指挥车辆绕道，防止意外事故发生，确保公路安全畅通。

（4）巡路频率：巡路人员要定人、定时、定路段，一般不准代替。巡查次数每天不少于2次。有特殊情况（雨季或发生洪涝灾害）的，应增加巡路时间。在巡路时间内必须上路巡查，否则，按缺勤处理。

（5）巡路时不准闲谈、离岗，严禁酒后巡路，每天巡路时要及时填写当日巡查记录表，并向养护处主任及时报告巡路情况，对擅离职守，不负责任，记录不详或伪造记录者按有关规定追究责任，即：一次，口头批评；二次，警告；三次，调离巡路岗位。

（6）养护处及上级交通管理部门应注意加强对巡路人员的培训，使其熟练掌握巡路的内容和方法，并配备必要的设施和车辆。对巡路工作要做不定期抽查，内容包括在岗情况和巡路检查记录等，并定期对巡路工作进行考评。

二、日常保洁工作标准

（1）养路员实行带班制度，由日常保洁公司承包，委派专人负责管理，公路站进行监督考核。

（2）养路员出勤时间：

夏季（5月1日——10月1日）：

上午7：30——10：30（上午3h）

下午2：30——5：30（下午3h）

冬季（全年除夏季时间以外的时间）：

上午8：00——11：00（上午3h）

下午2：00——5：00（下午3h）

遇有检查、政治任务等特殊情况，要按照养护单位主任临时通知执行。

（3）养路员配置：一级路每公里不少于2人，二、三级路每公里不少于1人。

（4）养护处主任为养路员划分保洁责任路段，明确工作内容，制定保洁责任路段表，定期检查考核养路员的出勤及工作情况。

（5）养路员上路作业时，应着醒目的养护标志服，并携带一个锥形标，清扫时放置身后，保障人身安全。

（6）路面、路肩、桥面及涵顶清扫采取机械和人工结合，清扫的杂物必须集中处理，严禁随便倾倒。严禁将杂物扫到土路肩上或者泄水槽和边沟内。

（7）清扫作业要避开交通量高峰时段进行，机械清扫一般要在早8点以前完成。路面清扫时，要尽量减少清扫作业产生的灰尘，避免污染环境，危及车辆和行人安全，必要时应配备洒水机械。为保证安全，严禁在能见度差（如夜晚、大雾天等）的条件下进行人工清扫，以保证养路员安全。根据划分的责任路段，养路员要在6h之内清扫一遍。

（8）雨后的路面积水必须在雨停后2h内及时排除，存在的滞留杂物、泥土等必须在24h内清理。对于经常积水路段巡路时做好记录，报县局养护处采取技术措施，集中处理。

（9）为确保冬季行车安全，应及时将路面积雪予以清除，并排出路肩以外。要注重清除积雪的时限性，一般积雪应在雪停后12h之内全部按要求清除，大的积雪根据实际情况尽快清除。路面出现结冰时，要在桥面、陡坡、急弯、平交道口等处及时撒布防滑砂石及融雪材料等。

三、路基构造物及路面日常保养工作标准

（1）加强路况巡视与检查，及时清除路面上有可能损坏路面或妨碍交通的堆积物，对路面出现的小型病害 [如轻度坑槽，有效面积在 $0.1m^2$ 以内（约 0.3mx0.3m）要在当日内进行维修处理，其余严重路面病害应详细记录，并以书面形式及时上报县局养护处，由养护处安排路面施工队在三日内修补完成。

（2）加强路基整修，保持公路路基稳定，路肩整洁，横坡适度，曲线顺适，常年保持无冲沟，几何尺寸符合规定要求，如有损坏应及时修补。

（3）路肩及边坡必须保留自然生长的草皮，养护中不得随意铲除，要及时修剪，修剪高度要在 15cm 以下。

（4）养护单位组织养路员每月疏通边沟、排水沟、涵洞一次，雨季应增加到每月两次

四、桥涵日常保养工作标准

（1）保持桥面清洁无积水，无洒落的沙石、秸秆等杂物。

（2）保持泄水孔畅通无阻，无淤积杂物。

（3）保持伸缩缝无砂石等杂物填塞。

（4）保持踏步保持清洁，无杂草。

（5）保持锥、护坡坡面稳定，无塌陷、缺损、勾缝脱落。

（6）保持桥下、洞身、洞口无秸秆等杂物堆积，排水畅通。

（7）保持桥头警示桩、桥梁栏杆、扶手和引道护栏（柱）保存完好，外观清洁、无污染。

（8）保持桥梁、涵洞基础稳定，无悬空、下沉。

（9）保持桥头警示桩、桥名牌、限载标志及分道标保持齐全完好。

（10）及时修复桥涵锥护坡和桥梁栏杆的微小损坏与引道小型水毁，钢构件栏杆必须一星期内修复完成，硅构件必须在两星期内修复完成。遇有其他较大病害，应报告县局或市局安排专业队伍实施。

五、隧道日常保养工作标准

（1）保持隧道外观整洁、隧道内路面平整、衬砌完整无明显开裂和剥落。

（2）标志标线清晰醒目，排水系统良好。

（3）对结构物及其附属设施（照明、通风、监控等）进行预防性维护和修复，保证良好的技术状况。

六、沿线设施日常保养工作标准

（1）沿线交通标志牌、警示桩、轮廓标、道口桩以及防撞护栏应保持位置适当。对歪斜和污染的要在当日及时处理，对于缺失和损坏的沿线设施要做好记录，以书面形式上报县局养护处安排补栽和维修，要在 2 日内完成维修、更换，认真做好修复施工记录。

（2）沿百米桩、里程碑应每周擦拭一次，遇阴雨天气适当增加次数进行擦拭，保持清洁、醒目。

（3）经常巡视标志、标线，发现污染后应及时清洗、清扫，使其保持完整、清晰。

七、公路绿化日常保养工作标准

（1）每天清除绿化带内的杂物，保持清洁。

（2）及时清除杂草，修剪遮挡公里碑、百米桩的蒿草和遮挡标志牌的树枝＞

（3）巡查乔、灌、草有无病虫害发生，发现病虫害及时防治。

（4）3日内修复人为或车辆破坏的草坪和树木。

（5）及时扶正风、雨自然灾害及其他原因造成的歪斜的行道树。

（6）每月整形修剪一次乔、灌、草等绿化工程。

（7）及时清除枯枝及已死亡的树木，发现缺株适时补植。

（8）每年2月底和11月底前浇返青水和封冻水。

（9）定期对乔、灌、草进行适时浇灌。

（10）定期施肥。

八、路况评定工作标准

（1）每月月底按照《公路技术状况评定标准》（JTGH20—2007）规定频率认真调查路基、路面、桥涵构造物、附属工程等路况技术指标。

（2）准确评定路况养护质量，确定养护路段路况等级。

（3）根据路况养护质量评定数据制定养护计划。

第四章 农村公路养护管理评价现状及发展趋势

第一节 国内外农村公路养护管理评价现状

一、国内外农村公路养护管理概况

国外公路网中与我国农村公路大致对应的部分一般称为地方公路、乡村公路、低交通量公路或低成本公路，其养护管理主要集中在州及以下部门，具有"体制统一、责任明确、养护管理分离、市场化程度高"的特点。其养护管理资金一般来源于政府财政拨款和税收，普遍实行招投标管理。例如，美国地方公路的建设和养护由各州交通运输厅和州以下（县、市、镇）交通主管部门负责，其养护资金来源于联邦政府燃油税，养护工程通过招投标承包给私人养护公司；德国州以下公路的建设和养护由各县工程处负责或由州公路管理局代管，养护资金由联邦政府和地方政府共同支出；英国地方公路则由地方政府负责养护，养护管理资金由中央和地方政府按照公路等级予以分担；日本农村公路的养护管理由都府道（省级）和市町村（县级）负责。

我国农村公路具有"等级低、分布广、数量大、交通量低"的特点，其养护管理工作体制改革起步较晚。2005年国务院办公厅发布《农村公路管理养护体制改革方案》，提出了"健全农村公路养护管理体制，逐步实行养护管理分离，成立公路养护公司，对农村公路大中修实行社会公开招投标选择养护单位，积极培育养护工程市场，逐步实现养护市场化"的要求。目前我国正逐步建立"责任以县级政府为主体，资金以公共财政为主体，养护以市场为主体，监管以交通公路部门为主体"的养护新机制。

在农村公路养护管理体制改革的实践过程中，各地结合本地特点，进行了有益探索和积极尝试，逐渐形成了各具特色的农村公路养护管理模式。"枣庄模式"就是其中之一。枣庄市在探索实践的基础上，建立了"政府主导，五个落实"的农村公路养护管理长效机制。

二、国内外农村公路养护管理评价现状

（一）国外概况

（1）技术标准

目前国外主要的农村公路养护管理技术标准有：美国的《砂石道路养护和设计手册》（Gravel Roads Maintenance and Design Manual）和《地方公路和街道交通标志养护》（Maintenance of Signs and Sign Supports for Local Roads and Streets）；欧盟的《乡村公路养护实用指南》（Practical Guidelines for Rural Road Maintenance）和《乡村公路路网管理》（Management of Rural Road Networks）；南非的《低交通量道路最优管理方法指南》（Low Volume Roads Engineering Best Management Practices FieldGuide）等。

（2）管理系统

20世纪70年代初期，美国在经历了大规模的公路建设后，面临着大量的公路养护工作。为了准确地了解公路网的破损情况，把有限的养护资金分配到最需要养护的路段上，使整个路网保持较高的服务水平，相关研究人员率先开发了路面管理系统。该系统由路面破损数据检测设备、基础数据库、评价方法、评价标准和有限养护排序模型组成，提高了美国各级公路的养护管理效率。20世纪80年代，英国道路与运输研究所在全面调查英国各级公路养护管理现状的基础上，研发了公路养护评价系统，较全面客观地对公路养护管理水平进行了评价，对英国公路养护管理发展起到了较好的促进作用。美国加利福尼亚州基于各级公路养护管理现状调查和历史数据，开发了路面管理系统，对加利福尼亚州的公路路面状况进行了评价，对路面养护进行了决策分析。到20世纪%年代，美国进行了联邦公路路产和使用性能研究及公路使用性能监测系统研究，从1993年开始，路面管理系统成为美国联邦部门申请联邦补助的唯一依据。经过多年的研究和应用，公路养护管理系统已经成为国外公路养护管理部门进行路网评价、路况性能分析、养护资金需求及养护资金优化分配的主要决策工具。

目前影响力较大或比较有代表性的道路管理系统有：美国加利福尼亚州路面管理系统、美国陆军建筑工程研究所研制开发的PAVER系统、美国空军机场道面维护管理系统，加拿大阿尔伯达省的路面信息和需求系统PINS、改建信息和优序系统RIPPS以及城市路面管理系统MPMS，英国运输和道路研究所（TRRL）的公路养护和评价系统CHART等。

（3）理论研究

国外在农村公路养护管理评价方面开展的理论研究较早。1960年，美国的CareyW.N.和LickP.E.首次提出了"服务能力—路用性能"的概念，指出路面服务能力必须与路面建设的目的相关，路面修建的目的是提供一个平整、舒适和安全的行驶表面。最初的研究发现客观评价路面破坏状况很困难，因此提出用主观评价方法对路面使用性能进行衡量。1962年，AASHO（美国各州公路工作者协会）组织了由公路建设人员、管理人员及用户组成的专家小组，通过对所选段的现场查看，各自独立给出对服务能力的评分。评分采用了 5 分制，5 表示理想状态的路面，0 表示完全损坏的路面。每个专家评分结果的平均值被称为 PSR，即路面服务能力等级。随着道路修筑技术的日益成熟和人们对道路工作性能认识的深入，路面性能评价方法和评价指标也不断完善。现有路面结构检测主要包括路面调查、排水系统调查、承载板试验检测（沥青路面）、钻芯取样试验检测等方面。其中，路面调查包括路面破损状况、路面结构强度、路面平整度及路面抗滑能力等多项内容。

随后的理论研究从未间断，如 20 世纪 90 年代，美国开始了"公路经济需求系统研究"，2001 年美国加利福尼亚大学的 J0rgeAlbertoProzzi 博士提出了一种将现场测试数据和试验数据相结合的路面性能评价新方法，美国佛罗里达国际大学的 CharlesNunoo 博士提出了一种采用复合综合评价对路面养护计划进行优化的算法。

（二）国内概况

1. 技术标准

目前，国内主要的农村公路养护管理技术规范有：《公路水泥混凝土路面养护技术规范》（JTJ073.1—2001）、《公路沥青路面养护技术规范》（JT.I073.2—2001）、《公路隧道养护技术规范》（JTGH12—2003）、《公路桥涵养护规范》（KJTGH11—2004）、《公路技术状况评定标准》（JTGH20—2007）。

2. 管理系统

我国公路养护管理系统的研究始于 20 世纪 80 年代，到目前为止，国内已存在或开发的公路养护管理系统达 20 多种。1984 年交通部开始了"干线公路路面评价养护系统成套技术"的研究，并基于此建立了我国的干线公路路面评分养护系统（CPMS）。

3. 理论研究

国内相关学者对农村公路养护管理评价的研究较晚，主要集中在农村公路养护质量评价方面。如 2003 年，杜跃武在《平原地区县乡公路改建与养护》中针对平原地区公路路面使用性能评价、病害原因及路面管理系统的建立进行了探究；2006 年，乔墩、何兆益在《农村公路建设养护与管理》中提出了农村公路养护质量检查与评定方法，评价内容包括路面、路基构造物、桥梁隧道、沿线设施、绿化五项，该方法仅对农村公路道路技术状况进行了评价，而未涉及管理评价；2007 年，邓焕彬在《农村公路建养管理实务》中提出了农村公路养护质量评定方法和养护工作考核评比办法。

4. 评价实践

为提高农村公路养护管理工作的效率，一些地方对农村公路养护管理工作进行了有益的尝试，将农村公路养护管理工作列入各级政府年度考核范围，将部门行为、行业行为变成政府行为和社会行为。在此基础上，交通主管部门从行业层面层层签订责任书，逐级落实责任，每年进行定期考核。考核项目主要包括：路面养护、路基养护、桥涵养护、交通安全设施维护、绿化养护管理、养护工程完成情况、综合管理、内业资料。考核方式以人工调查为主。

综上所述，国内外对高速公路或国省干道公路的养护管理评价研究已经发展到了较高的程度，但是对农村公路养护管理评价的相关内容涉及较少，还未形成系统性的理论与方法。

第二节　农村公路养护管理评价存在问题

一、评价理论不完善

虽然我国对农村公路养护管理评价开展了一些有益的实践和探索，但尚未形成系统、完善的农村公路养护管理评价理论体系，主要表现在如下几方面。

（1）评价内容单一：对养护质量评价多，对养护工作管理情况评价少，且以定性指标为主，指标体系松散。

（2）评价方法客观性差：多依靠专家经验进行定性评价，基于数据分析的定量评价少，人为因素影响大，客观性差。

（3）评价结果单调：评价结果只是一些简单的统计图和定性描述，缺少专题地图、图表描述等形象直观的表现手段。

二、评价手段落后

农村公路养护管理评价所需要的数据量大，评价指标多而分散，数据处理工作繁杂重复，工作量大，但目前仍以传统的人工评价手段为主，还未将信息技术、通信技术以及计算机技术等先进技术手段引入到农村公路养护管理评价工作中。

三、评价与决策脱节

当前农村公路养护管理评价结果，一般仅作为养护管理机构工作考核的依据，未得到充分利用，不能将评价结果作为进行农村公路养护决策的依据，割裂了两者之间的内在联系，制订的养护方案存在客观性差、效率低等问题。

第三节 农村公路养护管理评价发展趋势

一、评价方法科学化

传统评价方法已经不适应现代农村公路养护管理对评价方法的要求，以层次分析、模糊数学、灰色系统、神经网络等为基础的现代综合评价方法建立在大量统计数据的基础上，可以使农村公路养护管理评价方法更科学合理，将成为未来农村公路养护管理评价的主要方法。

二、评价内容系统化

传统的评价内容，一般只包括路面技术状况，未综合考虑各种影响因素，已经不适应现代农村公路养护管理对评价内容的要求。从系统角度看，对农村公路养护管理进行评价，不仅要考虑技术要素，还应考虑管理、安全等方面的因素。只有综合考虑与农村公路养护管理相关的各种因素，建立的综合评价指标体系，才能更准确地反映农村公路养护管理水平，评价内容的系统化必将成为未来农村公路养护管理的发展趋势。

三、评价手段自动化

传统的评价手段已不能适应当前农村公路养护管理信息化、自动化的要求。以信息技术、计算机技术为基础的专家评价系统，将成为未来农村公路养护管理评价的主要手段。不仅可以节省大量人力资源，降低成本，而且可以通过科学养护决策实现道路及时有效地养护维修，提高农村公路养护管理工作的效率。

四、评价决策一体化

评价与决策脱节的传统养护管理方式，已不能满足农村公路养护管理科学化的发展要求。评价决策一体化将成为农村公路养护管理工作的发展趋势。评价是决策的依据，决策是评价的体现，只有将两者紧密结合在一起，才能制订出科学合理的养护方案。通过农村公路养护管理评价决策一体化，可以实现农村公路全寿命周期内的效益最大化，使农村公路养护管理决策更加科学、合理，提高农村公路的服务水平，保证农村公路的可持续发展。

第五章　农村路政管理模式和基础理论分析

第一节　路政管理制度

一、工作制度

（一）路政宣传制度

（1）高度重视，加强领导，切实把公路法制教育工作摆上重要议事日程，做到主要领导亲自抓，分管领导重点抓，其他领导配合抓，明确专门部门具体抓。

（2）明确交通法制宣传教育的内容和要求，根据不同执法情况制定宣传教育计划，做到有体系、有重点、科学合理、针对性强。

（3）开展形式多样、生动活泼的法制宣传教育活动，营造良好的学法、知法、守法、护法的学习氛围。

（4）积极依靠社会力量加强对业户的法制宣传教育。

（5）全面教育与重点教育相结合，切实采取措施，做好个别帮教工作。

（6）强化行政执法人员职业道德建设和执法行为规范教育管理，狠抓执法队伍建设，预防和减少违法违纪现象。

（7）加强考核，树立典型，表彰先进。

（二）路政票证单据管理制度

1. 票证的领发

票证单据由专人领用，并设置与票证对应的票证账，包括总账和分账。总账登记领取票证的种类、数量及票证缴销、结存。分账登记使用的种类、数量及票证缴销、结存，做到账账相符、票款相符。

2. 票证的使用

（1）票证的使用必须严格管理，专票专用，不能互相代替、涂改、转借使用。

（2）填写票证要按编号顺序填写，不能跳号，各栏目填写齐全、项目填写准确、字迹端正清楚、不得潦草、模糊、擦括、挖补等，更不能涂改。

（3）凡票证填写有误、填写不清、相关内容不符的，该份票证应立即停止使用，同时注明原因，由填写人与本单位负责人签字报局领导批准后，方予作废。

3. 票证的缴销

（1）根据有关票证管理办法的规定，对已使用过的票据，应每天与财务部门结一次账，办理票证缴销、费款解缴结算手续，并填写票据缴销报查单。

（2）对已使用缴销完的票证存根联，成本装订，并填明份数、费额，加盖收费单位公章后缴销原领用单位，并填写票据缴销报查单审核销号。

（三）路政装备使用管理制度

（1）领用装备器材，应先填写使用登记表，经主要领导批准，方可领用，否则保管员有权拒绝领用。

（2）装备应严格保管，不准擅自将装备器材转借他人使用。

（3）使用人必须爱护器材，若发现有使用不慎或故意损坏的应照价赔偿。

（4）装备器材使用完毕后应妥善保管。

（5）保管人员应经常清点装备，做到账物相符。

（6）重要的装备器材应经常做好保养工作，防止生锈、霉烂、变质。

（四）路政专用车辆管理制度

（1）路政车辆严格按交通运输部《公路监督检查专用车辆管理办法》（交通运输部令2002年第6号）进行管理和使用。

（2）路政车辆要及时保养，保证车况良好，未经主要领导批准，不得随便使用，以确保正常执行公务需要。

（3）路政车辆为路政巡查、处理路政事案等路政业务专用，任何单位或个人不得挪作他用。

（4）路政专用车辆不得为非路政活动开道使用，未经允许不准随意开启示警灯和警报器；在公安机关明令禁止使用警报器的道路和区域内不准鸣警报器，严禁在城区内使用警报器。

（5）路政专用车辆不准用于婚丧嫁娶。严禁将路政专用车辆停放在宾馆、饭店、歌舞厅等公共娱乐场所。

（6）路政专用车辆驾驶员要认真负责，谨慎驾驶，确保行车安全，不准将路政专用车交与他人驾驶，并注意爱护车辆。

（7）如违反上述规定，追究有关当事人和有关人员的责任。

（五）路政员管理制度

1. 学习培训

（1）认真学习路政管理知识，全面掌握业务技能，秉公执法，文明执法，服务人民，奉献社会。

（2）路政人员应熟练掌握公路管理法规和相关的法律知识，并且具有一定的交通工程学、公路管理行业的基础知识和业务技能。

（3）按时参加局机关每星期五的集体学习。积极参加党、团组织的"三会一课"和电教等形式的活动和学习。坚持每月25日公路管理员例会。每年全体路政执法人员脱岗培训不少于1次，培训内容包括相关法律法规、公路专业知识、路政管理知识、军事训练等，集中或分散学习不少于15天，努力提高执法队伍的政治、业务素质。参加培训人员闭卷考试成绩达到优良。

（4）建立每月例会制度，交流管理经验和学习心得，分析路政案件，制定相应措施，安排下一步工作。

（5）不经培训或年度考核不合格者不得上岗执法。

（6）严格遵守局规定的考勤制度，严格要求自己，上班时间不做与工作无关的事情，不准随便外出

2. 禁酒规定

（1）严禁在工作时间和工作日中午饮酒。

（2）严禁在值班和执行公务时饮酒。

（4）严禁着执法服装在社会公共场所饮酒。

（5）严格与发案单位及案件相关人员饮酒。

（6）严禁与前来办理路政许可手续的人员饮酒。

（7）严禁到可能影响公正执行公务的各种场合饮酒。

（8）严禁与社会上有劣迹的人饮酒。

（9）严禁在正常接待工作中不文明饮酒。

（10）严禁在任何时间、任何场合酗酒。

3. 文明用语

路政员在执行公务时，应该使用以下文明用语：

你好

请进

请稍等

很高兴您服务

请看，这是我们的执法证件

依法维护路产路权是我们的职责，请您理解的支持我们的工作。

请注意行车安全

前方施工，请慢行

请您出示相关证件

对不起，您的手续不全，请带全后再来

对不起，您的车属于超限车，请办理超限手续

对不起，请您按规定缴纳赔偿费

请您签字

请收好您的钱和票证

对不起，让您等久了

别客气，这是我们应该做的

欢迎多提宝贵意见

谢谢合作，请走好

感谢您对我们工作的支持

祝您一路平安

再见

4.路政员职业道德基本规范

甘当公仆热爱交通忠于职守依法行政
团结协作风纪严整接受监督廉洁奉公

（六）路政执法责任制度

（1）完善考核制度，强化学习教育，对路政执法人员的德、能、勤、绩、廉等五个方面进行全面考核评议。

（2）细化执法程序，推行政务公开，增加工作透明度，明确执法程序、形式、时限，规范公路路政执法行。

（3）推行案卷评查制度，提高办案质量，每月对全局执法案卷进行抽查，据此对公路路政执法工作是否客观全面、行政执法的记录是否详细、材料是否齐全、程序是否合法和处罚是否适当等行为进行综合评查。

（4）加强执法监督检查，确保法律法规的正确贯彻实施，严格按照交通行政执法"八禁止、八不准"的要求，进一步坚持和完善路政执法监督检查制度、路政执法重大行政处罚决定备案审查制度、路政规范性文件备案审查制度、路政赔偿案件备案审查制度、路政执法错案追究制度等各项监督制度。

（5）建立执法过错追究制度，确保责任落到实处。对违法或不当的路政执法行为，根据

相关执法人员过错形式、危害大小、情节轻重，给予批评教育、责令检讨、通报批评、行政处分、暂扣或吊销执法证、停止执行职务、调离执法岗位、责令承担全部或部分赔偿费用、移交司法机关处理等处罚。

（6）开展公路路政执法评议考核，促进公路管理全面依法行政，对执法人员行使行政执法的主体资格是否符合规定、执法行为是否符合执法权限、使用执法依据是否规范、执法程序是否合法、执法决定的内容是否合法与适当以及执法案卷质量等情况进行考核。

（七）路政政务公开制度

（1）公开工作职责范围和主要业务，让群众了解本部门的业务职责。

（2）公开各项交通法律法规及规章制度和工作制度，让群众监督办事人员的执行各项工作规范情况，公开执法主体、执法依据、当事人权利、执法程序、执法人员监督、执法行为规范、执法结果、社会义务监督员资料。

（3）公开办事人员的照片、姓名、工作证号和工作身份，让群众了解交检人员、运政人员的工作水平和思想素质。

（4）公开办事制度和工作纪律，推行社会承诺服务制，让群众了解我们的职业道德规范，掌握监督标准。

（5）公开主管工作部门的举报电话和举报案件的处理结果。

（6）设立意见箱、意见簿、监督台、接受群众的意见和要求，及时改进工作。

（八）路政巡查制度

（1）建立健全路政巡查制度，实行动态管理与静态管理相结合，随时掌握路产情况，及时查处违章（法）行为，实行专职路政人员包片、包线，兼职路政人员包段岗位责任制和失职、过错责任追究制。

（2）合理编制路政巡查计划，外勤专职路政人员每月上路巡查不少于22天，兼职路政人员每月上路巡查不少于25天，发现案件立即查处、报告，有计划地进行夜间巡查。

（3）专、兼职路政人员要认真、详细地填写巡查日记和路政事案记录，按规定时间每月报查一次，年终汇总建档。

（九）路政内业管理制度

（1）办公室应保持整洁、整齐规范，有关路政法律、法规、规章和制度公开上墙。

（2）建立健全路产档案、路政处理（罚）档案、路政复议档案、路政听证档案、路政审批档案、路政装备档案、文书档案、违章（法）建筑登记档案等。

（3）每月要对路政内外业情况进行汇总分析，按规定时间及时报送路政统计报表。

（十）路政案件管理制度

（1）成立路政案件评审小组，由局长（法人代表）任组长，分管领导任副组长，农村公路管理处、有关科室负责人及案件办理人参加，对重大路政案件提出处理意见。

（2）专职路政人员巡查时处理路赔案件，1000元以下可现场处理（需2人以上），1000元以上2000元以下由管理处主任决定，2000元以上5000元以下由分管领导决定，5000元以上3万元以下由路政案件评审小组负责人决定，3万元以上及重大疑难案件由路政案件评审小组提出处理意见，报市局审查后再做出决定。

（十一）行政复议和行政应诉工作制度

（1）成立由管理处主任任组长、副主任为副组长、有关人员为成员的工作小组，负责本工作。

（2）认真贯彻执行《中华人民共和国行政诉讼法》、《中华人民共和国行政处罚法》、《中华人民共和国行政复议法》、《中华人民共和国国家赔偿法》、《中华人民共和国行政许可法》等有关法律法规。

（3）对全处人员的管理活动实施有效监督，及时发现和纠正违法的或者不当的具体行政行为，保护管理相对人的合法权益，重大问题及时报告领导。

（4）积极配合局法制科搞好行政复议和应诉工作。

（5）对行政复议和应诉工作要及时总结，定期通报情况。

（十二）公路路政管理执法过错、责任追究制度

第一条为了规范路政执法行为，保护公民、法人及其他组织的合法权益，提高各级路政管理机构及其路政人员依法行政的水平，结合路政执法实际，制定本制度。

第二条本制度所称的过错是指各级路政管理机构及其路政人员，在路政执法过程中的重大过失，违反了《中华人民共和国公路法》、《中华人民共和国行政处罚法》，做出违法或不当的具体行政行为，对路政管理相对人的合法权益造成损害的。

第三条路政管理执法过错追究制度，是指上级主管部门对路政管理执法活动中有过错的路政管理机构及其路政执法人员需要追究其行政责任和经济责任的制度。

第四条追究路政管理执法过错应遵循以下原则：

（1）实事求是，有错必纠。

（2）重证据，重调查研究。

（3）过错与加强路政执法相结合。

（4）惩处与教育相结合。

（5）给当事人的合法权益造成实际损害的。

第五条路政管理执法过错。

路政管理执法活动中有下列情况之一，即构成路政管理执法过错：

（1）超越法定权限不构成犯罪的。

（2）做出的具体行政行为所依据的事实不清，主要证据不足的。

（3）适用法律、法规、规章错误的。

（4）适用交通行政处罚程序错误的。

（5）适用交通行政执法文书错误，造成法律后果的。

（6）违送事实清楚、证据确凿，但处罚过重，显失公平的。

（7）违法事实清楚、证据确凿，但不予处罚或处罚过轻的。

（8）采取强制措施不当，造成当事人重大损失的。

（9）违反法定程序和期限的。

（10）依法应当立案而不予立案等应当作为而不作为的。

（11）违反规定乱设站卡、乱收费、乱罚款的。

（12）法律、法规规定的其他应当追究行政责任和经济责任的行为。

第六条路政管理过错和执法人员违纪行为的认定。

（1）经过行政诉讼，被人民法院终审判决认定的。

（2）经过行政复议，行政复议机关认定的。

（3）上级主管部门通过执法检查，调阅执法案卷、受理当事人申诉、复议、举报等途径审查认定的。

第七条路政管理执法过错责任追究。责任区分：

（1）承办人故意或过失造成错案和过错的，由承办人承担责任。

（2）承办人的意见经过批准出现错误的，由批准人承担责任。

（3）任用不具备执法资格的人员执法导致错案和过错的，由承办人和用人失误者共同承担责任。

第八条责任追究：

（1）责令改正。

（2）离岗学习整顿15天，并作出书面检查，期满经考试合格后，方可上岗工作。

（3）对单位领导给予责令检查、通报批评。

（4）错案和过错后果严重的，对单位领导给予行政处分，对责任者解除聘用。

（5）影响重大的，除追究行政责任外，还应承担经济责任，构成犯罪的依法追究刑事责任。

第九条因路政管理执法活动中发生的过错，造成对路政管理相对人不法侵害，需要对路政管理相对人赔偿的，首先由相关的路政管理机构进行赔偿后，严格按照《中华人民共和国国家赔偿法》的规定，追究相关责任人员的经济责任。

第十条凡在路政管理执法活动中发生重大过错的路政管理机构，当年不得评为路政管理先进单位。路政执法人员有重大过失的，当年不得评为模范、先进个人，情节严重的应调离路政执法岗位。

（十三）路政听证程序制度

1. 概念

听证程序是指行政执法主体在做出某些特定的行政处罚决定前，给予当事人参与并发表意见的机会，允许当事人陈述、申辩、质证而进行的程序。

2. 作用

（1）保障行政相对人行使对自己行为的陈述和申辩权利，防止在行政执法中发生独断专行、滥用职权的行为，保证行政处罚行为的有效性。

（2）有利于行政执法主体客观、全面地弄清案件事实，通过听取行政相对人的意见，获取证据并准确地适用法律，从而使行政执法主体做出的行政处罚决定更具有合法性、公正性。

（3）行政处罚案件经过听证程序后，可做出合法公正的处理。

（4）便于被处罚对象了解情况，也便于人民群众对行政执法活动进行监督，还可以达到对人民群众进行法制宣传教育的目的。

3. 听证程序的适用范围

（1）责令停产停业。

（2）吊销许可证或者执照。

（3）较大数额罚款等。

4. 听证程序的内容

（1）行政机关告知当事人有要求听证的权利。

（2）当事人提高举行听证的要求。

（3）初步审查。

（4）行政机关决定举行听证的 7 日前，将举行听证的时间地点通知当事人。

（5）听证主持人由本案非调查人员担任。

（6）当事人可以亲自参加听证，也可委托别人代理。

（7）调查人员提出当事人违法的事实、证据和处罚建议，当事人进行申辩作质证。

（8）制作听证笔录，交当事人审核无误后签字或者盖章。

（9）听证结束后，主持人提出听证结果报告，并提出是维持还是改变原处罚决定的意见，交行政机关负责人由其对调查和听证结果进行审查。

（十四）路政行政执法回访制度

第一条为保护公民、法人及其他组织的合法权益，加强和完善交通行政执法监督工作，规范交通行政执法行为，及时防止和纠正违法及不当行为，保证法律、法规和规章的正确实施，根据有关法律、法规的规定，结合本县交通实际，特制定本制度。

第二条本制度所称交通行政执法回访，是指交通行政机关对执法单位及其执法人员在执法过程中的依法行政、政务公开、文明执法、办事效率、工作作风、服务质量和廉洁自律等方面的情况，征求行政管理相对人意见的制度。

第三条县级交通运输局负责全县交通行政执法回访工作的组织领导。局所属的法制部门和纪检部门根据各自职责具体负责本制度的实施。

第四条相关部门应有计划地开展回访工作，按一定的比例随机抽取行政许可和行政处罚（处理）卷宗，通过信函、走访、座谈会、网络等形式征求行政管理相对人的意见。

第五条办理回访的工作人员应认真填写交通行政执法回访登记表。对被访人口头反映的问题要做好笔录；以书面形式反映的意见，应做好回访材料的登记保存工作。

第六条对回访中需要立案调查的问题，法制部门和纪检部门根据各自的职责组织调查。

第七条对被访人反映的问题，有下列情形之一的，由法制部门负责调查。

（1）对交通行政管理部门做出的行政处罚（处理）决定不服的。

（2）在行政执法中采取的行政强制措施无法定依据或适用法定依据不当的。

（3）交通行政管理部门侵犯了法律、法规和规章规定的经营自主权，或认为交通行政管理部门侵犯了其人身权、财产权的。

（4）符合法定条件并按照法律规定提出了许可申请，交通行政管理部门做出不予行政许可决定或申请不予受理决定的

（5）交通行政管理部门违法要求履行义务的。

（6）其他违法或不当执法情形的。

第八条对被访人反映的问题，有下列情形的，由纪检部门负责进行调查：

（1）有关执法单位及执法人员存在滥用职权、以权谋私等行为的。

（2）执法人员不文明执法，态度蛮横，不认真履行法定职责的。

（3）索取行政管理相对人钱、物或存在吃、拿、卡、要行为的。

（4）借执法权故意刁难行政管理相对人的。

（5）其他违纪执法情形的。

第九条办理回访的工作人员应当对被访人反映的问题认真进行核实。情况基本属实的，填写立案建议书，经交通行政机关负责人批准后予以立案调查。情况不实或者反映问题不明确的，不予立案，并及时将不予立案的理由反馈给被访人。

第十条被访人反映的问题受理立案后，应立即组织调查。涉案单位和个人有义务配合调查，并如实提供有关情况。

第十一条回访部门立案后，经调查属实的，应对相关责任单位下发交通行政执法整改通知书或交通行政监察建议书。

接到交通行政执法整改通知书或交通行政监察建议书的单位，应当在规定期限内自行纠正，并将整改情况7日内书面报送回访单位。

对违纪违法的执法人员，由上级主管部门或其所在单位根据有关规定，视情节轻重，依

法给予批评教育或党纪、政纪处分；构成犯罪的，由司法机关依法追究其刑事责任。

第十二条回访单位在对回访案件调查处理后，要将调查处理结果反馈给被访人，并制作交通行政执法回访结案报告书，登记立卷归档。

第十三条回访人员应遵纪守法，秉公办事，依法行政。严守被访人的秘密，保护被访人的合法权益。

第十四条局属执法单位，可参照本制度，结合本行业的实际，制定相应的回访制度。

（十五）路政行政执法公示制度

（1）为了接受社会监督，促进依法行政，提高文明执法水平，制定本制度。

（2）交通行政执法公示内容包括执法主体、执法依据、执法程序、执法结果、执法监督、当事人权利。

（3）所在对外党务政务公开栏设置监督台，接受群众和社会监督。

（4）所在业务大厅设置咨询台，负责解答群众的咨询。

（5）对外公示的内容应全面、有效，如有变化应及时调整、更新。

（十六）公路管理人员行为准则制度

1. 诚信

①诚实面对自己、面对客户、面对同事；②勇于承认错误，不怕可能存在的负面后果；③做事公平公正；④不侵占公共资源或利用公共资源牟取私利；⑤遵守社会公认伦理道德。

2. 谦逊

①自信但不自负，胜不骄败不馁；②先人后师，大智若愚；③平和低调，虚怀若谷；④尊重他人，耐心听取他人意见。

3. 健康

①精力饱满，对工作充满激情；②勤于锻炼，生活有规律，身体健康，积极参加各种有益于身心健康的活动；③心态良好，对工作、对单位抱有感恩之情；④乐观、积极、豁达，作风正派；⑤衣着得体，仪态端正，形象自然，体现单位的精神面貌。

4. 职业

①对本职工作专业执着，有高度的敬业精神；②有清晰的职业规划，以职业为己任；③严格遵守单位的规章制度；④遵循组织伦理，服从上级的管理，支持上级的工作；⑤尽职安分，不超越职权做不该做的事；⑥对事业忠诚尽心，全力以赴，不懈怠慵懒；⑦把握好工作与生活的平衡，处理好同事与朋友的关系；⑧勇于承担责任，讲究工作质量和效率。

5 自律

①在日常工作、生活中自我约束，行为检点；②在工作中能够自我管理、自我负责、自

我发展；③始终坚持人格、行为、作风的一致性和统一性；④具有独立的性格特征、人格力量，不随波逐流，不因人际关系而对不良行为和现象作妥协。

6. 公正

①客观公正对待自己、同事、朋友和家人；②实事求是地评价工作和事物，不徇私枉法，偏袒不公；③不拉帮结派，不讲不利团结的话，不做不利于单位发展的事；④不滥用职权，不牺牲他人或单位的利益为自己赢得私利；⑤严格执行单位制度，用制度管人，依制度做事。

7. 责任

①对本职工作能够全力以赴，积极主动，善于发现、分析、解决问题；②维护公司整体利益，关注单位发展，关心同事成长；③尊重他人，理解他人，主动、积极帮助同事完成工作；④努力做到工作的完整性、连续性、科学性，不找任何借口拖延、耽搁；⑤工作勤奋、认真、细致、准确，自始至终，一丝不苟。

8. 执行

①坚决贯彻落实单位的战略、政策、制度，做到件件有回音、事事有落实；②能够快速接受上司的工作安排，完成单位下达的工作任务；③及时跟进目标、策略，科学部署、全力以赴；④准确理解单位的理念、方向，并迅速转化成行动；⑤日事日毕，日清日高。

9. 协作

①具有良好的团队合作精神，快速融入组织和团队，抛弃个人主义思想；②服从组织安排，团结关心同事，做好传、帮、带，营造良好的团队氛围；③分工不分家，补台不拆台；④保持和气、友善、礼貌，抵制官僚主义，⑤勇于承担任务；⑥善于化解矛盾，遇事沉着、冷＋静、克制，杜绝过激言行。

10 学习

①视学习为立身之本，不断学习创新，超越自我；②树立正确的学习观，掌握科学的学习方法；③勇于面对自身不足，善于整合资源，共享知识和经验；④温故知新，不耻下问；⑤创造性地学习和思考。

11. 沟通

①树立强烈的沟通意识，掌握有效的沟通方法，言行得体；②能提出合理化建议；③善于发现问题和解决困难；④及时把企业的相关信息传递给客户；⑤对同事充满信心，激励同事战胜困难。

12. 成功

①树立强烈的成功欲望，具备韧性和毅力；②超越自我，持续完善地改进工作方法；③目标清晰，高效地朝既定目标前进；④全心投入，全力以赴；⑤善于总结经验，保持良好的心态。

（十七）首问责任制度

为规范工作行为，提高工作质量和效率，更好地为来人、业户、旅客服务，树立良好的交通形象，根据工作实际，制定本规定。

制定本规定是为了解决工作人员"门难进、脸难看、事难办"互相推诿、扯皮现象。

（1）首问人是指外单位、外部门及相关业户到业务科室办理、咨询业务，所遇人为首问人。

（2）谁分工，谁负责。对于业户来办理业务、投诉或询问，属谁分工谁负责到底，以业户满意为标准。

（3）热情接待，彬彬有礼。上级领导或兄弟单位来人，不论是谁先接待的，都要热情接待，彬彬有礼，领导外出时，要妥善处理并及时汇报。

（4）首问人职责：

①属于本职责范围之内的，首问人要热情接待、耐心答复，按照规定的标准、程序和时限办理业务。

②不属于本职责范围之内的，首问人要态度和蔼，主动热情。对外来人员的询问，要给予正确的答复。对所办业务不熟悉的，要给外来人员指明办理业务的部门及办公地点。

③首问人接待办事人员要文明礼貌、热情大方，使用文明用语，禁用服务忌语，一心为办事人员着想，不得推诿、扯皮。

（5）努力学习，提高素质。全所人员平时要认真学习理论和业务知识，提高自身素质，全身投入到"四化"活动中去。

（6）违反规定，严格处理，违反以上规定一次的，批评教育，违反两次以上的，离岗学习，学习合格后经领导通过后再上岗。真正落实"谁不爱岗、谁先下岗，谁不敬业、谁先失业"的原则。

（7）禁止以下行为：

①对外来人员的询问态度生硬、不热情主动。

②工作人员擅自离岗无替班人员，对承办业务推诿扯皮、应付搪塞。

③对外来人员的询问，答复不全面或回答不清楚。

④对承办业务工作效率低、拖延散漫。

⑤不按规定要求办事、以权谋私、徇私舞弊。

（8）监督检查

随时对工作人员的管理、服务、出勤和服务质量投诉情况进行检查、监督，定期考核，并予以通报。

（十八）公务用语

交通行业文明公约热爱祖国，献身交通，爱岗敬业，开拓进取安全运输，文明生产，确保畅通，质量第一艰苦创业，勤俭节约，降低成本，提高效率科学管理，行为规范，作风严谨，遵章守纪优质服务，尊客爱货，方便及时，维护信誉团结协作，顾全大局，平等竞争，民主参与美化环境，维护秩序，塑造形象，关心集体见义勇为，助人为乐，诚实守信，弘扬正气清正廉洁，严于律己，秉公执法，不谋私利，解放思想，实事求是，提高素质，自强不息。

（十九）交通行政执法职业道德基本规范

1. 甘当公仆

忠于祖国热爱人民听党指挥服务群众，

2. 热爱交通

爱岗敬业乐于奉献钻研业务艰苦奋斗。

3. 忠于职守

严肃执法不畏权势违法必究不枉不纵。

4. 依法行政

恪守职责法为准绳严守程序裁量公正。

5. 团结协作

互助友爱通力协作顾全大局联系群众。

6. 风纪严整

遵章守纪作风严谨平等待人举止文明。

7. 接受监督

办事公开欢迎批评服从检查有错必纠。

8. 廉洁奉公

清正廉明反腐拒贿不谋私利一心为公。

（二十）路政服务承诺制度

1. 路政执法

严格执行《中华人民共和国公路法》以及有关路政管理法规，坚持依法治路、文明执法的原则，对侵占、损坏路产、路权的事案，按照法律程序和赔偿标准及时处理。

2. 涉路工程审批

对挖掘、占用公路及公路用地，新增设平交道口，路树砍伐等有关涉路工程，当事人应向路政管理部门书面申请，路政管理部门收到申请后，7天内给予调查完毕，对符合条件的，20天内到上一级路政管理部门办理好审批手续，对不符合条件的在当场给予明确答复。

3.路政法规宣传

国家新的路政法规制定下达后，路政管理部门要及时通过路政管理宣传车、报刊、电视等形式对社会进行宣传，对人民群众提出的路政法规政策咨询，路政管理部门当天给予答复。

4.文明办案，清正廉洁

积极推行文明用语，禁用服务忌语，严格执行清正廉洁规定，在办理路政事案时，路政管理人员必须挂牌上岗，同时出示执法证件，否则当事人有权拒绝处理。

（二十一）文明用语

（1）您好，请坐，请喝水。

（2）您好，请问您找谁，有什么事可帮您？

（3）服务不周到的地方，请您多加包涵。

（4）请您到某某科室办理某某手续。

（5）请问您想咨询哪些方面的业务？

（6）十分抱歉，我的答复可能不太清楚，请领导来给您解释好吗？

（7）很抱歉，这事不符合规定要求，不能办，请谅解。

（8）请稍候，我帮您找一下领导好吗？

（9）很抱歉，某某领导正在开会，您过一会儿再来电话好吗？我能否转告一下。

（10）您的手续已办妥，请收好。

（11）对不起，您的手续不全，请到某某部门补办。

（12）对不起，这样填写不正确，应该这样。

（13）对不起，机器出故障，请稍候。

（14）谢谢合作，请走好。

（15）对不起，您反映的问题不属于我们的职责范围，请到某某部门反映。

（16）对不起，您的要求不符合规定，不能办理。

（17）对不起，分管此项工作的同志不在，请留下您的姓名、地址和电话号码，便于我们和您联系

（二十二）服务忌语

（1）你问他到哪儿去，我怎么知道？

（2）你是哪个单位的，怎么随便进办公室？

（3）此事不归我管，找别人去问吧。

（4）这表格是怎么填的，重填。

（5）最近没空，过几天再来吧。

（6）别啰唆，简单点。

（7）文件法规有规定，回去自己看。

（8）我办的事情还能有错吗？

（9）让你办，你就办，别多说。

（10）你找谁？他不在。

（11）急什么，没看见我正忙着么？

（12）下班了，快一点。

（13）这是领导决定的，有意见找去。

（14）这事得研究研究，过几天再说吧。

（15）我说不行就不行。

（16）不在家待着，出来找什么事？

（17）够意思，照顾点。

（18）不是讲清楚了，怎么又来了。

（19）回去弄明白了，再来办。

二、工作流程

（一）卷文书材料规范

1. 调查取证阶段

（1）勘验检查笔录：

①有现场检查的起止时间、场所记载。

②现场检查的情况记录准确、客观、全面。

③有被检查人的基本情况。

④有被检查人签名（或见证人签名）和两名以上执法人员签名。

（2）询问笔录：

①使用规范的询问笔录纸。

②有询问的起止时间、地点。

③一份笔录针对一个被询问人。

④被询问人基本情况完整。

⑤询问人有两名执法人员的签名（或在格式文书中有询问人和记录人姓名的记载）。

⑥询问前有出示证件和告知执法人员身份的记载

⑦笔录记录的内容完整。

⑧有被询问人逐页签名并捺手印或盖章（被询问人拒签的，有两名以上执法人员签名并说明原因）。

⑨笔录中有涂改之处时，应有被询问人捺手印或盖章。

（3）调查取证与保存证据文书：

①有被调查取证人基本情况记录。

②调查取证事由正当。

③调查取证的时间、地点准确具体。

④提取的物品与案件有关。

⑤调查取证物品的性状描述完整准确（包括物品名称、规格、型号、数量等）。

⑥有两名以上执法人员签名。

⑦有被调查取证人（或见证人）签名。

⑧有调查机关的印章和日期。

⑨先行登记保存的物品在法律规定期限内做出处理决定。

（4）鉴定文书：

①委托单位、鉴定人适当并具备相应资质。

②鉴定的内容、目的、结论明确。

③鉴定的程序、方式合法。

④有鉴定部门印章或鉴定人签字、日期。

2. 审查决定阶段

（1）案件调查处理报告：

①案由和当事人的基本情况记载准确。

②违法事实记录完整，证据确凿、充分，处罚依据明确。

③承办人的意见明确、具体，有签名和准确日期。

④有法制机构或法制人员的审查意见。

⑤处罚机关负责人审批意见明确、具体，有签名、日期。

（2）违法行为通知书：

①当事人名称准确。

②载明违法事实和法律依据。

③明确告知拟给予行政处罚的内容。

④明确告知当事人行使的权利和期限。

⑤有处罚机关的印章和告知人、告知日期。

（3）听证通知书：

①举行听证的时间和地点具体、准确。

②明确告知听证主持人的姓名和职务。

③注明当事人的权利和无故不按时参加听证的后果。

④处罚机关的印章、日期完整。

（4）听证笔录：

①准确记载举行听证的起止时间、地点。

②有听证主持人、记录人、当事人、代理人、案件调查人员的基本情况。

③载明当事人对案件涉及的事实、证据、依据方面的陈述和申辩的内容。

④有当事人的签名。

（5）听证报告：

①案由记载明确。

②载明听证的时间、地点、参加人情况。

③有当事人针对处罚提出的要求及依据。

④载明听证结论。

（6）行政处罚决定书：

①当事人基本情况明确。

②有违反法律、法规、规章的事实和证据。

③有行政处罚具体内容和法律依据。

④有行政处罚的履行方式和期限，并告知逾期缴纳罚款的后果。

⑤告知当事人如不服处罚决定，可以申请复议或提出诉讼的途径和期限。

⑥有规范的处罚案件编号。

⑦有作出行政处罚决定的处罚机关名称及印章、日期。

3.送达和执行阶段

（1）送达回证：

①送达文书名称、数量准确。

②送达时间、地点、送达方式准确。

③直接送达的，有收件人的签名。

④间接送达的，有相关材料证明。

（2）罚没款（物）票据：

①执行"罚缴分离"，法律、法规另有规定的从其规定。

②使用的罚没票据合法，有执法处罚机关印章。

③票据填写规范、准确。

④缴纳罚款期限正确。

（3）行政处罚强制执行申请文书：

①案件名称准确。

②被申请人基本情况清楚。

③申请执行项目准确。

④案情叙述完整、准确。

⑤强制执行理由正确。

⑥案件主要材料齐备。

（4）结案报告：

①案由清楚，结案理由充分。

②罚没财物有处理结果，行政处罚决定执行情况明确。

③有案件调查人员的意见及签名、日期。

④有处罚机关负责人的意见及签名、日期。

4.案卷归档阶段

（1）适用一般程序处罚的案件一案一卷。适用简易程序处罚的案件每月一卷,超过20件的,须立分卷。

（2）使用符合档案管理标准的卷宗封皮。

（3）卷内目录填写规范。

（4）卷内材料齐全并按规定顺序排列，装订整齐。

（5）卷内材料执法案件编号一致。

（6）卷内材料大小规格统一，有页号。

（7）复印件有能证明与原件相符的签字或盖章。

（8）卷内无金属物。

（9）卷内文字应当是使用钢笔填写、电脑打印或复印件。

（10）案卷归档及时。

（二）行政处罚案件自由裁量规范

1.自由裁量的基本原则

（1）低限处罚原则。

（2）综合运用处罚手段的原则。

（3）处罚与教育相结合的原则。

2.自由裁量的具体规定

（1）处罚依据：罚款金额有上下限规定的,对初次违章且服从管理的一律按下限进行处罚；两次以上违章且基本服从管理的，按上下限的中间金额进行处罚；对拒不服从管理甚至存在暴力抗法行为的按上限处罚。

（2）处罚依据：罚款金额有上限规定没有下限规定的,对初次违章且服从管理的按上限标准的1/3进行处罚；两次以上违章且基本服从管理的按上限的1/2进行处罚；拒不服从管理甚至存在暴力抗法行为的按上限处罚。

（3）对处罚依据上下限金额按比例进行计算后的处罚金额必须是100元的整数倍，不足

100 元的进行舍弃处理。但计算后处罚总金额不足 100 元的除外。

（4）对当事人存在多次违章或者拒不服从管理、暴力抗法等情节不按低限处罚的，必须有相关材料证明并经处罚机关负责人签署意见。

（5）对相同违章事实及具备相同违章情节的处罚金额必须一致。确因特殊情况降低处罚标准的，应由处罚机关负责人签署意见，并在结案报告中注明。

（6）对超限超载车辆的处罚按照省厅鲁交体法 [2007]10 号文件《关于调整超限车辆处罚标准的通知》执行，涉及自由裁量的按本规定处理。

（三）重大案件处罚案件备案规范

1. 备案范围和备案机关

各级交通行政处罚实施机关依照交通法律、法规、规章或其他规范性文件的规定，对行政管理相对人做出的下列行政处罚案件应当向上级交通主管部门法制工作机构备案：

（1）对公民处以 3000 元（含 3000 元）以上罚款。

（2）对法人或者其他组织处以 5000 元（含 5000 元）以上的罚款。

（3）责令停产停业。

（4）吊销许可证或者营业执照。

（5）法律、法规、规章规定的其他重大行政处罚。

2. 备案时限

（1）各执法点在重大行政处罚决定送达之日起 5 日内向局法规科提交备案报告，并附处罚决定书复印件和重大行政处罚决定备案表。

（2）局法规科收到重大行政处罚决定备案表之日起 5 日内向区政府法制办备案；每月 5 日前向市局法规科备案。遇有法定节假日的，顺延至法定节假日结束后的第一个工作日报备。

3. 备案材料

（1）备案报告。包括备案主送机关、备案内容、备案时间及备案单位等内容。

（2）备案表。实行一案一表，包括执法人员和当事人的基本情况、违章事实及处罚依据处罚结果等内容。

（3）行政处罚决定书副本或复印件。

4. 备案案件的审查与处理

法制工作机构收到备案材料后，对以下内容进行审查：

（1）行政处罚主体是否合法，行政执法人员是否具备执法资格。

（2）认定事实是否清楚，证据是否确凿充分。

（3）适用法律依据是否正确。

（4）执法程序是否合法。

（5）案卷文书材料是否齐全、规范。

（6）是否超越或滥用执法权。

（7）是否以行政处罚代替其他管理措施。

（8）其他应当审查的内容。

法制工作机构在审查重大处罚决定时，可以调阅有关的案卷材料，询问相关的执法人员。行政处罚实施机关及相关执法人员应当予以配合，不得拒绝。经过审查，认为重大行政处罚案件违法或不当的，发出行政执法监督建议书，责令行政处罚实施机关限期整改。

（四）执法文书的管理规范

县级交通运输局、局属各执法部门、单位的法制工作机构（负责法制工作的人员）是本部门、本单位执法文书管理的责任部门（责任人），负责印制执法文书的计划提报、监督执法文书的使用和管理情况。

1. 执法文书的印制

全局各交通执法单位使用的以下行政处罚文书按照省厅的要求统一印制：

（1）询问笔录。

（2）调查处理报告。

（3）违法行为通知书。'

（4）处罚决定书（包括一般程序和简易程序）。

（5）送达回证。

（6）结案报告。

（7）证据保存清单。

（8）微机打印专用纸张。

（9）卷宗封皮（包括一般程序和简易程序）。

使用微机打印处理违章的，证据保存清单、违法行为通知书和处罚决定书使用套有处罚机关印章和编号的专用纸张进行打印，其他文书材料直接使用符合规定的空白纸张打印。

执法文书的印制采取分年度印制的原则，由各执法文书管理部门提前一个月提报下年度执法文书印制计划。特殊情况需增加印制的，需提前10天向局法规科申报。

2. 执法文书的领用与缴销

对证据保存清单、交通违法行为通知书、交通行政处罚决定书（包括一般程序和简易程序）、微机打印专用纸张实行附卷联、当事人联和存根联三联制度，按月进行领用与缴销。各执法文书管理单位根据每个执法单位的实际处罚情况，确定一个该类执法单位的统一的月。

处罚额度，按照额度配发上述三类执法文书。各执法单位于每月月底前持当月签发的执法文书的存根联到所属执法文书管理部门缴销当月领用的执法文书，并领取等量的下月使用的执法文％。报废的执法文书三联须同时报执法文书管理部门缴销。各执法文书管理单位建立严格的执法文书管理台账，确保执法文书使用安全。

（五）路政管理许可程序

1. 公路用地上的树木更新、砍伐办理工作规程

（1）法定依据：

《中华人民共和国公路法》第四十二条第二款规定。

（2）办理范围：

全区农村公路用地上的树木更新、砍伐。

（3）办理程序：

1）申请人向市、县级交通运输局提交申请书。

2）申请书包括：①主要理由；②地点（公路名称、桩号）③树木的种类和数量；④安全保障措施，⑤时间；⑥补种措施。

3）县级交通运输局审核提报材料、现场勘察：①符合条件且主要路段采伐不超过30棵，次要路段不超过200棵的，办理、发放许可证，上报市交通运输局备案。②符合条件且主要路段采伐超过30棵，次要路段超过200棵的，上报市交通运输局，经市交通运输局现场勘察，符合条件的，办理、发放许可证。③不符合条件的，不予办理。

（4）办理时限：

15个工作日。

（5）收费依据、标准：

按照有关规定，批准采伐的县级公路树木，由县级交通运输局收取树木成品的5%，作为公路绿化基金，树木全部归原栽植单位。

公路两侧栽植的林木，其收益归林木栽植单位和个人。凡经批准采伐的栽植单位和个人应向市、县级交通运输局交纳林木成品价格的5%，作为公路绿化基金。

2. 公路建筑控制区内埋设管线、电缆等设施办理工作规程。

（1）法定依据：

《中华人民共和国公路法》第五十六条第一款规定。

（2）办理范围：

全区农村公路两侧建筑控制区内埋设管线、电缆等设施的事宜。

（3）办理程序：

1）申请人向县级交通运输局提交申请书和设计图。

申请书包括：①主要理由；②地点（公路名称、桩号及与公路边坡外缘或公路界桩的距离）；③安全保障措施；④施工期限。

2）县级交通运输局审核提报材料、现场勘察：①符合条件的上报市交通运输局，经市交通运输局现场勘查审核同意后办理、发放许可证，存档备案。②不符合条件的，不予办理。

（4）办理时限：

3. 公路上增设平交道口办理工作规程

（1）法定依据：

《中华人民共和国公路法》第五十五条规定。

（2）办理范围：

全区境内县乡公路上增设平面交叉道口。

（3）办理程序：

1）申请人向县级交通运输局提交申请书和设计图或平面布置图。

申请书包括：①主要理由；②地点（公路名称、桩号）；③施工期限；④安全保障措施。

2）县级交通运输局审核提报材料、现场勘察：①平交道口宽度5.5m以下的，办理、发放许可证，上报市交通运输局备案。②平交道口宽度5.5m以上的，上报市交通运输局，经市交通运输局现场勘查审核同意后，办理、发放许可证。③不符合条件的，不予办理。

（4）办理时限15个工作日。

4. 公路用地范围内设置非公路标志办理工作规程

（1）法定依据：

《中华人民共和国公路法》第五十四条规定。

（2）办理范围：

全区农村公路用地范围内设置公路标志以外的其他标志。

（3）办理程序：

1）申请人向县级交通运输局提交申请书和设计图。

申请书包括：①主要理由；②标志的内容；③标志的颜色、外廓尺寸及结构；④标志设置地点（公路名称、桩号）；⑤标志设置时间及保持期限。

2）县级交通运输局审核提报材料、现场勘察：①符合条件的，办理、发放许可证，并上报市交通运输局备案。②不符合条件的，不予办理。

（4）办理时限15个工作日。

5. 超限运输和损害公路路面的车辆、机具行驶办理工作规程

（1）法定依据：

《中华人民共和国公路法》第四十八条、第五十条和交通运输部制定的《超限运输车行驶公路管理规定》（交通运输部令2000年第2号）的规定。

（2）办理范围：

全区境内县乡公路超限运输和损害公路路面的车辆、机具行驶事宜。

（3）办理程序：

1）申请人向县级交通运输局提交申请书和车辆或机具的行驶证件。

损害公路路面的车辆、机具、行驶申请书包括：①主要理由；②行驶路线及时间；③行驶采取的防护措施；④补偿数额。超限运输申请书包括：①主要理由；②行驶路线及时间；③行驶采取的防护措施；④补偿数额；⑤货物名称、重量、外廓尺寸及必要的总体轮廓图，运输车辆的厂牌型号、自载质量、轴载质量、轴距、轮数、轮胎单位压力、载货时总的外廓尺寸，货物运输的起讫点、拟经过路线和运输时间、车辆行驶证等资料。

2）县级交通运输局审核提报材料、现场勘察：①符合特种车辆、机具在本县内行驶条件的，发放许可证，并报市交通运输局备案。②符合其他情况条件的，上报市交通运输局，经市交通运输局现场勘察审核，不影响交通安全的，办理、发放许可证；影响交通安全的，必须经同级公安机关批准，方可办理、发放许可证。不符合条件的，不予办理。

（4）办理时限：

15个工作日。

6. 跨越、穿越公路修建桥梁或者架设埋设管（杆）线、电缆等设施办理工作规程

（1）法定依据：

《中华人民共和国公路法》第五十六条第一款规定。

（2）办理范围：

全区农村公路两侧建筑控制区内埋设管线、电缆等设施的事宜。

（3）办理程序：

1）申请人向县级交通运输局提交申请书和设计图。

申请书包括：①主要理由；②地点、公路名称、桩号及与公路边坡外缘或公路界桩的距离；③安全保障措施；④施工期限。

2）县级交通运输局审核提报材料、现场勘察：①符合条件的上报市交通运输局，经市交通运输局现场勘察审核同意后办理、发放许可证，存档备案。②不符合条件的，不予办理。

（4）办理时限：

15个工作日。

7. 占用、挖掘公路或者使公路改线的建设工程办理工作规程

（1）法定依据《中华人民共和国公路法》第四十四条第二款规定。

（2）办理范围：

全区境内县乡公路的占用、挖掘公路或者使公路改线的建设工程。

（3）办理程序：

1）申请人向县级交通运输局提交申请书和设计图。

申请书包括：①主要理由；②地点（公路名称、桩号及公路边坡外缘或者公路界桩的距离）；③安全保障措施；④施工期限；⑤修复、改建公路的措施或者补偿数额。

2）县级交通运输局审核提报材料、现场勘察：①符合条件的上报市交通运输局，经市交通运输局现场勘察审核，符合条件的，办理、发放许可证，存档备案。②不符合条件的，不

予办理。

（4）办理时限 15 个工作日。

（六）路政处罚案件

1. 简易程序

适用范围：适用于违法事实确凿并有法律依据，对公民处以 50 元以下，对法人或者其他组织处 1000 元以下罚款或者警告的行政处罚类案件。

办案程序：

（1）立案。

（2）调查取证，听取当事人的陈述和申辩。

（3）对违法事实确凿并有法律依据的，制作当场处罚决定书。

（4）执行处罚。

（5）结案。

2. 一般程序

适用范围：适用于违法事实确凿，并有法律依据，不适用简易程序的行政处罚类案件。

办案程序：

（1）立案。

（2）调查取证，收集证据。

（3）案件调查人员在初步调查结束后，制作交通违法行为调查报告。

（4）单位负责人对交通违法行为调查报告审核后，认为应当给予行政处罚的，制作交通违法行为通知书，送达当事人。符合听证条件的可以应当事人要求组织听证。

（5）对违法事实清楚，证据确凿充分，不需要经过听证程序的案件，根据情节轻重，做出处罚决定，制作行政处罚决定书。

（6）执行处罚。

（7）结案。

3. 路政强制措施案件

适用范围：适用对公路造成较大损害、当场不能处理完毕的车辆；在公路用地范围内设置公路标志以外的其他标志，依法责令限期拆除，而设置者逾期不拆除的；在公路建筑控制区内修建建筑物、地面构筑物或者擅自埋设管（杆）线、电缆等设施，依法责令限期拆除，而建筑者、构筑者逾期不拆除的。

办案程序：

（1）制作并送达路政强制措施告诫书。

（2）听取当事人陈述和申辩；复核当事人提出的事实、理由和依据。

（3）经督促告诫，当事人逾期不拆除非法标志或者设施的，制作并送达路政强制措施决定书。

（4）实施路政强制措施，制作路政强制措施笔录。

4.路政赔（补）偿案件

适用范围：适用于公民、法人或者其他组织造成的路产损失案件。

办案程序：

（1）立案。

（2）调查取证，听取当事人的陈述和申辩或听证。

（3）制作并送达公路赔（补）偿通知书。

（4）收取公路路产（补）偿费，出具收费凭证。

（5）结案。

三、路政管理工作标准

（1）认真贯彻落实路政管理有关的法律、法规、规章及规定，实行政务公开，搞好路政宣传，工作要有计划、有目标、有措施。

（2）按规定设置机构，并配备路政管理人员，推行各项责任制，路政装备要齐全，要成立案件评审小组。

（3）严格执法，文明服务，对路政管理人员每年要培训一次，路政人员上岗着装整齐，执行任务带齐证件，秉公执法。办案程序合法，案卷规范。

（4）严格执行巡查制度，按月、季编制巡路计划，根据需要编排夜查计划，路政人员每月上路巡查不少于22天。

（5）公路两侧控制红线内无违法建筑；对占用、利用、挖掘公路，路树砍伐，超限运输，要严格规范管理；及时制止和查处沿路乱占、乱建的违法侵权行为；对公路用地内滥堆杂物，妨碍公路畅通，影响路容路貌的现象，要及时清除；公路用地内无未经批准设置的非公路标志。

（6）及时发现查处损坏公路路产的案件，破案率要达到90%以上，路产回收率要达到95%以上。

（7）路产档案齐全、完整、规范。

（8）路赔费收解及时，使用规范。

（9）无败诉、无"三乱"现象。

四、政队伍建设工作标准

（一）路政人员配备

（1）要有专职路政管理人员，并服从指挥，听从分配。

（2）路政管理人员要按照"公开录用、竞争上岗"的原则。

（3）路政管理人员执行公务时，必须按规定统一着装、佩戴标志、持证上岗。

（4）路政管理人员必须爱岗敬业、恪尽职守、熟悉业务、清正廉洁、文明服务、秉公执法。

（二）路政执法人员培训

每年脱岗培训不少于1次，集中或分散学习不少于15天，培训内容、资料学习记录要齐全，参加培训人员闭卷考试成绩要达到优良。

（三）评议考核

成立路政执法人员评议考核领导小组，遵循公平、公正、公开原则；实事求是原则；注重工作实效原则；奖罚分明原则。

1.仪容风纪

（1）按规定着装上岗，不准穿拖鞋、不准打赤脚、挽裤腿、披衣、敞怀，不准将标志服转代着装范围以外的人员穿着。

（2）着装执法人员男不准留长发、蓄胡须、留大髪角，女不准留披肩发、染指甲、戴耳环、戒指等。

2.文明服务

（1）不准对管理服务对象态度冷横硬，不准训斥、刁难、报复管理服务对象。

（2）不准说脏话、粗话、服务禁语，不准辱骂管理服务对象。

（3）工作时间不准脱岗、办私事。

（四）执法规范

（1）适用法律准确办理路政案件适用法律法规条款准确。

（2）程序规范合法严格按照法律法规和上级规定的程序、期限办理路政案件和许可事项。

（3）文书填写得当严格按照上级规定正确填写法律文书，字迹清晰、内容完整准确。

（4）路政执法人员必须持证上岗。

（五）廉政建设

（1）不准接受和参与管理服务对象安排的宴请、娱乐、健身和外出考察活动，不准接受管理服务对象提供的交通、通信工具和其他设备物品。

（2）不准接受和参与管理服务对象安排的宴请、娱乐、健身和外出考察活动，不准接受管理服务对象提供的交通、通信工具和其他设备物品。

（3）不准乱罚款、乱摊派、乱收费和违反罚缴分离、"收支"两条线规定，不准截留、挪用、私分罚没款物。

（4）不准参与或变相参与各种经营活动，不准家属、子女参与其职权范围内的经营活动，不准利用职权为亲友从事经营活动提供便利。

五、路政装备管理工作标准

（1）路政装备配备要齐全，有专门的巡查车辆，车辆应设置统一的标志和警示灯。有专门的照相、摄像设备。

（2）路政车辆任何单位或个人不得挪作他用。

（3）路政专用车辆不得为非路政活动开道使用，未经允许不准随意开启示警灯和警报器；在公安机关明令禁止使用警报器的道路和区域内不准鸣警报器，严禁在城区内使用警报器。

（4）路政专用车辆在巡查过程中，无特殊情况车速应不大于 60km/h。

（5）路政专用车辆不准用于婚丧嫁娶。严禁将路政专用车辆停放在宾馆、饭店、歌舞厅等公共娱乐场所。

（6）照相机、摄像机必须随车携带。无主管领导批准不得私自转借用于与路政执法无关事项。

（7）公路监督检查专用车辆

①公路监督检查专用车辆的基本颜色为白色，沿车辆前保险杆水平环绕车身以下约 10cm 部分为橙黄色，再往下为军绿色；车身两侧统一喷印"中国路政"文字标识，字体为黑 166，文字颜色为黑色。

②公路监督检查专用车辆的示警灯为红、黄、蓝三色固定式排灯，安装在车顶前部。

③示警灯中间装备圆形红底白色公路路徽；排灯颜色左右两侧对称分布，每侧从里向外依次为黄色、红色和蓝色。其中，红色占排灯单侧长度的 1/2，蓝色、黄色各占排灯单侧长度的 1/4。

④公路监督检查专用车辆的示警灯采用相同的呼话、音调、灯光、选择自动转换等技术功能的电子发声器。

六、路产路权维护管理工作标准

（一）事案处理

（1）路政人员接到举报或当事人报告有公路路产损坏（占用）事案发生时，应及时赶赴现场，进行调查处理。

（2）现场应摆放警示标志，并维护好现场安全。

（3）调查和收集证据时应由两名以上路政管理人员进行并首先向被调查人出示执法证件。

（4）调查取证必须做到证据确凿，实事求是，查明当事人违法事实和对公路路产造成的损坏（占用）情况。

（5）现场调查、勘察应当制作笔录。证据材料应当写明调查时间、地点和调查人、被调查人，记录人姓名，并由他们在记录内容后面分别签字。拒绝签字的，应邀请基层组织代表作为证人为到场，注明情况附卷。

（6）损坏路产价值在 1000 元以下时，路政管理人员可以直接做出处理。不能及时处理的，按有关规程进行。

（二）路政巡查

（1）巡查人员要做好巡查记录并签字，记录内容翔实，字迹清晰。干线公路每月巡查不少于 22 天，每天巡查时间不少于 7h，每月夜间巡查时间不少于 7 天，其他时间必须有人值班，确保第一时间赶赴路政事案发生现场；每月末编制次月巡路计划上报市局，计划实施发生变化时及时报告市局。

（2）按管辖里程、人员、巡查车辆情况科学合理编排巡查，至少 2 名路政管理人员。

（3）巡查车辆的时速没特殊情况不得高于 60km/h。

（4）对巡查中发现的损坏路产路权的行为要及时制止、处理。现场不能处理的，要及时汇报，按规定、程序办理办结。

（5）在巡查过程中，发现有影响或预见到要发生影响交通安全的事件时，要及时处理，不能处理的应立即向上级及有关部门汇报。

（6）在巡查过程中，不得擅自脱离巡查路线和巡查集体；对出现漏查、不管的，追究责任人及负责人的责任。

（7）对巡查中处理的事案，要在 24h 内将案卷及相关证据交回局路政科。

（三）建筑控制区管理

（1）县道自公路边沟、坡脚护坡道、坡顶截水沟外缘起不小于 1〇 m；乡道自公路边沟、坡脚护坡道、坡顶截水沟外缘起不小于 5m；无公路边沟、坡脚护坡道、坡顶截水沟的，自公路路肩外缘 5m 起计算建筑控制区范围，控制区内无建筑。

（2）建筑控制区内不得进行集市贸易，在建筑控制区内有集贸市场的，限期迁出。

（3）新建、改建公路建筑控制区范围，要设置标桩、界桩。

（4）规划和新建村镇、开发区，应当与公路边沟外缘保持不少于 30m 的距离。建筑控制区内外边缘距离大于 30m 的，执行建筑控制区规定的距离。

（5）需要在建筑控制区内埋设管（杆）线、电缆等设施的，应当事先提交申请书和设计图，有专门批复。

（6）在公路上增设平面交叉道口，按国家标准设置道口警示桩和道口指示标志。

（四）非公路标志管理

（1）非公路标志设置管理应做到统一规格，控制数量，合理布局，美观协调。

①禁止设置跨路门架形式的非公路标志。

②设置大型立柱式非公路标志，其标志单面版面下沿与公路路面的净空高度应控制在 8m 以上，其面板垂直投影不得进入公路路肩。

③纵坡、弯道、平交道口、穿村镇路段等位置设置的非公路标志，不得影响视线和整体观赏效果。

（2）在县、乡道上设置非公路标志的，自接到申请书之日起15日内做出决定。许可设置的，签发许可证并签订相关协议；不予许可的，书面告知申请者不予许可的理由。

（3）对经许可设置的非公路标志，要加强现场监督管理，保证实际设置情况与许可一致。设置者必须自批准之日起30日内将内容设置完善，否则，注销其非公路标志许可证，并责令拆除。

（4）建立健全非公路标志档案管理制度。要对非公路标志实行动态管理，加大巡查力度，对违法设置的非公路标志应及时发现、及时处理。

（五）穿村路段治理

（1）绿化：治理工作所涉及的县、乡道要按照规划要求，进行高标准绿化，穿越镇区、村庄和厂企店铺的公路沿线，要通过植树、栽植灌木花草等方式进行绿化。

（2）硬化：穿越镇区、村庄和厂企店铺的公路沿线，门前要逐步硬化，实现路宅分家；要结合村村通柏油路工程的实施，逐步实现县、乡道辐射路口硬化

（3）净化：要强化养护措施，保持路面清洁。

（4）亮化：对穿越村镇的公路路段，要结合社会主义新农村建设，配套完善相关设施，积极搞好亮化。

（5）美化：要统筹规划，凡公路所经镇区和村庄，一律不得有占路经营、乱摆摊设点，广告牌匾一律按规定标准设置。要通过绿化、硬化、净化和亮化等措施，使公路路域环境和谐统一、整齐美观。

（六）公路及公路用地治理

（1）禁止在公路及公路用地上构筑设施、种植作物。禁止任意利用公路边沟进行灌溉或者排放污水。

（2）在公路两侧开山、伐木、施工作业，不得危及公路及公路设施的安全。

（3）不得在大型公路桥梁的上、下游各200m范围内采挖沙石、修筑堤坝、倾倒垃圾、

压缩或者扩宽河床、进行爆破作业。不得在公路隧道上方和洞口外100m范围内任意取土、采石、伐木

（4）禁止履带车和铁轮车在铺有沥青的公路上行驶，超过桥梁限载标准的车辆、物件不得过桥

（5）在公路两侧修建永久性工程设施，其建筑物边缘与公路边沟外缘的间距为：国道不小于20m，省道不小于15m，县道不小于10m，乡道不小于5m。

（七）公路附属设施监管

（1）公路及公路附属设施的管理，应当按照国家有关标准进行维护。公路附属设施损坏、污染的，要及时到现场勘验。协助公安机关制定施工路段交通安全管理方案。

（2）做好公路附属设施的监督检查，及时制止和查处各种侵占、损坏公路及公路附属设施的行为。

（3）建立公路巡查台账。县、乡道应当做到一日巡查不少于1次。

（4）公路附属设施损坏，应当及时予以修复。

（八）超限运输治理

1. 超限运输车辆标准

（1）车货总高度从地面算起4m以上（集装箱车货总高度从地面算起4.2ni以上）；

（2）车货总长度18ra以上；

（3）车货总宽度2.5m以上；

（4）单车、半挂列车、全挂列车，车货总质量40000kg以上；集装箱半挂列车车货总质量46000kg以上；

（5）车辆轴载质量在下列规定值以上：单轴（每侧单轮胎）载质量6000kg，单轴（每侧双轮胎）载质量10000kg，双联轴（每侧单轮胎）载质量10000kg，双联轴（每侧各一单轮胎、双轮胎）载质量14000kg，双联轴（每侧双轮胎）载质量18000kg，三联轴（每侧单轮胎）载质量12000kg，三联轴（每侧双轮胎）载质量22000千克。

2. 对超限运输车辆，除运输不可解体等物品外，必须卸货或者分载。

3. 装载不可解体等物品必须进行超限运输的车辆，要求出具相关证明，方可上路行驶。

（九）路政许可

（1）申请人必须向有权颁发许可证的路政管理机构提出申请，超限运输车辆跨省、市（地）行驶的许可，必须向省级公路管理机构提出申请。

（2）申请人必须具备法律法规规定的办理许可的一切手续。

（3）申请人必须具备从事许可所指活动的条件和能力。

（4）申请人要有明确的申请许可的意思表示，未经申请，路政管理机构不能主动授予。

（5）路政管理机构对申请人提出的申请及其附件必须进行认真审查。对申请书内容不全、证件不全的，可以要求申请人加以补充；对申请书附件局部不满意，可要求申请人对附件作补充。

（6）路政管理机构收到利用、占用、挖掘、跨越（穿）公路、公路用地和公路设施的申请后，应在 15 日内作出答复。

（十）法规宣传

（1）开展"路政宣传月"和 12 月 4 日"法制宣传日"活动。

（2）宣传活动要做到领导重视，有宣传活动领导小组。

（3）有宣传车，有标语，有广播。

（4）深入社区、工矿企业、沿线乡镇、村庄上门宣传。

（5）广泛征求和听取社会反映，对提出的问题及时处理反馈。

（6）路政宣传人员要做到熟悉法律法规。

七、路政文明服务工作标准

（一）服务大厅建设

服务大厅窗口要分为：路政许可、事案办理、法律咨询三个窗口。应设立政策法规宣传栏、政务公开栏、车辆公示牌、意见箱等设施，对路政管理工作相关法规文件、路政人员岗位职责、公路及附属设施损坏赔（补）偿标准、路政许可申请书样式文本、投诉电话等进行公示，另外还应设置全民服务设施等。

（二）服务电话

（1）实行 24 小时接听受理路政事案举报、车辆救援求助电话。

（2）公开受理电话，来电做到及时接听，普通话应答，态度热情礼貌。坚决杜绝服务禁语和"生、冷、硬、横"态度。

（三）服务承诺制

（1）有专人接待，工作时亮证上岗服务，文明礼貌待客，讲求服务质量，方便群众办事。

（2）文明执法，依法办案，按章办事，尽职尽责，不滥用职权，谢绝宴请，不徇私枉法，不卡不要。

（3）公开路政业务申办程序、审批事项、审批结果。

（4）公开公路路产损坏赔偿收费标准，不准乱收费、乱罚款。

（5）对突发性和群众举报的路政案件做到快速反应，妥善处理，及时反馈。

（6）办公场所做到整洁优美，图表清晰，制度上墙。

（7）群众来信来访，3 天内反馈调查情况和处理结果。

（8）建立社会监督机制，聘请社会行风监督员，实施奖惩制度。

（四）限时办结制

损坏路产一般性公路路政事案，7 天内办完；较大及重大公路路政事案，30 天内办完；接收符合审批条件的占用、挖掘、穿（跨）越公路、公路用地和公路附属设施以及进行超限运输的行驶许可申请后，5 个工作日内审查完毕并报上级公路主管部门批复。

（五）人员仪容仪表语言

（1）必须按规定着装上岗，不准穿拖鞋、打赤脚、挽裤腿、披衣敞怀，不准将标志服转借给着装范围以外的人员穿着。

（2）着装执法人员男不准留长发、蓄胡须、留大鬓角，女不准留披肩发、染指甲、戴耳环、戒指等。

（3）不准对管理服务对象态度冷横硬，不准训斥、刁难、报复管理服务对象。

（4）不准说脏话、粗话、服务禁语，不准辱骂管理服务对象；工作时间不准脱岗、办私事。

八、路政内业整理工作标准

（一）公路路政信息报送标准

（1）统计报送工作坚持准确、及时、客观、全面的原则。

（2）信息统计报送工作应指定专人负责，具有一定的业务知识、文字表达和综合分析能力。

（3）路政信息统计报送严格按照省局《路政管理档案设置标准》和《公路路政统计报表》的要求，做到填写认真、内容准确、报送及时。

（4）路政信息统计结果按照报表具体要求实行逐级审核签名制。

（5）路况信息统计报送要做到高效、快捷，一事一报。

（二）路政档案设置管理工作标准

（1）路政处理、处罚档案、审批管理档案、文书档案年底一次立卷。建筑控制区管理档案，按路线立卷。统计报表微机打印报送，报送时间为当月 25 日前；表内数字均用阿拉伯数字；填表内容完整真实，表头加盖单位公章，表未完整，分管领导签字；年底一次立卷。路政诉讼档案按诉讼过程中实际产生的法律文书，一案一卷。

（2）组织装备、路政处理处罚、路政审批管理、建筑控制区管理、票证管理、统计报表和公路路产档案标志部分使用省局规定的表样和文书。路政文书档案 [除巡查日记（巡查人员一栏中注明巡查人员姓名和巡查车辆号码）、路政事案] 自行设置。

（3）卷盒、卷宗名称按规定种类名称编号题名。

（4）档案橱、卷盒、卷宗的样式、规格、颜色、字体统一规定设置。

（5）各种档案要做到字迹规范、立卷及时、装订整齐、归档有序。

（6）制定并落实好档案管理、借阅制度。

第二节　农村路政管理模式

为更好地保护农村公路，在农村公路路政管理模式构建中应坚持如下基本原则：

（1）明确职责，各级互动明确农村公路管理主体和各级政府的相应职责，落实责任，充分发挥各级政府的积极作用。

（2）落实投入，高效运转以落实机构、人员和理顺管理机制为重点，稳定农村公路路政管理资金投入，在管理、养护各参与方之间形成良性的协同互动关系，提高农村公路路政管理工作效率。

（3）统一目标，区别对待以服务社会主义新农村建设为目标，充分考虑县乡道、村道的不同特点和实际情况，区别对待，使管理模式更具有针对性和适用性。

一、农村路政管理模式及其内涵

管理模式，是指一种成型的、能供人们直接参考运用的完整的管理系统，通过这套系统来发现和解决管理过程中的问题，规范管理手段，完善管理机制，实现既定目标农村公路路政管理模式，除具备以上基本特征外，在管理内容上，要囊括路政巡查、路政许可、路政案件处理等路政业务环节的主要内容；在管理形式上，要体现标准化、规范化、系统化；在管理手段上，要以现代科学技术为支撑，充分运用现代科学技术成果。

结合我国农村公路现状，通过理论研究与实践探索，总结出了符合农村公路特点的路政管理模式，即"政府主导、分类管理、区（县）为主、乡村协作、养护管理互补、科学评价"它的基本内涵是以服务社会主义新农村建设为宗旨，以法规为依据将县乡道和村道分类管理，以三级人民政府为主体建立农村公路路政管理领导体制，以统一农村公路路政管理四个要素为载体，全面提升农村公路路政管理水平简称为农村公路路政管理的"一个宗旨、两类管理、三级体制、四个统一"。

（一）一个宗旨

农村公路是公路网的有机组成部分，是农村重要的公益性基础设施，连接广大的县、乡、村，直接服务于农业、农村经济发展和农民出行，是解决"三农"问题的基础条件之一因此，必须以科学发展观为指导，以服务社会主义新农村建设为宗旨，不断提高农村公路路政管理水平，全面保障农村公路的良好状况和安全畅通，充分满足农民群众的出行需要，持续促进农村经济社会协调发展。

（二）两类管理

依法行政是农村公路路政管理的基本原则根据《公路安全保护条例》的适用范围，县乡道路政管理的主体有县级以上人民政府、交通主管部门、公路管理机构，《公路安全保护条例》完全适用但村道路政管理的主体是乡镇人民政府，《公路安全保护条例》仅参照适用因此，农村公路路政管理应当将县乡道和村道进行分类管理，在构建农村公路路政管理模式时需充分考虑到县乡道与村道的特点，使其既符合法律规定，又具有针对性和可操作性。

（三）三级体制

县级以上人民政府中，中央和省级人民政府对农村公路路政管理主要是制定政策、法规、规章，市、区（县）级人民政府对农村公路路政管理应当是实质性的明确了市、区（县）级人民政府的农村公路路政管理领导和职责，其交通主管部门及法规授权的公路管理机构，是具体实施县乡道路政管理的主体；乡镇人民政府是村道路政管理的主体。

因此，应建立三级人民政府的农村公路路政管理体制。

（四）四个统一

与国道、省道的路政管理相比，农村公路路政管理不但起步晚、起点低，而且在执法主体、管理内容、法律适用等方面有其特殊性因此要统一农村公路路政管理要素，实施规范管理。

1. 统一农村公路路政管理执法机构

由区（县）农村公路管理机构实施县乡道的管理，内设路政大队、中队，代表区（县）农村公路管理机构实施路政管理由于一方面路政人员编制少、装备差，另一方面交通主管部门在乡镇设立的交通运输管理所，其人员在成品油价格和税费改革后又需要安置，因此可以考虑将交通运输管理所改组为路政中队以充实农村公路的路政管理乡镇设立的农村公路管理站是乡镇人民政府参照《公路安全保护条例》对村道实施路政管理和养护的内设部门。

2. 统一农村公路路政管理内容

将农村公路路政许可、路政处罚、路政强制、路政收费等执法程序、执法依据、执法标准、执法文书进行统一规范。

3. 统一农村公路路政管理对养护的监督和考核

在农村公路养护管理体制改革的基础上，统一由农村公路路政管理部门对养护进行监管并实施考核，使养护业务执行与养护工作考核主体分离，养护业务由乡镇农村公路管理站组织实施，而养护员业绩考核由路政管理人员在路政巡查过程中同步进行，这样不但使养护管理执行分离，有效监督乡镇农村公路养护工作，将路政管理与养护考核有机结合，充分发挥农村公路养护员的路政协管职责，并且可以节约人力，实现集约化管理。

4.统一农村公路路政管理的法律适用规则

统一依据《中华人民共和国公路法》、《公路安全保护条例》约束和实施县乡道、村道的路政管理，避免出现制度与法规不一致的情况，使路政管理执法有法可依，执法必严，违法必究。

二、农村路政管理模式建设内容

（一）、主要建设内容

现代化的农村公路路政管理模式不仅是某个方面的规范和优化，而且是硬软件建设、内外部环境相互配合、完善统一的有机整体不仅要实现管理的基本功能，还应更多地考虑适合农村公路的需要，在实践中全面建设落实所构建的农村公路路政管理模式其建设的核心内容是以路政管理体制机制为保障，以办公自动化、执法信息化等科技手段为支撑，以标准化路政管理为途径，以科学评价为依托，建立一套自上而下的科学管理体系，包括体制机制保障体系、标准化管理体系、社会协作体系、考核评价体系、科技支撑体系五个管理体系其基本框架。

1. 体制机制保障

（1）机构设置：在各区（县、市）农村公路管理处设置路政大队，在乡（镇）设置路政中队，并配置合格的路政管理人员，负责各自辖区内的农村公路路政管理工作，健全路政管理网络各乡（镇）农村公路管理站在原有工作职责（乡村道养护员的选配、管理及考核等）不变的前提下，加强与路政中队、乡（镇）交通运输管理所的协同办公，强强联合，既养好路又管好路。

（2）人力资源管理：坚持以人为本、开拓创新，在干部配备、人事管理、劳动分配等方面着力推进科学化、民主化、制度化，着力建立公开、平等、竞争、择优的激励机制，为农村路路政管理提供强大的人力、人才保障规定养护员也是路政协管员，除做好日常养护工作外，同时负责路政协管工作，及时制止违法行为并上报，由路政大队、中队进行查处路政管理人员除每天的正常巡路及执法工作外，还应负责考核各自辖区内的农村公路养护员的日常工作。

（3）制度建设：随着农村公路的日益发展，路政管理工作的内容越来越广泛，管理难度也越来越大，路政管理制度建设的滞后，严重制约着路政管理工作的顺利开展针对工作中日渐暴露出来的问题，应及时修订、完善已有的制度，建立新制度，以制度建设推动各项工作的全面发展，使路政管理进一步迈向规范化、制度化路政管理制度建设主要包括路政基础性工作管理制度建设、路政内业管理制度建设、路政日常工作管理制度建设、路政队伍管理制度建设等方面。

（4）财务资金管理：以科技理财、制度理财和以德理财为手段，以部门预算控制为重点，规范财务管理工作，逐步健全财务管理制度，积极强化预算内控管理，努力控制各项成本开支，形成精细化的财务管理体系各乡（镇）农村公路管理站，根据本部门检查情况及路政中队对养护员的考核情况，对养护员支付报酬，保证养护员补助的按时足额发放，防止挤占挪用。

2. 标准化管理

路政标准化管理，是指以外部标准（法律、法规）和内部标准（规章制度、文化理念等）为基础的管理体系，是实现路政管理模式的有效途径具体而言，就是在法律法规的框架内，通过加强路政建设，建立标准化的路政大队中队、规范化的工作程序和管理制度、科学化的考评和监督机制，打造一支业务素质高、执法能力强、服务文明优质的路政管理队伍。

3. 科技支撑

路政管理是一个动态的管理，路政管理信息的及时采集、发布和传递是实现路政管理信息化的重要手段，是实时掌握公路运行情况并实施科学决策的重要依据长期以来，路政管理采用的是原始的人工作业的管理方式，管理手段较为落后，工作效率低下，管理成本过高，已不能适应和满足路政管理工作的需要，应建设路政管理综合信息系统集成平台，实现路政案件网上处理、路政许可的网上审批，路政数据的自动统计与分析，提高路政管理的信息化水平。

4. 社会化协作管理

农村公路路政管理具有点多、面广的特点，仅仅依靠路政管理部门的力量很难达到管理目的，收到管理实效实行农村公路社会化协作管理就是要遵循"资源互享、信息互通、人员互通、优势互补"的原则，将农村公路路政管理由所在地方政府纳入到社会治安综合治理责任范围，并与公路养护部门、政府规划、国土、公安交警部门以及村民自治委员会协调配合，建立由地方政府或组织、公路管理机构、公安交警共同构筑的联防协防体系。

（1）建立政府责任机制：积极争取农村公路沿线政府的支持，将农村公路的爱路护路、治安管理、环境保护、土地占用管理等责任作为沿线政府相关职能部门的重要工作内容，纳入到政府对部门工作业绩的考核范畴，从而增强沿线地方各政府职能部门对农村公路路政管理的责任意识和主动意识。

（2）建立护路联管机制：一是根据农村公路路政管理的特点，结合沿线管理实际，以公路经过的行政村为单位，在沿线群众中聘请护路联防员，建立群众情报网，发动群防力量，为路政部门提供管理信息，收集管理情报，宣传法律知识，从而增强农村公路沿线群众的爱路护路意识，扩大路政管理的覆盖面，提高路政管理效率二是实行队站（路政中队与农村公路乡镇管理站）互动、养护管理互补，赋予养护员路政管理职责，构建农村公路内部联防网，缩小管理盲区三是建立管段责任机制，明确每个路政员的管段责任，强化管理力度通过以上网络和机制的建立健全，形成以协管员、路政员层层对应负责的联防网络，明确各方职责，使路政管理的信息资源和执法资源得到进一步拓展，大力激发和调动各方面的积极性，强化打击力度，提高执法效率，形成有案必报、报案必查、查案必果的良性互动机制，有效保护路产路权四是与国土资源部门、规划部门、公安交警部门、水利水务部门等建立信息互通机制，做到对农村公路的联动联管。

此外，通过公示执法主体、执法人员、执法标准、执法程序、监督电话以及聘请执法监督员来建立社会化监管的立体网络，将路政执法行为纳入到社会的监督之中，主动接受群众和社会监督。

5.考核评价

（1）路政考核与监督机制：科学合理的路政考核评价和监督管理是对各岗位职责的履行情况、工作流程的执行情况、管理制度的落实情况进行科学的监督和考核评价，是路政质量管理体系贯彻执行的重要保障，是保障路政岗位行为规范化的重要手段通过路政大队对路政中队、路政中队对路政员、路政员对养护员的层层考核，保障路政各项管理制度的执行。

（2）激励机制：将考核成绩与部门、个人切身利益挂钩，把目标考核、业绩评估的结果与路政员的经济利益和选拔任用相结合，并作为单位评选先进、评价干部实绩、考查推荐干部和年度目标考核的重要内容这样可以最大限度地激发干部、路政员、养护员的潜能，形成良好的竞争机制。

（3）责任追究机制：对在工作中出现严重疏漏和错误的，追究承办人和该单位负责人的责任，对造成严重后果的，还要给予相应的纪律处分。

（二）村道的特殊内容

考虑到村道的特殊性，农村公路路政管理在建设内容上除了上述管理体系外，村道路政管理还有自身建设内容，具体如下：

1.村道路政管理委托协议的签订

根据《中华人民共和国行政处罚法》《中华人民共和国行政许可法》《公路安全保护条例》的规定，由乡镇人民政府委托县级农村公路管理机构进行路政和养护的管理，乡镇人民政府可与县级农村公路管理机构签订村道路政管理委托协议，这样就从法律上保证了村道路政管理的专业性、权威性和有效性。

2.村道三级监管

考虑到村道里程数的庞大，公路管理部门承担能力有限，如果村道管理完全由公路管理部门来承担，则需配置的资源会过于庞大，而且也不现实因此，村道的管理必须充分挖掘社会资源，紧紧依靠地方政府和村民自管的力量，实行"路政专业监督、乡村政府组织领导、村民积极参与"的三级监管格局。

（1）路政专业监督公路路政管理部门受乡镇人民政府委托行使村道路政管理执法权，处理路政业务和路政案件。

（2）制订村规民约村民委员会在公路管理机构、乡镇人民政府指导下与村民协商制订护路管路村规民约，并监督实施。

（3）建立包路到户责任制村道占用土地的所有权是集体土地，这和县乡公路建设必须首先办理征地，征收为国有土地，再出让或划拨从事建设是有区别的根据《中华人民共和国物权法》的精神，村道的所有权是村集体的村集体应当首先做好自己集体财产的保护工作根据每户家庭承包土地的位置把与之相邻的一定数量的村道承包给家庭管护，建立包路到户承包责任制，村民委员会与之签订包路到户责任承包协议。

3. 养护管理一体化。

落实资金，聘任村道养护员，承担路政协管以及日常养护等职责，身兼多职，把村道的养护与管理紧密结合起来，同步实施，实行一体化管理同时加强宣传力度，使爱路护路意识深入人心，使村民人人参与到护路管路活动中，成为护路主力军。

三、农村路政管理标准化建设

（一）体制机制建设

1. 机构设置

（1）路政组织机构设置：

地市级交通运输局农村公路管理处内设立路政科，全面指导监督辖区内农村公路路政管理工作；区（县）交通运输局设立农村公路路政大队（和区县农村公路管理处一门两牌），大队长可由农村公路管理处处长兼任。

在区（县）管辖范围内，根据各乡（镇）农村公路的规模和管理难度，采取划片区设立农村公路路政中队，路政中队依托乡镇交通管理所，对辖区内农村公路路政管理实行管片负责制，路政中队中队长由乡（镇）交通管理所所长兼任，副中队长由乡（镇）交通管理所负责路政管理工作的副所长兼任。

（2）路政大队职责及目标要求：

建立权责分明的目标责任体系，强化目标责任制管理，将工作目标分解到个人，谁管理谁负责，职责明确。

①职责：

a. 制订辖区内农村公路路政管理工作计划、目标和任务，定期检查、考核路政中队管理工作。

b. 负责辖区内农村公路路政管理，宣传、贯彻、执行路政管理的法律法规 c 指导路政中队对辖区农村公路的路政管理。

c.保护农村公路路产路权，实施路政巡查。

d.管理农村公路两侧建筑控制区。

e.依法制止、查处各种违章利用、侵占、污染、损坏和破坏路产的行为。

f.受理辖区内路政许可申请，根据权限，审核并上报上一级公路管理机构，办理路政许可。

g.参与公路工程交工、竣工验收。

h.负责有关来电、来信和来访等事项的处理。

i.法律、法规规定的其他职责。

②目标要求：

a.岗位职责、路政人员行为规范、执法监督台、辖区路网示意图等各种制度、图表健全上墙。

b.路政统计报表科学规范、数据准确、上报及时，包括月、季、年度各种统计报表，做到年初有计划，半年、年终有总结。

c.路政执法程序合法，法律文书制作具体规范，做到认定事实清楚、援引法律条文准确、格式填写规范，及时向上级请示、汇报发生的重（特）大路政案件的进展情况。

d.逐步完善各类路产档案，路政档案根据内容详细分类，立卷归档，妥善保存。

e.票据管理：路产赔（补）偿票据由指定专人领用、保管、上缴，票据填写要标准、规范。

f.严格执行公路及其附属设施损坏占用收费的相关规定和"罚缴分离"制度路产赔（补）偿款和罚没款应由当事人直接交纳银行指定账户确因交通不便，经当事人提出，写出申请，可以当场收缴但两日内必须转存银行指定账户。

g.路产完整，路域环境整洁，无乱砍滥伐行道树现象，引导有规划地种植行道树，无路阻路障，无擅自设置广告牌、宣传牌，无擅自增设交叉道口，无擅自埋设管线、管道，建筑控制区内无新增违法建筑物和构筑物。

h.加强对超限运输车辆行驶公路的管理。

i.严格执行路政巡查制度，每月上路巡查的时间不少于22日，路巡日记、案件记录整齐完备，路产完好率达到95%以上，结案率不低于98%。

j.结合实际情况，积极开展路政执法综合治理活动，逐步建立长效管理机制。

k.路政管理人员执行公务时，必须按规定着装，并持有效的执法证件，路政管理人员要以事实为依据，以法律为准绳，依法行政，努力打造"反应迅速、规范执法、文明服务"的执法队伍。

（3）路政中队职责及目标要求：

①职责：

a.按照大队下达的路政管理工作计划、目标、任务，具体落实本辖区内各项路政管理工作，同时配合路政管理大队做好相关工作。

b.负责辖区农村公路路政管理，保护辖区内公路路产路权，实施路政巡查。

c.依法制止、查处各种违章利用、侵占、污染、损坏和破坏路产的行为。

d.负责对辖区内路政管理相关法律、法规的宣传。

e.负责辖区公路附属设施的管理工作。

f.按时上报路政管理报表、小结和信息资料等。

g.承办上级交办的其他工作。

②目标要求：

a.路政管理中队和乡（镇）交通管理所合署办公，办公室内岗位职责、路政人员行为规范、执法监督台、辖区路网示意图等健全上墙；档案橱内档案盒规整齐全：执法文书档案盒、路巡日记档案盒、路政案件卷宗盒（临时存放）、组织装备档案盒（路政人员资料、路政装备资料）。

b.月、季、年度各种统计报表齐全，做到年初有计划，半年、年终有总结，路政案件月报、路政管理月报于每月 28 日前报路政大队 [X 月份路产损坏案件发生处理情况报表、X 月份违章建筑案件发生处理情况报表、月（季）公路路政管理情况报表、月（季）公路路政事案发生处理情况报表]。

c.路政执法程序合法，法律文书制作具体规范；做到认定事实清楚、援引法律条文准确、格式填写规范；及时向大队转送发生的重（特）大路政案件的进展情况。

d.严格执行公路及其附属设施损坏占用收费的相关规定和"罚缴分离"制度路产赔（补）偿款和罚没款由当事人直接到路政大队进行处理（涉及车辆的路政案件，必须由路政大队配合执法，如超限运输、污染路面等）。

e.赔偿款、罚没款统一交到路政大队路政大队给各中队设立专用账户，各中队的办公经费专户专用。

f.及时整理有关使用过的执法文书，每月 28 日前报送大队，立卷归档，妥善保存。

g.路产完整，路域环境整洁，无乱砍滥伐行道树现象，引导有规划地种植行道树；无路阻路障；无擅自设置广告牌、宣传牌，无擅自增设交叉道口，无擅自埋设管线、管道；建筑控制区内无新增违法建筑物和构筑物。

h.加强对超限运输车辆行驶公路的管理。

i.严格执行公路巡查制度，每月上路巡查的时间不少于 22 日，路巡日记、案件记录整齐完备，路产完好率达到 95% 以上，结案率不低于 98%。

j.积极依靠乡镇党委政府及各村（居）民委员会的支持，加强对穿村镇公路的路政管理；组织路政管理宣传活动，做好公路沿线群众路政法规的普法教育。

k.路政管理人员执行公务时，必须按规定着装，并持有效的执法证件；路政管理人员要以事实为依据，以法律为准绳，依法行政，努力打造"反应迅速、规范执法、文明服务"的执法队伍。

2.人员设置

依据《路政管理规定》要求，公路管理机构应当配备相应的专职路政管理人员，具体负责不同岗位的路政管理工作，如公路巡查、路政案件查处、涉路施工行政许可、治超管理、档案管理、装备管理等专职路政管理人员的编制由当地编制办确定，其标准目前各地区不尽一致，一般以公路管理机构所辖公路等级和里程为依据确定比如，《河北省公路养护管理机制改革实施意见》规定"路政人员按国省道干线公路（含项目业主公路）每10km核定1名，按县级公路（含项目业主公路）每20km核定1名"国内高速公路一般设置了路政大队、路政中队，其编制大致按照每3—5km1人配置而农村公路路政人员的配置标准，没有一个统一的标准，各地差别较大由于农村公路点多、线长、面广，如按照干线公路的标准配置路政管理人员，则人员数量庞大，地方难以承受除编制办确认人员外，为弥补专职路政管理人员的不足，还需聘请农村公路养护员、乡镇干部、村民作为路政协管员，参与路政巡查、路政案件报告等路政管理工作，以保证路政管理的覆盖面。。

因此，按照我国农村公路的实际，初步确立一套人员配置标准是十分必要和有意义的但目前路政管理的资源配置以及决策，多以传统的管理思路和模式为依据，往往受到人为因素的制约，一般决策的做出都由管理者参照有关规定，按照一定的经验或者直觉来完成，缺乏系统的、规范的、科学的依据，从而一方面有可能造成局部范围内人、财、物使用上的浪费，另一方面会导致管理上的失控为此，本书采用路政管理复杂指数来划分不同农村公路路政管理的复杂程度，然后根据路政管理复杂指数确定路政管理资源配置标准。

（1）人员配置标准：

①路政管理复杂指数：

要想建立路政管理复杂指数的专家评估系统模型，首先必须建立综合的评价指标体系根据路政管理工作的特点和有关专家的经验，可以获得路政管理方面的大量信息，其中包含多种影响路政管理复杂程度的因素，有道路基本要素的影响，有周边环境的影响，有政策导向的影响，有管理因素的影响，有车流量的影响等等因此在确定评价指标和模型时，应考虑系统性和层次性系统性就是把影响路政管理复杂程度的因素作为一个整体，它们既各自反映不同的侧重面又互有联系；层次性是将众多的评价指标根据它们之间的相互联系和不同的作用分解为若干个有序层次，使之条理化，即将一个复杂的系统分解为递阶层次，以便于逐步分析。

根据对路政管理的影响因素的分析，将所包含的因素分层，按照最高层、中间层和最底层的形式排列起来，建立的指标体系层次如下表所示。

表 5-1　路政管理复杂指数评估指标体系表

项目	指标		指标说明
路政管理复杂指数	道路特征	公路当量里程L	$L=\sum l_i p_i$ 式中l_i——各等级公路里程（km）；p_i——公路等级系数，二级公路=2、三级公路=1、四级公路=0.8、等外公路=0.5
		桥梁涵洞隧道数量	辖区内桥梁、涵洞、隧道数量之和

项目	指标		指标说明
		穿村路段、穿集市路段数量	辖区内穿村路段、穿集市路段数量之和
		平交路口数量	辖区内平交道口的个数之和
交通特性		交通流量Q	$Q=\sum\dfrac{q_i l_i}{L_n}=\sum q_i p_i$ 式中q_i——第i个路段上的交通量；l_i——第i个路段上的里程；L_n——辖区路网的总里程，$L_n=\sum l_i$；
养护质量		路面损坏状况	评定值由课题《农村公路养护评价体系研究》给出
		桥涵隧技术状况	
		沿线设施技术状况	

在综合评价中由于各指标的单位、数量级不同，因此会影响综合评价的结果，甚至会导致评价结果的混乱因此，必须统一标准，对数据进行预处理，即对所有指标进行标准化处理，使其成为无量纲、无数量级差别的形式，然后进行综合评价。

根据专家调查，由层次分析法分别求出各专家评估结果确定的指标权重根据下式计算某条（某区域）农村公路路政管理复杂指数。

$$U=\sum\omega_i X_j^*$$

②复杂程度的分级及人员配置：

计算出公路路政管理的复杂指数后，确定路政管理复杂程度分级的依据，见下表

表5-2　路政管理复杂程度分级表

复杂程度分级	复杂指数	复杂程度分级	复杂指数
简单	0—0.3	复杂	0.7—0.9
一般	0.3-0.5	极复杂	0.9—1.0
较复杂	0.5—0.7		

根据辖区内农村公路的路政管理复杂程度，并参考国内各地区公路路政人员配置情况，来确定专职路政员、路政内务后勤人员以及路政协管员的数量农村公路所需路政管理人员配置标准可参考农村公路所需路政管理人员表。

表5-3　农村公路所需路政管理人员表

路政复杂程度 ＼ 路政人员	每个路政大队或路政中队		路政协管员（名/10km）
	专职路政员（名）	路政内务后勤人员（名）	
简单（复杂指数0—0.3）	1	1	1

路政人员 路政复杂程度	每个路政大队或路政中队		路政协管员（名/10km）
	专职路政员（名）	路政内务后勤人员（名）	
一般（复杂指数0.3—0.5）	2	1	1.5
较复杂（复杂指数0.5~0.7）	3	1	2.0
复杂（复杂指数0.7—0.9）	4	2	3.0
极复杂（复杂指数0.9—1.0）	4	2	3.5

（2）职责与要求：

所配置的路政管理人员应当具备以下条件：

①年龄在20周岁以上，但一线路政执法人员的年龄不得超过45岁。

②身体健康。

③大专以上文化程度。

④持有符合交通运输部规定的岗位培训考试合格证书。

（3）人员管理：

路政管理工作的突发性、全天候性、复杂性和广泛性决定了路政队伍的管理方式，应着力培养路政人员的快速反应能力、吃苦耐劳能力、能打硬仗和应对复杂局面的能力，这是提高路政人员综合素质的重要手段人员管理主要包括：着装要求、队列训练、内务整理三个方面的内容。

①着装要求：

按规定着制服上岗，保持干净整洁，熨烫平整，不得有污损按规定缀订和佩戴领徽（章）、臂章、帽徽、肩徽、执法证件等交通管理标志上路巡查时，需戴头盔，身着反光背心制服应当配套穿着，不得混穿，不得在制服外罩便服不得披衣、敞怀、挽袖、卷裤腿扣好领钩、衣扣着春（秋）装、长袖夏装时，必须内着配发的衬衣，系配发的领带着冬装时，内衣领不得高于制服领，下摆不得外露。

a.制订和完善路政协管员管理规定，强化管理，提高工作质量和工作效率。

b.加强组织管理，建立"协管员—路政员—路政中队—路政大队"的层级管理结构。

a调动路政协管员的工作积极性，强化监督考核，加强日常管理和月度定期考核，做到工作成绩与补助挂钩，评选月度优秀护路员、护路先进示范路段、年度先进个人。

d.强化日常管理，加强路政协管员的监督检查，及时发现问题及时整改；每日护路员应如实向巡查路政员报告管段内管理情况，每月协管员要对管段内情况进行统计，对统计的问题及时上报中队并及时整改。

e.开展阶段性重点工作和专项工作管理，根据季节特点，开展专项清理活动，开展清障补绿、整治打场晒粮、整治路边集市、法律宣传等活动，减少管段内违章行为的发生，提高管段内群众的爱路护路意识。

f.加强路政协管员培训教育，提高其工作技能、安全意识和联动效应。

g.强化路政协管员工作沟通机制，做到日常巡查有沟通，月度、半年、年度片区有会议，努力构建左右互动、上下互通、整体联动的良好局面。

②工作质量标准：

a.路面清洁标准：路面无砂石碎料，路面无白色垃圾，路面无影响行车安全的大型障碍物路面杂物垃圾总面积不得超过 $1m^2$，连续杂物垃圾占地长度总米数不超过 5m。

b.边坡清洁标准：边坡无白色垃圾及杂物，边坡垃圾杂物占地面积不得超过 $1m^2$，连续杂物垃圾占地长度总米数不超过 5m。

c.桥梁清洁标准：桥面无白色垃圾及杂物，桥面排水缝无杂物、杂草、垃圾，保持排水畅通。

d.涵洞清洁标准：无垃圾堆放，无易燃物堆放，保证通道畅通无障碍物，垃圾杂物占地面积不得超过 $1m^2$，总长度不超过 5m。

e.打场晒粮及占道经营标准：无打场晒粮、路边集市占道经营等违章行为，保持管片区无违章现象。

法制宣传标准：对片区内群众、学校进行宣传，全年必须对管片范围内所有村庄、学校进行宣传，每次宣传 10—20 户。

g.违章建筑物标准：红线控制区内无违章建筑物，及时调查并制止违章建筑行为。

h.保护路产的标准：管段内路产完好，及时制止并报告破坏偷盗路产违法行为，及时统计损坏路产并报修。

i.路政员工作自查标准：及时检查管段内各项工作，每月进行自查并及时填写管段内发生的相关情况，按时上交自查表。

3.装备配置

（1）标准化路政装备配置：

路政装备是指路政管理机构在从事路政专业工作时配备的特殊专用装备，标准化路政大队建设应配备统一的路政装备，主要包括：路政办公用房、路政办公自动化设备（电脑、打印机等）、路政勘察取证装备（照相机、摄像机、录音机等）、路政通信设备（PDA 等）、路政巡查车辆和示警灯、清障施救车等公共装备，以及雨衣、头盔、武装带、反光背心等路政员个人装备路政装备配制。

①对讲机（手持、车载）的管理：对讲机是公用物品，应防止丢失和人为损坏；应保证值班对讲机 24h 开机，保证通信、联络释通，严禁关机、挪作他用或转借个人；任何人不得利用手持对讲机、车载对讲机进行聊天等与工作无关的活动。

②路政车的使用管理：路政巡查车是开展日常巡查，进行路产巡视、路权维护的主要交通工具，必须严格执行车辆只得用于路政一线管理，不得挪作他用的规定。

（2）资金配置：

以科技理财、制度理财和以德理财为手段，以部门预算控制为重点，规范财务管理工作，逐步健全财务管理制度，积极强化预算内控管理，努力控制各项成本开支，形成精细化的财务管理体系各乡（镇）农村公路管理站，根据本部门检查情况及路政中队对养路员的考核情况，对养路员支付报酬，保证养护员补助的按时足额发放，防止挤占挪用.

（二）路政业务标准化建设

1.路政巡查管理

路政巡查主要由日常巡查和徒步巡查两部分组成。

（1）日常巡查：

日常巡查是有效维护公路路产路权，保障农村公路完好、安全、畅通而实施的基础性和日常性工作应当提前制订巡查方案，并布置当天巡查重点，对巡查过程的各项事宜进行合理安排，保障巡查工作质量日常巡查应当遵循全面、规范和巡查与调查处理相结合的原则。

①巡查准备：

a.由巡查组长负责巡查前，由巡查组长列队点名，清查上路巡查人员，布置当日巡查工作要点，明确分工主要内容。

b.巡查人员应整理着装，携带交通行政执法证，检查巡查车的使用情况，确保警灯、警报器、通信设备工作正常。

c.巡查人员应携带勘察箱，箱内须备置执法文书，包括有关法律、法规及规章制度、巡查日志、询问笔录、勘验检查笔录、现场勘察图等资料，并检查执法装备和用具是否齐全。

②巡查内容：

路政巡查工作由两名以上路政员上路巡查，对辖区内农村公路巡查为两天一次，重要的县乡道巡查为一天一次遇有特殊情况随时出发检查，如恶劣天气等特殊情况下应实行24h巡查主要内容有：

a.巡查管片内路产、标志、标线等安保设施及路况的完好情况。

b.巡查和处理红线控制区范围内违章建筑情况。

a依法制止和查处非法占用、损坏、破坏公路、公路设施及公路附属设施的违法行为。

d.依法制止和查处非法在大中型公路桥梁和渡口200m范围内、公路隧道上方和洞口外100m范围内以及公路两侧一定距离内挖沙、采石、取土、倾倒废弃物、进行爆破作业及其他影响行车安全的行为。

e.依法制止和查处在公路和公路用地范围内摆摊设点、堆放物品、种植作物、放养牲畜、设置障碍、挖沟引水、排放污物以及其他侵占、污染等损害性行为。

f.查处未经审批许可的违法施工作业。

g.核实、监督、检查施工作业的现场管理，监督检查经路政审批许可的穿（跨）、架（埋）

管线和其他工程项目的施工作业。

h.检查超限运输车辆的审批许可手续，对已办理通行证的超限运输车辆提供有效的防护措施，督促其按规定的时间、时速、车道行驶，必要时安排巡查车辆护送。

i.查处损害公路路面的履带车、铁轮车。

j.监督考核养护员日常养护工作，及时清理路面和桥涵上的危险物。

③巡查规范：

a.一般情况下，要求巡查小组为2—3人，由当班巡查小组长负责，组长不在时指定一人为当班负责人乘坐位置为：正驾驶位、副驾驶位、后排左侧位。

正驾驶位负责驾驶车辆，保障行车安全并观察路面情况；副驾驶位担任主要巡查工作，查看右侧标志牌、路肩、边坡、桥涵通道、防撞护栏、建筑控制区、绿化带和施工现场；后排左侧位担任辅助巡查工作，巡查左侧情况；当班负责人负责巡查日志填写和记录工作，并对本小组巡查质量、作风纪律、案件处理及安全负领导责任。

b.巡查时间一般为上午8：00—11：30，下午14：00—17：00，可根据季节变换和实际情况进行调整。

c.巡查要求如下。

a）巡查对象为管辖片区内所有的县道、乡道及重要村道。

b）巡查车辆应遵守交通法规，开启示警灯、通信电台等设备，车速一般不超过40km/h，不能影响其他车辆正常行驶，夜间或恶劣天气行车时应减速慢行。

c）巡查车不得随意驶出管辖片区，巡查车内未经批准不得私自搭载与工作无关的人员

d）巡查中巡查人员不得与驾驶员闲谈或有其他妨碍驾驶员操作的行为。

e）巡查人员应着装整齐，统一着路政制服、黑色皮鞋，戴头盔，上路着反光背心，保持风纪严整，言行举止端正，认真履行巡查职责。

f）巡查中不得吃零食、抽烟、看报纸、玩游戏机、闲谈或者从事其他与巡查无关的事情，非强光天气不得戴墨镜。

g）发现紧急情况需停车处理调查时，应在确保安全的情况下，选择适当的位置停车，按规范设置安全标志，开启应急灯、示警装置，并从右侧车门下车。

h）应将巡查及处理情况及时在巡查日志上详细记载，巡查结束后由巡查组长检查汇总。

④巡查处置：

a.巡查中发现违法违章案件，证据确凿、适用简易程序的，应按规定当场予以处置适用一般程序的，应认真调查、取证、拍照、摄像，做好询问笔录、勘察笔录，并制止违法行为。

b.巡查中发现违章建筑物，应立刻停车，调查基本情况认真测量该建筑的占地面积和占用红线内的实际面积，责令停工，要求其恢复原状，并下达相关执法文书不接受处理的，经上报同意后采取强制措施。

c.巡查中遇有交通事故等突发事件时，须立即报告公安交警、大队或中队负责人，同时设立警戒区、安全标志，保护现场，抢救遇难人员，组织人员及车辆撤离危险区如造成路产

损失，应认真调查取证，勘察路产损失，按照公路赔（补）偿程序进行处理，及时通知养护单位，将障碍物清扫干净，在事故发生地使用安全标志牌，及时通知养护单位修复路产。

d.巡查中发现有路产损失且肇事车辆已逃逸的，应立刻停车勘验现场情况，收集证据，通知公安部门，说明车辆特征并做好相关记载发现有路产设施丢失或破损的，应立即勘验现场，查找证据，向辖区内公安派出所报案，协助民警到就近村庄、废品收购场所查找，并联合当地公安部门对偷盗行为进行查处。

e.巡查中发现路面障碍物影响行车安全时，巡查人员应及时清理；不能当场清理的，立即做好临时安全保障措施，并通知养护部门采取相关措施进行清理。

f.巡查中遇有故障车，应主动停车询问并提供帮助；影响交通安全的，应立即设置临时安全警示标志，通知大队调派清障车辆施救。

g.巡查施工作业现场以及路政许可事项的执行情况时，对不规范的行为当场予以纠正，对不服从管理的，责令其暂停作业直至规范为止巡查中，主要查看施工人员是否统一着反光标志服，现场安全员是否实施安全巡查，查看现场标志牌设置是否规范，将现场情况做好登记。

⑤巡查总结：

巡查完毕后，巡查小组负责人应列队讲评总结一日工作情况，检查巡查日志登记情况，及时向大队外业办主任或中队负责人汇报一日工作情况，并及时处理路政案件、巡查日志登网、路产报修，交接班等工作。

（2）徒步巡查：

徒步巡查是对驾车巡查工作的补充和强化，重点对驾车巡查中不易发现的情况进行巡查，以保护路产、维护路权为目的，及时掌握公路完好状况。

徒步巡查包含两个部分：一是养护员的日常养护巡查，并将巡查结果及时报告路政中队或大队；二是由路政中队组织实施，组织路政员每月至少开展2次徒步巡查，根据养护员巡查报告中的公路状况，每次选择重点路段巡查6—9km。

①巡查内容：

a.检查桥梁、隧道的通行状态，查看是否有堆放易燃物、侵占公路用地范围、擅自取土、架设电线电缆、埋设管道等行为。

b.检查公路涵洞情况，查看是否有占道、堵塞、堆放易燃物等情况。

c.检查路基边坡和河床是否有滑坡、挖沙、取石、扩宽河床等现象。

d.检查红线控制区，查看是否有违章建筑、占道摆摊设点等现象。

e.检查安全保护设施，查看标志标牌、防撞护栏（墙）等的完好情况，查看是否有非法设置的标志标牌。

f.检查边坡排水沟情况，查看是否有堆放物、排水是否畅通。

g.走访沿线群众，调查了解周边动态。

②工作规范：

a.路政员巡查时统一戴头盔，穿着制服、反光标志服，携带执法证件。

b.在执行公务时应当注意仪容仪表，在执法过程中讲究文明执法，先敬礼，再出示证件表明身份，然后处理问题。

c.认真对待当事人或社会各界人士的咨询，耐心解说，自觉接受社会监督。

d.应携带徒步巡查记录本，认真对照徒步巡查内容，逐一巡检并登记。

e.巡查结束后，根据徒步巡查情况，针对发现的问题，研究整治措施。

（3）巡查交接及信息交流：

①巡查车辆及其设备的交接：

巡查结束返回驻地后，车辆及其设备由驾驶员向专管人员交接，交接时必须仔细检查车辆的各个部位，确保车辆处于良好状态，无安全隐患，确保车辆设备（包括警报器、车辆固定电台、车辆备用轮胎、随车工具包、灭火器材等）性能良好、无缺损现场填写车辆及其设备交接表并签字认可。

②路政执法装备及执法文书的交接：

交接的路政执法装备包括电脑、PDA、数码相机（摄像机）、电筒、皮尺、勘验箱、反光背心、反光标志筒、头盔、武装带、印泥、停车示意牌等执法文书包括法律法规及规章、询问笔录、勘验检查笔录、勘察图纸、巡查日志等主要是外业巡查组之间的交接，由外业组长或指定人员进行交接，交接人员应对以上内容逐一检查，确保路政执法装备良好和执法文书齐全，确定达到要求后，交接双方应在路政执法装备及执法文书交接栏进行签字。

③当日巡查情况的交接：

a.外业巡查人员之间的交接当日当班外业巡查人员总结巡查工作并填写巡查小结，及时登录到巡查日志上，检查当日巡查日志填写无误后签字移交给接班巡查人员。

b.外业巡查人员与内业人员之间的交接外业巡查人员在当日下班前将巡查情况及时向内业人员反馈，内业人员应及时做好记录，并将当日工作情况及遗留的工作问题向领导汇报，对待处理的问题进行统筹安排。

④巡查信息交流：

当日巡查后，综合巡查信息，大队、中队内组织公路路政管理状况分析会，并将相关信息及时向公安、国土资源、规划、乡（镇）农村公路管理部门通报，重要信息应提交书面文件报告。

2.路政执法管理

路政执法是指路政管理机构根据国家法律、法规、规章的规定，依法保护公路路产、维护路权、保障畅通，对农村公路使用者以及其他相对人所采取的能直接产生法律效果的行政行为，包括路政案件处理、行政处罚、行政许可、行政强制措施等。

路政执法必须符合下列规定：执法主体符合法定的职责权限；严格按法律、法规、规章要求执法；事实清楚，证据确凿，处理适当，程序合法；文书使用规范；执法文明，接受监督。

（1）路政案件处理：

公民、法人或其他组织对公路造成路产损坏的，应依法缴纳路产损坏赔（补）偿费对损坏公路路产的行为，查处、收缴路产赔（补）偿费的工作由路政大队具体实施赔（补）偿案件处理分为简易程序和一般程序。

①简易程序：

简易程序是指对路产损坏事实清楚，证据确凿充分，赔偿数额较小（1000元及以下），且当事人无争议的案件，可以当场进行处理当场处理路产赔（补）偿案件的简易程序如下：

a.路政执法人员（不少于2人）首先敬礼，向当事人出示执法证，表明身份，告知当事人损坏公路路产的违法事实，赔（补）偿路产损失的理由和法律依据，告知当事人享有的陈述、申辩权，听取当事人的陈述和申辩。

b.依法询问当事人、证人，进行勘验并填写公路赔（补）偿案件勘验笔录，由勘验人、记录人分别签名，最后由当事人在当事人栏签名，拒绝签名的，由两名以上执法人员在文书上注明情况，对现场进行拍照存档。

c.制作并送达路产损失赔偿清单，执法人员收取赔（补）偿费后，将赔（补）偿费收据第二联交付当事人。

d.案件处理完毕后，将勘验笔录、事故照片、路产损失赔偿清单交内业人员，内业人员检查复核后归档制卷，并及时向银行缴纳赔（补）偿费。

②一般程序：

有下列行为之一的，适用一般程序：对违法事实需要进一步调查取证的；当事人对认定的违法事实有争议的；当事人对做出决定的依据有异议的；路损金额在1000元以上的；不适用简易程序的其他情形，处理路产赔（补）偿案件的一般程序如下：

a.路政执法人员（不少于2人）应该首先敬礼，向当事人出示执法证，表明身份，告知当事人损坏公路路产的违法事实，处理的理由、依据以及当事人享有的陈述、申辩权。

b.路政执法人员进行调查取证。

a）询问当事人事故发生的时间、地点以及事故发生时的详细情况，依法制作询问笔录

b）对事故现场进行勘验，并制作勘验检查笔录，双方签字按印。

c）拍摄路损照片及事故车辆照片，一般案件拍摄现场全景和局部照片2—5张存档，复杂、重大案件可根据需要拍摄足够的照片，并进行录像。

d）绘制现场勘察示意图，示意图上应标明车牌、桩号、路损明细等，当事人签字按印，绘图人员签名。

e）在调查过程中，需要进行抽样取证的，应填制抽样取证凭证。

f）在证据可能灭失或者以后难以取得的情况下，经大队长批准后，可以现场登记保存，并制作证据登记保存清单。

g）对不属于路产损失赔（补）偿标准范围内的路产损失，应当委托有关单位和人员进行鉴定，制作鉴定意见书。

　　c.初步调查结束后，案件调查人员应制作调查报告，提出处理意见报路政大队负责人审批，并将所有调查文书和事故照片移交内业人员登记存档案件现场调查完后，24h内将案件录入路政管理系统。

　　d.办案人员根据审查或核准意见，制作赔（补）偿通知书，于7日内送达当事人，由当事人在送达回证上注明收到日期、签名，送达人应告知当事人可申请复议或提起行政诉讼。

　　e.处理决定生效后，当事人拒不履行的，路政大队可依法申请人民法院强制执行。

　　f.案件结案后，由办案人员填写结案报告，并将相关文书移交内业人员，由内业人员完成卷宗整理和归档工作。

　　（2）路政行政许可：

　　路政行政许可是指公路路政管理部门根据行政管理相对人的申请，经审查依法赋予其从事公路行政法律、规范所限制事项的权利和资格的行为包括占（利）用公路用地和建筑控制区、设置非公路标志标牌等许可事项的审批。

　　①许可项目：

　　依据相关法律、法规、规定和公布的行政审批事项，农村公路涉路行政许可项目包括：

　　a涉路工程。

　　b.增设非公路标志。

　　c.行道树采伐更新。

　　d.超限运输车辆行驶农村公路。

　　e.铁轮、履带车及其他可能造成路面损坏的机具行驶农村公路。

　　②交通行政许可事项受理地点：

　　区（县）行政审批中心交通运输局窗口。

　　③交通行政许可监督电话、举报方式、法律救济途径：

　　应对外公布交通行政许可监督电话和举报方式，举报方式可以是口头举报或者书面材料举报法律救济途径：申请行政许可，可向区（县）交通运输局陈述、申辩；不服行政许可的，可向区（县）人民政府申请复议或者向人民法院提起诉讼合法权益因交通行政许可实施机关违法实施行政许可受到损害的，可依法要求赔偿。

　　④交通行政许可具体实施：

　　a.涉路工程：

　　申办渠道：占用、利用、穿越、跨越、挖掘农村公路、公路用地、公路建控区，开设平交道口，向区（县）农村公路路政大队提出申请。

　　许可条件：提交申请书，写明事由、地点、安保措施、施工期限、修复措施、补偿数额，提交设计图纸或平面布置图。

　　办理程序及时限：工作日内材料齐全有效的，随时给予受理自受理之日起在20个工作日内进行审查并做出许可或者不予许可的决定，逾期不能做出决定的，经实施机关负责人批准，可以延长10日对于做出准予许可决定的，在10日内向被许可人发放《涉路工程建设许可证》。

b.增设非公路标志：

申办渠道：农村公路、公路用地、公路建控区范围内，增设非公路标志，向区（县）农村公路路政大队提出申请。

许可条件：提交申请书，申请书写明事由、地点、标牌结构、尺寸、内容、颜色、安保措施、标志设置时间、保持期限等事项，提交设计图纸或平面布置图。

办理程序及时限：工作日内材料齐全有效的，随时给予受理自受理之日起在20个工作日内进行审查并做出许可或者不予许可的决定，逾期不能做出决定的，经实施机关负责人批准，可以延长10日对于做出准予许可决定的，在10日内向被许可人发放《非公路标志设置许可证》。

（3）行政强制措施：

路政行政强制措施是指路政管理部门在实施路政管理的过程中，依法对违反公路法律、法规的公民、法人或者其他组织的财产实施暂时性控制或是依法强制其停止违法行为而采取的措施农村公路路政行政强制措施包括暂扣车辆、终止车辆运行及强制拆除适用范围及处理程序如下表所示。

表5-4　行政强制措施适用范围及处理程序表

适用范围	处理程序
对公路造成较大损坏，当场不能处理完毕的车辆	依法责令该车停止行驶并停放在指定场所，按照赔偿程序实施，完毕后，立即放行车辆
在公路用地范围内设置公路标志以外的其他标志	制作并送达告诫书，告知当事人拆除决定的事实、理由及依据，拆除期限和不拆除的后果，并告知当事人依法享有的权利； 复核当事人提出的事实、理由和依据；经督促告诫，当事人不拆除的，制作并送达路政强制措施决定书；制作路政强制措施笔录；实施强制拆除；当事人拒不履行行政处罚决定的，或依法强行拆除受到阻挠的，依法申请人民法院强制执行。

（4）文明执法规范：

路政文明执法从路政微笑服务、执法人员形象、执法文明用语、路政业务工作、接待礼仪、便民服务等方面，进一步深化、细化路政执法流程及规范，形成一套统一的服务标准和工作标准。

①职业道德规范：

路政执法人员应当做到热爱交通、忠于职守、依法行政、廉洁自律、风纪严整、接受监督必须严格按照法定权限，在法定职责范围内实施行政行为，不得推诿或者拒绝履行法定职责严禁越权执法，严禁滥用职权，应当做到清正廉洁、克己奉公，不徇私枉法，不以权谋私严禁利用职权"吃、拿、卡、要"，不得以各种名义索取、接受行政相对人的宴请、礼品、礼金以及消费性的娱乐活动不得使用依法被暂扣或者证据登记保存的车辆以及物品严禁参与和职权有关的各种经营性活动，不得利用职权为配偶、子女及其他亲属从事经营性活动提供便利条件不得向管理相对人借款、借物、赊账、推销产品、报销任何费用或者要求相对人为其提供服务不得弄虚作假，隐瞒、包庇、纵容违法行为，不得为行政管理相对人的违法行为开脱、说情执法人员在驾驶执法车辆时，遇遭受意外受伤、突然患病或者遇险群众的求助，应及时提供可能的帮助和服务。

②执法人员仪容举止：

执法人员应当仪容端庄，保持仪表整洁，并遵守下列要求：保持头发、面部、口腔、手部等清洁、干净、卫生头发要梳理整齐，不得留长指甲，执法时不得以围巾遮面男性行政执法人员不得留长头发、长胡须、长鬓角，不得露光头女性行政执法人员执法时不得头发披肩，不得染指甲、化浓妆、佩戴首饰，不得在制服上挂胸花、胸针等装饰品。

执法人员执法时应当举止文明，保持良好形象，并遵守下列要求：现场执法的身姿、敬礼和手势标准，参照现行规定执行指挥车辆手势要明确、利索、规范两名及以上行政执法人员着装徒步巡查或者外出时，应当两人成行、三人及以上成列，做到威严有序外出时，应当遵守公共秩序和社会公德，维护公路行政执法人员的良好形象在行政相对人情绪激动或有过激言行时，应当冷静处理，以理服人，不得针锋相对，激化矛盾如遇暴力抗法，应当沉着应对，及时报警，注意自身安全，防止事态失控。

a.正确处理不明真相群众的反应

当遇到不明真相群众阻挠执法时：你们好！我们是 XX 单位路政执法人员，我们正在依法执行公务，可能耽搁你们的旅途时间，或给你们的生产、生活带来不便，敬请谅解如对我们的执法工作有意见，欢迎提出批评建议，谢谢。

b.不断改进交通文明执法方式

执法结束前：欢迎您对我们的工作提出改进意见或建议，谢谢您的支持与配合

执法结束后：耽误您的宝贵时间，谢谢您的合作祝一路平安、愉快，欢迎下次再来 XX 地方，再见。

c.树立交通文明执法新形象

当服务对象来执法单位办事时：您好，欢迎您来我队办事我是 XX 工作人员，很高兴能为您提供服务或帮助。

当服务对象离开执法单位时：您好，您需要办理的事项已办结，或请您下次来时带齐 XX 票、证，XX 表格等资料，或请您下次来时按 XX 程序办理，谢谢您的支持与配合，再见。

③驻地办公室文明执法规范：

大队、中队驻地通过在办公场所设置公示栏、电子显示屏、公众查阅室、电子触摸屏、公示栏、活页材料等形式，向管理相对人公示办事指南、执法主体（执法人员）、执法依据、执法程序、收费项目及标准、执法结果、监督方式等情况。

办公人员在上班时间做到仪容仪表整洁、佩证上岗；不迟到、不早退、不擅离职守；不得做与本职工作无关的事，不得上网聊天、炒股、玩游戏、看影视剧等工作时间，窗口工作人员保持办公桌面的工作资料、办公用品摆放整齐，保持办公场所环境卫生整洁，为相对人

提供必要的服务。

办公人员在接待客人时注意：对来访的客人，应马上起身相迎，主动打招呼问候，让座倒水；微笑问答，礼貌待客，不可情绪急躁，东张西望，不时看表，做出很不礼貌的行为；对客人提出的问题有问必答，讲解清楚，不知道或不甚了解的问题，转告客人，待问清情况后再作答复；对不认识的客人来访，应热情接待，当客人递名片时，应站起双手相接，然后认真看一看，存放起来。

3.应急保障管理

应急保障管理是路政管理的一项重要职责应急保障管理要采取多方协作机制，完善恶劣天气、自然灾害、重特大事故等应急措施，提升公路安保能力，消除安全隐患，保证公路畅通应加强路政执法人员遇到此类情况的应变以及处理能力，及时、有效地处理各种影响车辆正常通行的紧急情况，保障公路畅通。

（1）应急保障机制：

公路应急管理的主要力量是各公路养护管理单位、交警部门，根据实际情况再通知急救、消防、环保、公安、安监等部门参与在处置过程中，公路管理单位主要负责监控、报警、联络，路政部门负责保护路产路权和维护秩序，交警部门负责交通秩序管理、事故责任认定和治安刑事案件，急救部门负责人员伤亡处理，消防部门则负责火灾、危化品泄漏的处置环保、公安、安监部门则视情况分别参与环境污染、重大治安刑事案件和重大安全生产事故的处理因此，应加强农村公路应急管理机制建设，提升应急管理效率。

①监测预警机制：

真正有效的应急管理，不仅表现在事件发生以后的应对能力，还要求在事件发生前，有充分的预见和周到的防范突发事件的监测预警，首先要健全公路交通信息采集、监测和反馈系统，要充分利用多种信息采集方式，包括监控设施、人工巡查、报警电话等，尤其是要利用农村公路养护员、沿线村民的信息源作用，对现有的道路状况和交通信息进行统计、分析和数据挖掘，及时发现异常情况，及早发出预警信息其次要联合地方气象部门，建立公路气象灾害预报预警系统，以便对可能发生的灾害性天气和地质灾害及时采取预警和应对措施最后，要大力发展信息化智能交通建设，充分应用 GIS/3G 技术等各种高科技技术和手段，构建公路应急管理系统平台，提高对各种信息的自动采集和分析处理效率，把握应急处置的先机。

②资源准备机制：

资源准备是公路应急管理中最为基础性的内容，资源的储备水平与抗风险能力是成正相关的因此，应当加强对公路应急管理资源的全盘考虑和统筹规划，一是建立应急救灾物资储备系统，针对公路可能发生的突发紧急情况，储备应急所需的工程机械、救灾物资、运输设备、专用器材和特殊场所（如危化品储存仓库等），确保紧急情况下能随时调用二是提供后备支援力量，动员社会力量作为公路应急管理的坚实后盾，加大路地共建力度，保障公路安全畅通。

③统一联动机制：

公路应急管理各部门应当建立畅通及时的通信系统，做到资源互享、信息互通、人员互动，在政府应急管理机构的统一指挥协调下，形成合力，全力开展应急处置和救援工作。

④快速反应机制：

据现有研究表明，突发事件的响应时间每缩短 1min，事件清除时间可缩短 4—5min；在事故发生后 30min 内死亡的人数占总死亡人数的 85% 以上，如果有效救援能在 30min 内实现，事故致死率将大为降低因此，建立快速反应机制，对于减少人员伤亡和缩短事件清除时间，具有重要意义，是公路应急管理中至关重要的原则要实现快速反应，首先要在管辖片区合理分配和布局救援力量，采取就近调度；其次要不断改进应急救援装备，提高救援能力；最后要强化各部门预警和值班管理，明确制订接处警响应时间，科学量化指标，切实保障处置救援效率。

⑤信息发布机制：

良好的信息沟通机制可以保证信息准确、及时地传递，以便政府及职能部门快速制订突发事件应对的政策和决策，因此，在应急管理过程中，要充分重视公民的知情权，建立统一协调的信息发布机制，为处置突发事件营造有利的舆论环境要运用信息网络技术，实现各部门信息及时沟通以及整个社会资源的协同运作。

（2）应急事件处置：

①恶劣天气的处置：

a.与气象部门建立联系机制，做好恶劣天气处置预案加强巡查，发现雨、雪、冰、雾等恶劣天气时，立即将天气信息、路面信息上报中队或大队，以及公安交警部门。

b.做好恶劣天气情形下的人员和物资安排，确保道路的安全畅通和事故的及时处理。

c.路政和清障人员在各自岗位待命，随时做好出巡处置准备。

d.配合养护等部门做好防滑防冻等处置工作，雾天能见度低、冰雪严重时可协助交警做好交通管制工作。

（三）路政内务及科技化管理建设

路政内务和科技化管理是路政执法及日常管理的重要组成部分，是记载路政执法过程和结果、反映路政管理动态等工作的基础性资料，是提高路政工作效率和质量的重要保障，加强路政内业管理的规范化、制度化、程序化、法制化，有利于更好地指导路政执法及日常管理工作。

1.路政报表

路政报表由内业负责，按照规定式样和标准，定期填写各种统计报表，以中队、大队名义上报的报表应有负责人签字并加盖公章在每月末、季末、年末按规定格式填写路政管理综合报表，综合报表内容：本月（季度、年度）路政管理概述及下月（季度、年度）工作要点、路政申请事项统计表、路政案件综合报表、交通事故案件综合报表、待处案件登记表。

2. 票据管理

（1）收据领用和核销：

收据统一向上级部门申领和发放；路政大队使用收据由综合办人员负责领取和保管，并建立收据使用登记台账；路政员移交领用收据时应认真清点，如发现空号、跳号、缺页时，及时报告内业人员，否则后果由使用人员负责。

（2）收据使用：

路政人员使用、填写收据时，内容应齐全完整，字迹要清晰规范，注明填写时间、缴费人姓名、车牌号、案卷编号等内容，并由收款人、缴款人签字后，将第二联交付当事人，使用完应将整本收据和收缴款项交回大队指定人员；路政人员在收据使用过程中不得跳页或缺页，因填写失误等情况造成收据不能使用时，应立即注明"作废"字样。

3. 路政档案

路政档案应设置合理、立卷规范，确保档案安全由综合办公室负责收集整理、立卷归档和管理路政档案，为农村公路行政执法和日常管理积累档案资料根据路政管理的实际，结合档案文书管理的要求和规范，按照"分门别类、一案一档"的原则设立路政档案管理按国家档案管理规定的格式、期限以及标准的卷宗和档案封面进行装订、保管。

路政管理的台账、报表、档案目录等尽量使用计算机录入和打印，执法文书、档案封面等需要填写的栏目，一律使用黑色墨水笔填写执法文书必须严格按照填制规则进行填写。

档案文书的查阅和借阅应按规定严格管理法律性文书档案不得外借使用，查阅应填写查阅登记表内部执法人员需查阅的，应报负责人批准；其他人员需查阅的，应提出书面申请报批。

专人负责路政档案管理工作，具体负责路政档案的设置、整理、归档和管理工作。

（1）公路路政赔（补）偿案件档案：

①简易程序的案件档案：

简易程序的案件档案是指路产损坏事实清楚，证据确凿充分，赔偿数额较小（1000元及以下），且当事人无争议的案件，当场进行处理所形成的文书案卷档案文书立卷顺序：公路路政案件勘验检查笔录、专用票据（复印件）、其他材料按年度和一月一装订的原则立卷归档，按月打印封面和目录并装订，一月案件合并立一卷，一年度案件装一盒简易程序的案件不编写案号。

②一般程序案件档案：

一般程序案件档案是指按照一般程序处理，赔偿数额在1000元以上公路赔（补）偿案件所形成的文书案卷档案文书立卷顺序：卷宗封面、卷宗目录、赔（补）偿决定书、赔偿清单、立案报告、勘验笔录、询问笔录、事故现场勘验图、现场勘察照片、抽样取证凭证、证据登记保存清单、鉴定意见书、调查报告、送达回证、收据、结案报告、专用票据（复印件）按年度和一案一号、一案一卷的原则装订、立卷、归档，可以数卷（一般为10卷）装一盒案号编排：参照机关公文号进行填写，即所在地简称+执法部门简称+文书简称+顺序号。

（2）行政处罚案件档案：

行政处罚案件档案是指处罚违反国家有关路政管理法律法规的当事人所形成的文书案卷档案。

①简易程序的案件档案：

文书立卷顺序：卷宗封面、文书目录、询问笔录、交通行政（当场）处罚决定书、罚没款专用收据（复印件）按年度和一案一号的原则立卷归档按个案一案一装订，10 个案件合并立一卷，可以数卷（一般为 10 卷）装一盒案号编制：交罚字＋执法单位所在地代码＋执法门类代码＋顺序号执法单位所在地代码参照机动车号牌代码编定。

②一般程序的案件档案：

文书立卷顺序：卷宗封面、卷宗目录、交通行政处罚案件询问笔录、勘验检查笔录及勘验图、抽样取证凭证、证据登记保存清单、鉴定意见书、交通违法行为调查报告、交通违法行为通知书、交通行政处罚决定书、送达回证、结案报告、罚没款专用收据（复印件）按年度和一案一号、一案一卷的原则装订、立卷、归档，可以数卷（一般为 10 卷）装一盒案号编制：罚字 [**]N 号，其中 ** 代表年份；N 代表案件流水号。

（3）违法建（构）筑物档案：

违法建（构）筑物档案是指对违反有关路政管理法律法规设置建（构）筑物、非公路标志牌、占（利）用公路用地的案件处理所形成的案卷文书档案文书立卷顺序：卷宗封面、卷宗目录、询问笔录、勘验检查笔录及勘验图、交通违法行为调查报告、交通违法行为通知书、限期拆除通知书、送达回证、结案报告（涉及采取强制措施的，按交通运输部下达的新执法文书格式执行）按年度和一案一号、一案一卷的原则装订、立卷、归档，可以数卷装一盒案号编制：拆字 [**]N 号，其中 ** 代表年份；N 代表案件流水号。

（4）路政许可档案：

路政许可档案是指处理除公路防护、养护外，占（利）用公路、设置管线或超限运输等申请事项所形成的文书档案文书立卷顺序：档案封面、档案目录、当事人书面申请及具体设置方案（包括路政管理部门认为应该提供的其他资料）、路政管理许可申请表、占（利）用公路许可证、占（利）用公路协议书按年度和一事一卷的原则装订、立卷、归档，可以数卷装一盒案号编制：许可 [**] 字第 N 号，其中 ** 代表年份；N 代表流水号。

（5）统计报表档案：

统计报表档案是指根据上级要求上报的各类统计报表和专项报表所形成的档案，按路政管理报表、其他报表分别建立档案，并按年度及形成时间顺序归档。

①路政管理报表：根据上级规定上报的各类路政管理报表，包括各类日报、月报、年报等。

②其他报表：除路政管理常规报表外，其他如春运、防汛等专项报表。

（6）路政巡查档案：

归集巡查日志，按年度及形成时间顺序归档。

（7）路产档案：

按照片区责任制，分区分路段建立路产信息库资料，由管片责任人定期对路产的更新进行统计并归档。

（8）路政管理人员档案：

路政管理人员档案包括人员名册、人员登记表、月度考核记载表、个人年度工作总结、年度奖惩情况登记表，按形成时间归档。

（9）路政装备档案：

归集路政装备及资产领取和使用的基本情况，建立装备汇总表、路政员装备领用卡（一人一卡）和装备台账（一物一台账）。

（10）公文档案：

对所收发的文件档案，按年度进行立卷归档

①收文档案：归集所有收到的文件，按时间顺序进行登记可以合并设置，也可以根据不同来文单位分类设置。

②发文档案：归集本单。位发出的文件，按时间顺序进行登记应将发出文件的原稿和正式文件一并建档、归档

③传真：归集收到的传真资料。

④信息简报：归集收到的各类信息简报。

⑤会议材料档案：按一般性会议材料、重大会议材料、会议记录纪要等类别设置年底参照档案管理办法有关规定对当年所有的公文档案进行统一整理归档。

（11）护路协作联防档案：

归集护路联防工作情况的文件和资料包括护路联防协议，养护员（路政协管员）基本资料，与联防部门共同开展法制宣传、联合整治等共建活动的方案、举措、成效等书面资料和声像资料。

（12）路政宣传档案：

①路政法制宣传档案：归集路政管理有关的法律法规和规章制度，以及进行路政法制宣传活动情况的资料。

②文明行业创建档案：归集各类好人好事、表彰、获奖情况；各类群众来信、来访、举报的处理和惩处情况；行风监督和评议情况的资料；各级领导视察路政工作的重要指示、讲话、声像资料等。

③发表新闻稿件档案：归集本单位在各类新闻媒体上发表或报道的文字、图片、声像资料等。

（13）路政台账：

根据路政工作及档案归档的需要，建立路政台账。

①公路赔（补）偿案件台账：按案发时间顺序登记辖区内发生的赔（补）偿案件，按年度归人公路赔（补）偿案件档案保存。

②违法建（构）筑物台账：按案发时间顺序登记辖区内发生的违法建（构）筑物、非公

路标志牌、占（利）用公路等情况和处理结果，按年度归入违法建（构）筑物档案保存。

③路政许可台账：按受理时间的顺序登记占（利）用公路用地、设置管线、超限运输等许可事项，按年度归入路政许可档案保存。

④行政处罚台账：按案发时间顺序登记辖区内的行政处罚案件，按年度归入行政处罚档案保存。

4. 路政信息管理

（1）基础信息管理：

路政信息主要包括：政务信息（与路政管理有关的法律法规、政策文件等）、公路信息、路政动态信息（路政巡查中所采集的资料及对有关事件的处理过程和结果）。

路政内业人员为专职信息员路政信息采取简报的形式，不定期上报下传路政信息的采集、筛选、加工、编发必须情况真实、数据准确上报信息须经领导签发，反馈信息要及时送领导阅处，确保路政信息的时效性，一事一报、急事急报、不迟报、不漏报、不瞒报。

（2）路政案件的录入、处理：

路政执法人员（不少于 2 人）对事故现场勘验完毕后，在现场使用路政移动办公设备，进入路政管理网络系统对案件进行录入如遇特殊情况在现场无法对案件进行登入的，由现场办案人员在现场调查完毕后 24h 内录入。

第三节　农村路政管理基础理论分析

一、路政管理的定义与性质

（一）路政管理的定义

"路政管理"一词，在公路管理中有三种定义。

第一种是最广义的路政管理，泛指国家、政府、交通主管部门、公路管理机构对公路进行的行政管理，包括对公路规划、建设、养护、路政、收费、监督检查进行的行政管理例如北京市路政局行使的路政管理职能，即为该定义。

第二种是最狭义的路政管理，特指《中华人民共和国公路法》第五章规定的交通主管部门、公路管理机构对公路进行的保护，即《中华人民共和国路政管理规定》第 2 条规定的"县级以上人民政府交通主管部门或者其设置的公路管理机构，为维护公路管理者、经营者、使用者的合法权益，根据《中华人民共和国公路法》及其他有关法律、法规和规章的规定，实施保护公路、公路用地及公路附属设施（以下统称'路产的行政管理"）。

第三种是介于第一种和第二种之间的路政管理，指交通主管部门、公路管理机构依照《公路安全保护条例》对公路实施的保护，包括狭义的路政管理和对养护的行政管理。

（二）路政管理的性质

无论哪一种定义，对路政管理性质的认识都是一致的，即路政管理是行政行为这一定性的主要法律依据是《公路安全保护条例》的第 5 条规定：县级以上人民政府应当将政府及其有关部门从事公路管理、养护所需经费以及公路管理机构行使公路行政管理职能所需经费纳入本级人民政府财政预算这里既从职能上保障了"行使公路行政管理职能"，又从财政预算体制落实了政府的财政保障义务。

路政管理的范围即公路安全保护的范围，依据《中华人民共和国公路法》和《公路安全保护条例》的规定，包括路产、公路建筑控制区、公路规划控制区、公路安全保护区以及其他涉及公路安全保护的区域。

二、路政管理的范围

（一）路产

公路、公路附属设施、公路用地，可以统称为路产。

（1）公路：

《中华人民共和国公路法》没有规定公路的定义，但公路的定义是法定名词《中华人民共和国公路管理条例》第 39 条规定："公路"是指经公路主管部门验收认定的城间、城乡间、乡间能行驶汽车的公共道路这一定义随着 2011 年 7 月 1 日《中华人民共和国公路管理条例》的废止而停止使用因此是否公路，采用公路登记的办法进行确定。

公路的范围，根据《中华人民共和国公路法》第 2 条第 2 款规定——"本法所称公路，包括公路桥梁、公路隧道和公路渡口"确定。

公路的分类，按技术等级可以分为高速公路、一级公路、二级公路、三级公路、四级公路；按行政等级可以分为国道、省道、县道、乡道、村道。

（2）公路附属设施：

《中华人民共和国公路法》第 52 条第 2 款规定：公路附属设施是指为保护、养护公路和保障公路安全畅通所设置的公路防护、排水、养护、管理、服务、交通安全、渡运、监控、通信、收费等设施、设备以及专用建筑物、构筑物等。

（3）公路用地

根据《中华人民共和国公路法》第 34 条"县级以上地方人民政府应当确定公路两侧边沟（截水沟、坡脚护坡道，下同）外缘起不少于 lm 的公路用地"的规定，确立了公路用地的法律制度。

（二）公路建筑控制区

《中华人民共和国公路法》第 56 条第 1 款规定：除公路防护、养护需要的以外，禁止在公路两侧的建筑控制区内修建建筑物和地面构筑物；需要在建筑控制区内埋设管线、电缆等设施的，应当事先经县级以上地方人民政府交通主管部门批准其中"公路两侧的建筑控制区"简称为公路建筑控制区公路建筑控制区是行政法律制度，不是民事法律中土地的物权制度，因此不是路产《中华人民共和国公路法》设立这一制度是基于保障公路运行安全，因此其本质是对于公路两侧的建筑控制区内的土地使用进行行政法的限制，在限制制度外不影响土地使用者的其他合法权益。

根据《中华人民共和国公路法》第 56 条第 2 款"前款规定的建筑控制区的范围，由县级以上地方人民政府按照保障公路运行安全和节约用地的原则，依照国务院的规定划定"的规定，公路建筑控制区的划定主体是县级以上地方人民政府，县级以上地方人民政府可以采用公告等方式进行行政确认公路建筑控制区的界限应当依照国务院的规定划定国务院的规定是指《公路安全保护条例》第 11 条"公路建筑控制区的范围，从公路用地外缘起向外的距离标准为：国道不少于 20m，省道不少于 15m，县道不少于 10m，乡道不少于 5m 属于高速公路的，公路建筑控制区的范围从公路用地外缘起向外的距离标准不少于 30m 公路弯道内侧、互通立交以及平面交叉道口的建筑控制区范围根据安全视距等要求确定""不少于"是指县级以上地方人民政府划定的最低线。

（三）公路规划控制区

《中华人民共和国公路法》第 18 条规定：规划和新建村镇、开发区，应当与公路保持规定的距离并避免在公路两侧对应进行，防止造成公路街道化，影响公路的运行安全与畅通这里所指"保持规定的距离"即公路规划控制区，其目的是防止公路街道化，影响公路的运行安全与畅通。

关于规定的距离，《公路安全保护条例》第 14 条有"新建村镇、开发区、学校和货物集散地、大型商业网点、农贸市场等公共场所，与公路建筑控制区边界外缘的距离应当符合下列标准，并尽可能在公路一侧建设：①国道、省道不少于 50m；②县道、乡道不少于 20m"的规定因此，从公路建筑控制区边界外缘起算，国道、省道不少于 50m，县道、乡道不少于 20m 的距离为公路规划控制区。

（四）公路安全保护区

《中华人民共和国公路法》第 47 条第 1 款规定：在大中型公路桥梁和渡口周围 200m、公路隧道上方和洞口外 100m 范围内，以及在公路两侧一定距离内，不得挖砂、采石、取土、倾倒废弃物，不得进行爆破作业及其他危及公路、公路桥梁、公路隧道、公路渡口安全的活动其中"大中型公路桥梁和渡口周围 200m、公路隧道上方和洞口外 100m 范围内，以及在公路两侧一定距离内"的规定，就是公路安全保护区的法律依据公路安全保护区是行政法律制度，《中华人民共和国公路法》设立这一制度是基于保障公路建筑物的安全，因此其本质是对于公共产品、公益设施安全的保护《中华人民共和国公路法》设立的这一制度，与民事法律中物权相邻安全关系是一致的。

为解决《中华人民共和国公路法》中特大桥梁和在公路两侧一定距离内没有详细规定的问题，《公路安全保护条例》第17条有"禁止在下列范围内从事采矿、采石、取土、爆破作业等危及公路、公路桥梁、公路隧道、公路渡口安全的活动：①国道、省道、县道的公路用地外缘起向外100m，乡道的公路用地外缘起向外50m；②公路渡口和中型以上公路桥梁周围200m；③公路隧道上方和洞口外100m"的规定其中，"中型以上公路桥梁"包括了特大桥梁；"国道、省道、县道的公路用地外缘起向外100m，乡道的公路用地外缘起向外50m"，即是"公路两侧的一定距离"。

（五）其他涉及公路安全保护的区域

《公路安全保护条例》第18条—第23条，还规定了涉及公路安全的重大危险源安全距离区、抽取地下水及架设浮桥控制区、禁止采砂区、桥区、疏浚作业控制区等这些区域的保护由其他部门实施。

三、路政执法管理的行为种类

（一）路政许可

路政许可，是指交通主管部门或者公路管理机构根据公民、法人或者其他组织的申请，经依法审查，准予其从事《中华人民共和国公路法》、《公路安全保护条例》规定的特定活动的行为。

1. 公路管理机构路政许可的项目与依据

（1）更新采伐护路林的许可：依据是《公路安全保护条例》第26条。

（2）涉路施工的许可：依据是《公路安全保护条例》第27条，包括修建铁路、机场、供电、水利、通信等建设工程需要占用、挖掘公路、公路用地或者使公路改线；跨越、穿越公路修建桥梁、渡槽或者架设、埋设管道、电缆等设施；在公路用地范围内架设、埋设管道、电缆等设施；利用公路桥梁、公路隧道、涵洞铺设电缆等设施；利用跨越公路的设施悬挂非公路标志；在公路上增设或者改造平面交叉道口；在公路建筑控制区内埋设管道、电缆等设施。

（3）公路超限运输的许可：依据是《公路安全保护条例》第35条，适用于车辆载运不可解体物品，车货总体的外廓尺寸或者总质量超过公路、公路桥梁、公路隧道的限载、限高、限宽、限长标准，确需在公路、公路桥梁、公路隧道行驶的。

（4）公路养护资质的许可。

（5）铁轮车、履带车和其他可能损害公路路面的机具在公路上行驶的许可：依据是《中华人民共和国公路法》第48条。

（6）在公路用地范围内设置非公路标志的许可：依据是《中华人民共和国公路法》第54条。

2. 实行联合许可的事项

确需在中型以上公路桥梁跨越的河道上下游各1000m范围内抽取地下水、架设浮桥以及修建其他危及公路桥梁安全的设施，应当经水利行政主管部门、流域管理机构等有关单位会同公路管理机构批准，并采取安全防护措施方可进行。

3. 实行安全确认的事项

在公路桥梁跨越的河道上下游各500m范围内依法进行疏浚作业的，应当符合公路桥梁安全要求，经公路管理机构确认安全方可作业。

4. 公路管理机构行政许可需要征求其他部门意见的事项

（1）涉路施工活动行政许可：公路管理机构对影响交通安全的，应当征得公安机关交通管理部门的同意；涉及经营性公路的，应当征求公路经营企业的意见。

（2）公路超限运输行政许可：公路管理机构在审批超限运输申请时，应当征求公安机关交通管理部门意见。

（二）路政处罚

路政处罚，是指交通主管部门或者公路管理机构对违反《中华人民共和国公路法》、《公路安全保护条例》的行为，实施的行政制裁从《中华人民共和国公路法》、《公路安全保护条例》授权给公路管理机构的范围来看，公路管理机构的行政处罚种类有：罚款、没收违法所得、吊销其资质证书。

（三）路政强制

1. 路政强制定义与分类

路政强制是指交通主管部门或者公路管理机构对违反《中华人民共和国公路法》、《公路安全保护条例》的行为，为保障行政案件处理的正常进行和行政处罚的执行，采取的行政强制措施和行政强制执行。

路政管理行政强制有两类：一是行政强制措施，包括扣留车辆、没收超限运输车辆通行证、没收伪造或变造的超限运输车辆通行证、强制拖离、扣留工具；二是行政强制执行，包括拆除、对扣留的车辆或工具依法处理等。

常用的路政强制如下：

（1）扣留车辆，适用范围为五种情形：经批准进行超限运输的车辆，未按照指定时间、路线和速度行驶的，责令改正后拒不改正的；未随车携带超限运输车辆通行证的；采取故意堵塞固定超限检测站点通行车道、强行通过固定超限检测站点等方式扰乱超限检测秩序的；采取短途驳载等方式逃避超限检测的；造成公路、公路附属设施损坏，拒不接受公路管理机构现场调查处理的。

（2）扣留工具，适用范围为造成公路、公路附属设施损坏，拒不接受公路管理机构现场调查处理的。

2. 路政行政强制的流程

实施路政行政强制措施的程序如下：

（1）实施前须向行政机关负责人报告并经批准。

（2）由两名以上行政执法人员实施。

（3）出示执法身份证件。

（4）通知当事人到场。

（5）当场告知当事人采取行政强制措施的理由、依据以及当事人依法享有的权利、救济途径。

（6）听取当事人的陈述和申辩。

（7）制作现场笔录。

（8）现场笔录由当事人和行政执法人员签名或者盖章；当事人拒绝的，在笔录中予以注明。

（9）当事人不到场的，邀请见证人到场，由见证人和行政执法人员在现场笔录上签名或者盖章。

情况紧急需要当场实施行政强制措施的，行政执法人员应当在24h内向行政机关负责人报告，并补办批准手续行政机关负责人认为不应当采取行政强制措施的，应当立即解除。

实施路政行政强制执行的程序如下。

（1）事先书面催告履行义务：催告应当以书面形式做出，并载明履行义务的期限；履行义务的方式；涉及金钱给付的，应当有明确的金额和给付方式；当事人依法享有的陈述权和申辩权。

（2）听取当事人陈述和申辩：行政机关应当充分听取当事人的意见，对当事人提出的事实、理由和证据，应当进行记录、复核当事人提出的事实、理由或者证据成立的，行政机关应当采纳。

（3）做出强制执行决定：经催告当事人逾期仍不履行行政决定，且无正当理由的，行政机关可以做出强制执行决定书，决定书载明当事人的姓名或者名称、地址；强制执行的理由和依据；强制执行的方式和时间；申请行政复议或者提起行政诉讼的途径和期限；行政机关的名称、印章和日期。

3. 法律法规上的农村公路管理体制

农村公路不是法律法规上的名词，在法律法规上县道、乡道和村道的管理体制如下：

（1）县道：根据《公路安全保护条例》的规定，县道的管理（包括路政管理和养护管理）

应当由公路管理机构负责，养护实施由具有资质的养护单位实施。

（2）乡道：根据《公路安全保护条例》的规定，乡道的管理（包括路政管理和养护管理）应当由公路管理机构负责，养护法定义务主体是乡人民政府，养护实施由具有资质的养护单位实施。

（3）村道：根据《公路安全保护条例》的规定，村道的保护由乡人民政府参照《公路安全保护条例》中乡道的管理规定实施法律法规与政策不一致时，应当执行法律法规。

四、农村公路路政管理法律法规适用特殊性

对于国道、省道的路政管理，《中华人民共和国公路法》、《公路安全保护条例》是完全适用的对于农村公路的路政管理，《中华人民共和国公路法》、《公路安全保护条例》的适用是有特殊性的：一是县道、乡道完全适用；二是村道仅"参照"适用。

考虑到乡镇人民政府无专职人员，而县级农村公路管理机构有专业人员，因此根据《中华人民共和国行政处罚法》、《中华人民共和国行政许可法》的规定，由乡镇人民政府委托县级农村公路管理机构进行路政和养护的管理，并以聘任路政协管员的方式实施乡镇人民政府可与县级农村公路管理机构签订村道路政管理委托协议，这样从法律上来保证村道路政执法的专业性、权威性和有效性。

（一）主体特殊性

国道、省道的路政管理（包括狭义路政管理和养护行政管理）主体是公路管理机构，其管理是行政行为养护实施由具有资质的养护单位负责，其行为是企业行为。

农村公路中县道的路政管理（包括狭义路政管理和养护行政管理）主体是地方公路管理机构，其管理是行政行为养护实施由具有资质的养护单位负责，养护单位行为是企业行为。

农村公路中乡道的路政管理（包括狭义路政管理和养护行政管理）主体是地方公路管理机构，其管理是行政行为养护法定义务主体是乡级人民政府，其行为属于政府招标行为养护具体实施可以招标，由具有资质的养护单位负责，养护单位行为是企业行为。

农村公路中村道的路政管理（包括狭义路政管理和养护行政管理）主体是乡级人民政府，其管理是行政行为养护的实施没有法律法规规范。

（二）农村公路路政管理内容的特殊性

农村公路的路政管理与国道、省道的路政管理在内容上有特殊性。

（1）公路建筑控制区的范围：从公路用地外缘起向外的距离，国道不少于20m，省道不少于15m，县道不少于10m，乡道不少于5m；属于高速公路的，公路建筑控制区的范围为从公路用。

地外缘起向外的距离不少于30m；公路弯道内侧、互通立交以及平面交叉道口的建筑控

制区范围根据安全视距等要求确定；村道没有法规规定。

（2）公路规划控制区：新建村镇、开发区、学校和货物集散地、大型商业网点、农贸市场等公共场所，与公路建筑控制区边界外缘的距离为国道、省道不少于50m；县道、乡道不少于20m；村道没有法规规定。

（3）公路安全保护区：国道、省道、县道的公路用地外缘起向外100m，乡道的公路用地外缘起向外50m；公路渡口和中型以上公路桥梁周围200m；公路隧道上方和洞口外100m；村道没有法规规定。

综上所述，与高速公路、国省道干线公路相比，农村公路路政管理无论是在其基本内涵上，还是在其管理主体、管理内容、法律法规的适用上都有其特殊性，这就要求我们不但要在理论上深入研究，而且要在实践中勇于创新，探索农村公路路政管理的客观规律，构建适合农村公路特点的路政管理模式，以保障农村公路的完好与畅通，更好地为社会主义新农村建设服务。

五、农村公路路政管理存在的问题

（一）农村公路路政管理理论不完善

虽然我国对农村公路路政管理开展了一些有益的实践和探索，但理论研究不深入，尚未形成系统、完善的农村公路路政管理理论体系。主要表现在如下几个方面：

（1）缺乏农村公路路政管理的法律适用性分析。

（2）缺乏农村公路路政管理业务的特殊性分析。

（3）缺乏农村公路路政标准化管理的相关研究。

（二）农村公路路政管理效率低

主要表现在如下几个方面：

（1）机构设置、人员配置集约化程度低，职责不明确。

（2）路政管理与养护脱节，不能形成合力。

（3）路政管理社会化协作差。

（4）缺乏强有力的科技支撑。路政执法中信息科技化水平低，执法手段落后，信息统计、传输主要以手工为主，效率低下，出错率高；部门协调能力差，缺乏快速应急反应处置能力。

（三）农村公路路政管理评价体系不完善

主要表现在如下几个方面：

（1）评价内容单一。对路政业务评价多，对路政工作管理情况评价少，且以定性指标为主，指标体系松散。

（2）评价方法客观性差。多依靠专家经验进行定性评价，基于数据分析的定量评价少，人为因素影响大，客观性差。

（3）评价结果单调。评价结果只是一些简单的统计图和定性描述，缺少专题地图、图表描述等形象直观的表现手段。

（4）评价手段落后。农村公路路政管理评价所需要的数据量大，评价指标多而分散，数据处理工作繁杂重复、工作量大，但目前仍以传统的人工评价手段为主，还未将信息技术、通信技术以及计算机技术等先进技术手段引入到农村公路路政管理评价工作中。

综上所述，国内外对高速公路或国省道干线公路路政管理及其评价的研究已经发展到了较高的程度。但是对农村公路路政管理及其评价的相关内容涉及较少，还未形成系统性的理论与方法，也未设有相关的信息化应用平台。

第六章　农村公路安全保障工程现状及发展趋势

第一节　农村公路安全保障工程定义

一、农村公路安全保障工程的内涵

"安全"在现代汉语词典中的解释为不受威胁，没有危险、危害、损失，人类的整体与生存环境及资源和谐相处，互不伤害，不存在危险、危害的隐患，是免除了不可接受的损害风险的状态。"保障"是指作为社会成员之间某种意义上交互动态的有限支撑和支持，比如基本生存、基本生活、基本医疗、就业、失业、基本养老、居住条件等，它需要依靠全社会的文明和逐步增加的财富及逐渐完善的法治建设来实现。因此，公路安全可以解释为是一种状态，即将人员伤害或财产损失的风险降低至并保持在可接受的水平或其以下状态。公路安全保障可认为是通过对公路设施进行持续的危险识别，并采取交通工程措施来保证此种可接受状态。

为了全面提高我国农村公路设施的服务水平，保障行车安全，交通部 2004 年发布了公路安全保障工程实施方案，即采用交通工程措施，对已有山岭重丘地区二级以下（含 S 级）技术等级的公路及其沿线设施中存在影响行车安全的明显隐患进行整治，以提高公路行车的安全性。其主要任务是对全国山岭重丘区二级以下（含二级）技术等级公路中的急弯、陡坡、傍涧（河、湖、沟）路段，增设安全防护设施，完善交通标志、交通标线，改善全国公路的交通安全条件。

因此，农村公路安全保障工程可以定义为：在充分尊重农村公路网道路条件、运营环境及农村公路使用需求的基础上，应用农村公路危险路段识别技术判定危险路段，对影响行车安全的隐患路段，采取交通工程措施进行综合整治，并结合日常养护、管理 1：作提高公路行车安全性，保证道路人员伤害或财产损失风险处在可接受水平的系统工程。

二、农村公路安全保障工程系统特征

整体性，农村公路安全保障工程的整体性特征需要研究农村公路安全保障形式应具有的

整体性取向。农村公路安全保障形式的整体协调发展是多层次的，并且其外部环境与内部环境整体的协调层次都有扩展和分化。在系统整体内部，有各个子项目系统协调发展问题，而各个子项目系统内部也同样都有深入可分的协调发展层次，如在安全保障管理子系统内部有技术性与非技术性保障协调问题；在技术性保障里面有"人"的管理，"车"的管理以及"路"的协调管理问题；在人的管理方面存在着对驾驶员、行人、路侧居民等协调管理问题。其他子系统，如设施应用子系统．则存在着路侧宽容性与路面结构协调设计问题；路侧宽容性中的边沟、边坡、路肩。

第二节　农村公路交通事故分析

一、农村公路交通事故主要特征

1.天气特征

在影响交通事故的原因中，天气是非常重要的影响因素。将天气划分为晴、阴、雨、雾、雪五种情况，不同天气条件下交通事故发生比例不同。其中晴天中发生的事故最多，所占比例为 60_47%，其次是阴天 25.62% 和雨天 13.21%，雾天和雪天中发生的交通事故相对较少。因此，在农村公路的交通事故中，需要特别注意阴天和雨天情况下交通事故的发生，应设置相应的标志标牌提醒出行者注意。

2.车型特征

农村公路上行驶的车型种类相对高速公路、城市道路等情况要复杂，包括货车、客车、自行车、畜力车、摩托车、拖拉机等。具体的比例情况如表 6-1 所示。

表 6-1　农村公路交通事故车型比例表

事故车辆车型	所占比例（%）	事故车辆车型	所占比例（%）
摩托车	32.44	自行车	2.60
小型客车	26.74	人力车	0.01
大型客车	5.17	拖拉机	4.85
小型货车	16.50	拖挂车	10.01
中型货车	0.01	三轮车	1.67
大型货车	0.01	畜力车	0.01

从表 6-1 中可以看出在农村公路交通事故的车型分布中，摩托车的所占比例最大，接近 1/3，即发生事故的所有车型中每 3 辆就有 1 辆是摩托车。其次是小客车占 26.74%，所占比重

也较大。然后是小型货车、拖挂车。其中较为具有农村特点的是拖拉机和三轮车，所占比例分别是4_85%和1.67%。农村公路上车型分布非常广泛，不同车型的性能不同，导致交通状况比较复杂，容易发生交通事故，存在较为严重的安全隐患。

3.道路特征

发生事故的农村公路行政等级情况差别较大，如表10-2所示。县道占26.34%，乡道较低，占12.44%，县道相对于乡道、村道流量较小，车速较高。因此，要注意对县道安全保障设施的设置，同时在经过农村公路的国道中，也需要注意邻近村庄道路的安全保障措施的设计工作。

表6-2　农村公路交通事故行政等级分布表

行政等级	事故次数（起）	比例（%）	受伤人数（人）	比例（%）	死亡人数（人）	比例（%）
合计	124953	100	149007	100	46534	100
国道	34903	27.93	43071	28.91	15924	34.22
省道	40488	32.40	47181	31.66	15590	33.50
县道	32948	26.37	39000	26.17	10151	21.82
乡道	15540	12.44	18374	12.33	4180	8.98
其他	1074	0.86	1381	0.93	689	1.48

4.车辆碰撞形态

由表13-4可知，农村公路事故形态中正面相撞和侧面相撞最多，均属于两车事故。其次挂撞行人的事故也是比较突出的，占14.95%。其他如撞固定物、翻车占7%—9%，追尾和同向刮擦占2%—4%。

表6-3　农村公路交通事故形态分类表

事故形态	所占比例（%）	事故形态	所占比例（%）
正面相撞	37.46	同向刮擦	2.79
侧面相撞	20.00	尾随相撞	1.98
挂撞行人	14.95	撞静止车辆	1.32
撞固定物	8.45	对向刮擦	0.96
翻车	7.40	撞动物	0.81
追尾	3.73	碾压	0.15

二、农村公路交通事故原因

农村公路造成交通事故的主要原因有操作不当、超速行驶、酒后驾驶、逆行、违法变更车道、违法超车、违法倒车、违法掉头、违法上道路行驶、违法行车、违法占道行驶、未保持安全距离、未避让行人、未让行、无证驾驶等。事故中也存在两种或者两种以上的违章现象，例如操作不当且酒后驾车，酒后驾车并超速行驶等情况。

可以看出，造成农村公路交通事故的主要原因前三位分别是：未让行、未保持安全距离和超速行驶，其所占比例均在13%左右。这三个原因分别涉及良好的驾驶习惯、速度管理等方面的内容。在农村公路的安全设计方面需要重点设置相关的警告警示标志、限速标志、减速标志等，提高出行者的安全意识，减少交通事故造成的损失。

第三节　农村公路安全保障现状及发展趋势

我国山区丘陵地形众多，农村公路中存在大量的危险边坡、临水、临崖等高落差及危险路段。由于建设资金缺乏，许多省份在农村公路建设过程中往往没有对农村公路进行安全保障设施的配套建设，加之部分农村客运车辆老旧、超限载客，农民群众的道路交通安全意识薄弱，因此，农村公路交通安全问题随着农村公路通车里程的增加而日益凸显。

一、农村公路安全保障现状

1. 国外研究现状

国外对公路安全保障工程的研究开始较早，技术应用等也较国内成熟。1996年，联邦交通安全办公室发布《澳大利亚农村公路安全行动计划》；2004年，美国参议院通过了SAFET-EA，众议院通过了TEA-LU，这两项建议都以公路交通安全为目标，在某些方面直接针对乡村公路交通安全；NHTSA与NRHA联合出版《农村公路交通安全行动指南》；美国、加拿大等国根据各自乡村地区低交通量道路的交通特征和区域类型，对低交通量道路进行了功能分类研究；美国密西西比州建立了统一的事故上报系统，针对不同类型的振动带展开研究，试验适用于双车道乡村公路的振动带；美国佐治亚州为减少冲出路外事故，在乡村公路上采取增设了路肩振动带和中心线突起路标等措施。

总体来说，国外对农村公路安全保障工程主要倚重道路交通安全技术，注重道路环境因素的充分利用和道路安全设施的应用，针对性较强，多采取具体的补救措施，相应的技术已经处于成熟发展阶段并在各类公路上得到了较好的应用；对农村公路安全保障工程的其他相关内容，如路面结构、养护维修等理论也相继展开了研究，提出了许多适合低交通量道路的安全技术策略，有效地降低了道路事故发生率；对乡村道路安全评价研究较早，技术相对成熟，而对安全保障核查的研究力度还有待加强。综上所述，国外对农村道路的安全保障工程研究技术相对成熟，但系统性的理论、技术改进还需进一步完善。

2004 年我国开始在全国国道、省道干线公路上实施以"消除隐患、珍视生命"为主题的公路安全保障工程，介绍了对国省干线公路中的急弯、连续急弯、陡坡、连续下坡、急弯陡坡、视距不良、路侧险要路段进行改造的经验，并建立了一些安全保障工程示范点。

同年，交通部公路司发布《公路安全保障工程实施技术指南》（试行），次年编写了《公路安全保障工程实施技术指南及技术标准实用手册》。2007 年 2 月 1 日起交通部正式颁布实施了《公路安全保障工程实施技术指南》。此外，国家发展和改革委员会、交通部还先后出台了《农村公路改造工程管理办法》、《农村公路养护技术指南》等一系列政策法规，对全国农村公路建设和养护管理起到了很好的指导作用。为切实改善农村公路安全现状，响应国家新农村建设号召，浙江、河南、山东、四川、重庆等省份相继开展农村公路安全保障工程，为许多农村公路系上了"安全带"，个别地方出台了相应的规范或指导意见，如《浙江省农村公路养护技术规范》、《济源市农村公路安全保障工程实施意见》，为提高国内农村公路安全性能做出指导性贡献。

在国内，公路安全保障工程研究多年来偏重于国道、省道等高等级公路，对国、省道安全保障工程的改造成功地借鉴了国外的经验和技术，其实施效果明显，大大改善了国、省道交通安全问题。而对低等级农村公路存在的交通安全隐患多，安全保障工程改造点繁多，改造资金有限，改造技术单一等问题，缺乏详细研究。近年来，交通运输部、各省市加大对农村公路的关注力度，投入巨大的人力、财力、物力，逐步改善农村公路安全保障现状，并取得了一定的成果。但专门针对农村公路的交通安全保障技术还没有专项研究和统一标准，且强调某一方面安全保障措施的作用，以政策指导，宏观调控为主，缺少多因素多角度系统性的理论方法研究和技术应用可行性。

综上所述，国内外实践均证明通过全面实施公路安全保障工程，公路交通事故发生率明显降低，安全保障工程成为公路的"安全屏障"和生命的"守护神"。

我国幅员辽阔，地形复杂，农村公路交通组成多样化，国内外的"人、车、路和环境"均存在显著的不同，使得国外对于安全保障的许多相关研究不能直接被国内引入和应用。因此，应结合国情，针对国内交通特性，研究适合我国农村公路安全保障工程系统的理论、技术、核查、评价等内容。

二、农村公路安全保障现状存在的问题

总结性分析了国内外农村公路安全保障现状、我国农村公路建设现状及交通安全现状，分别对农村公路安全保障工程中的设施综合应用、常态条件下安全保障应用、突发事件下安全保障应用及核查评价体系的现状进行研究，指出了农村公路安全保障存在的具体问题。

（1）安全形势严峻。面对不断扩大的农村公路建设规模和严峻的农村公路交通安全形势，农村公路安全保障水平亟待提高。

（2）安全保障理论不完善。对部分农村公路安全保障工程开展了一些有益的实践和探索，但尚未形成系统、完善、全面的农村公路安全保障系统理论。

（3）安全保障技术片面单一。

①我国地形复杂，农村公路交通组成多样化，农村公路安全保障工程点多面广。安全保障工程多是依赖于交通安全设施，目前针对农村公路交通安全保障技术还没有专项研究及统一标准。

②常态条件下安全保障缺少主动引导防护，且交通参与者安全行为意识淡薄，路面破损严重，超限超载等现象普遍存在。

③突发事件下安全保障以行政管理预案为主，一般采取封路禁行等消极方法，缺少相应的管理技术和科学措施；部分预案仅针对暴雨等恶劣天气，对其他天气层级的预案考虑较少。

（4）安全保障核查及评价不成体系。目前我国尚未建立针对农村公路安全保障工程系统的核查及评价体系，因此该领域仍属于空白阶段。

（5）缺乏为农村公路工程技术人员提供直接指导或参考的手册或指南。

三、农村公路安全保障工程发展趋势及理念

遵循全面系统性、经济可操作性等原则，本着"以人为本、协调并进、可持续发展"的理念，以科学发展观为指导，尊重客观实际，紧紧围绕农村公路安全保障工程的新形势和新要求，详细探讨了农村公路安全保障工程的发展趋势。

1.设施适用化

"安全、经济、环保、有效"八字方针是安全保障工程的实施原则，它们是相辅相成的。安全是其他几方面的基础，经济、环保、有效是能否确保安全保障工程合理性、长期性、有效性的前提和保证。因此，在安全保障工程具体实施过程中，需通过创新理念，结合农村公路特点，分析比较交通安全设施，提出适合于农村公路经济、技术条件的安全设施选用及布设方案，合理、科学地选用技术措施。在充分考虑安全保障工程设施结构合理、坚固耐用的同时，还应高度重视景观、自然以及每个局部、细节的技术处理，对安全设施进行合理设置、精心布局，为环境增色，达到自然和谐的效果。

2.安养一体化

农村安全保障工程应与农村公路日常养护管理维修工作融为一体。安全保障工程提倡综合性处置措施，路侧宽容性改善措施，因地制宜的工程处理方法，追求自然，利用当地土生土长的植物进行绿化和水土保持方案，而这都依赖于长期的日常养护维修工作。安全保障工程不仅是采取工程措施改善安全状况，其更重要的是要把安全、经济、环保的观念融入农村公路日常养护管理维修之中，把它作为保通、保畅紧密相连的一项日常工作来抓。除了采取工程硬措施改善隐患路段外，更重要的是整个农村公路养护管理工作思想理念的更新和提升。

农村公路安全保障工程与养护维修充分结合，对我国农村公路建设管理水平无疑将有质的飞跃。

3.体系全面化

安全保障工程倡导主动引导、预防事故发生，综合处置、努力降低事故伤害程度，被动防护"三部曲"。实际工作中应拓展思路，从全面提升农村公路保通、保畅、安全、舒适水平的角度出发，逐步改善农村公路的交通安全状况。因此，农村公路安全保障工程不应只着眼于常态条件下交通安全设施方面，而应涵盖突发事件下的农村公路应急安全保障。就全国范围来讲，针对突发事件下农村公路交通应急的研究还较少，但是随着农村公路道路条件和交通条件的不断改善，对使用交通工具完成农村公路应急情况下的交通疏散过程进行系统科学地研究是非常有必要的，为我国农村公路应急管理体系提供必要的技术支持。

4.决策科学化

决策科学化是指决策者为了实现某种特定的目标，凭借科学思维，运用科学的理论和方法，利用科学手段和科学技术，系统地分析主客观条件后所进行的决策。决策科学化的根本是

实事求是，决策的依据要实在，决策的方案要实际，决策的结果要实惠。农村公路安全保障工程实行科学决策的意义主要在于降低决策的风险和成本，提高决策的质量，进一步增强决策的预见性、前瞻性和针对性，牢牢把握安全保障工作的主动权。通过深入地调查研究及科学评价，有利于提高效率、减小失误，促进农村公路安全保障工程可持续发展。

四、农村公路安全保障工程理论体系

（一）大系统理论的哲学思想

大系统是一种复杂的事物体系。它是高阶系统、中阶系统和低阶系统的集合，是具有多个目标、由关联着的若干子系统组成、信息上存在分散结构的复杂系统，是现代系统工程和现代控制理论的最新发展。大系统通常规模庞大、结构复杂、子系统众多，且伴随着各种不确定的因素和对立因素的交叉、渗透和影响，具有极复杂的结构和功能的系统工程。

（二）基于大系统理论的农村公路安全保障工程分析

大系统通常都是多输入、多输出、多干扰的多变量系统。由于无论是工程系统还是生态系统、生命系统或社会系统，从结构、功能和目标等方面来看，都具有某些控制关系的类似性。考虑到农村公路安全保障工程的对象特性，并依据农村公路安全保障工程结构的整体性和层次性，采用分解协调方法对系统进行分析。

（1）目标的分解是一切系统研究的基本环节。一个大系统有其特定的总目标或总任务，农村公路安全保障工程的总目标为通过实施农村公路安全保障工程，保证道路人员伤害或财产损失的风险处在可接受的水平或其以下状态，最大限度地降低事故死亡率和特大交通事故

的发生率，为保障行车安全提供良好的公路环境。因此，结合人、车、路、资金、环境、理念等要素，农村公路安全保障工程总目标可分解为：经济节约、设施精细、决策科学、环境和谐、全面持续。

（2）大系统是由大量的分系统，子系统以及更小、更低级的系统按照递阶形式组合起来的。

农村公路安全保障工程实际上是每一系统都由具有一定决策功能的控制器（或决策者）管理，低层次系统的控制器是局部控制，顶级控制器则指挥调度全局。以农村公路安全保障工程理念、趋势为导向，结合农村公路特点，应用多目标方法及多级低阶形式结构模型，从逻辑思维上对农村公路安全保障工程系统进行结构分解，具体为理论、技术、体系、应用。

（3）系统协调是在分解的基础上，抓住要害，有针对性地调整结构和内外相互关系，充分发挥系统的整体功能，实现系统的整体优化。

对农村公路安全保障工程系统原型，采用对比分析等方法，区分主次，找出关键，进行正确的系统分析与分解协调，利用大系统理论进行逻辑思维建模，最终达到发展持续化、交通和谐化的目标。

（三）农村公路安全保障理论体系主要内容

基于大系统理论对农村公路安全保障工程进行的目标与功能分解，以及对系统进行的组织协调，同时结合我国农村公路环境、交通、道路特点，借鉴和利用世界各国的先进经验。

1. 构建农村公路突发事件下安全保障应急响应技术

在我国标准、规范所确定的公路设计指标体系下，从保障农村公路交通安全出发，通过界定农村公路突发事件的范围及本质特征，在总结影响农村公路突发事件条件下安全保障应急响应技术的各种因素基础上，从交通事故、临时作业、地质灾害、特殊天气四个方面对农村公路突发事件下安全保障应急响应技术进行研究。

（1）通过对农村公路交通事故的调查、统计，运用系统工程学和交通工程学的相关知识，确定农村公路交通事故的持续时间和影响范围分区，并针对不同分区提出不同的安全保障应急措施。

（2）根据农村公路临时作业的特征，对农村公路临时作业区进行分区，在不同的分区里，选定不同的交通安全设施，并对交通安全设施的设置位置、数量、间距等作了具体的规定。

（3）结合常见地质灾害的特点及地质灾害常发区域农村公路的道路特征和交通状况，深入研究地质灾害对交通安全的影响机理，建立包括灾前防治、交通安全设施设置、灾后交通组织在内的地质灾害条件下安全保障应急响应体系。

（4）基于不同天气对农村公路安全的影响程度不同，对其相应的管理特点进行分析，针对不同的天气层级提出不同天气层级下的交通管理方案及安全设施设置方案。

2. 农村公路安全保障工程核查、评价

在上述理论基础之上，提出一套农村公路安全保障工程核查清单，基于农村公路安全保

障方案"预核查"的农村公路安全保障方案评价技术，实现基于农村公路安全保障工程实施前后安全保障核查清单的安全保障工程评价的可操作性。

（1）结合农村公路特点，整合项目研究内容及成果，提出一套对应于农村公路安全保障工程系统中相关技术和措施的核查清单，以弥补缺乏适用于农村公路安全保障工程核查清单的不足。

（2）提出基于安全保障方案选择层次结构模型的农村公路安全保障方案评价技术，同时提出基于相对权重理论的农村公路安全保障工程安全评价方法，实现了基于农村公路安全保障工程实际核查清单的安全保障工程评价的可操作性。

第七章 农村公路养护与管理的安全保障技术和相关预案

第一节 农村公路常态条件下安全保障引导防护技术

针对农村公路安全保障工程中存在的不注重对交通事故主动防护的问题，农村公路常态条件下安全保障引导防护技术从道路安全管理和交通工程设计两个角度出发，加强对交通参与者和车辆进行适时引导、主动防护，消除事故隐患，预防交通事故发生，全面提升农村公路交通安全状况。从绝对指标、相对指标两方面对农村公路危险路段进行定义，集成提出两套基于有事故和无事故资料条件下的农村公路危险路段识别方法，总结提出典型危险路段防护措施、人、车、路管理及路面养护维修等具体安全保障技术措施，实现了人车路系统的综合防护，多因素多角度全方位研究农村公路安全保障工程等功能。

一、农村公路危险路段识别技术

（一）危险路段基本理论

1. 危险路段定义

传统方法定义的危险路段对于我国农村公路来讲都不太适合，因此有待研究适宜农村公路既明确又普遍适用的定义。

考虑到事故发生原因与道路本身、交通设施、交通流量、交通环境等因素的关系，以及实际运用的可操作性，结合农村公路的特点，提出了适宜农村公路的绝对指标和相对指标两种定义。

绝对指标定义：2km 范围内或道路路桥、涵洞的全程，三年内发生 3 起并造成人员死亡事故的路段，或 500m 范围内三年中发生过 3 起以上造成人员伤亡事故的路段，以及由于道路条件、交通流量而影响行车安全的路段。

相对指标定义：三年内道路一定范围内发生交通事故的次数或特征明显高于其他位置的路段，或由于道路条件、交通流状况而影响行车安全的路段。

绝对指标定义增加了操作的实用性，相对指标定义则可以进一步识别潜在危险路段，同时便于危险路段识别方法的确定。两种指标定义综合考虑了道路、交通流状况，互相补充，可以更全面、更具体地指出危险路段的特征。

2.危险路段的鉴别目的和意义

对危险路段鉴别标准与方法的研究，其根本目的在于完善安全保障设施，减少交通事故，确保道路畅通。具体表现在以下几个方面：

（1）提出危险路段的鉴别标准与方法，启发相关部门开展对危险路段的深层次研究，强化对重点路段的交通秩序管理，健全农村公路交通安全设施，完善农村公路安全保障体系。确定危险路段，制订科学的整治方案，实施安全保障工程，改善道路通行条件，减少引发交通事故的因素，以达到道路工程设计的理论标准。

（2）通过危险路段的确定，告知广大交通参与者，尤其是机动车驾驶员，更加自觉地遵守交通法规，规范自己的交通行为，最大限度地减少交通事故。

（3）鉴别危险路段，并对其采取有针对性的改善措施，能以最小的投入，最大限度地降低全路的事故率，从而取得较大的社会效益和经济效益。

（4）通过危险路段的研究可以获得事故与道路交通条件之间的联系，找出道路交通设计中的缺陷，而从各单项指标看，这些缺陷往往并不违反现有设计规范的规定。其研究结果可为道路安全评价提供技术支持，通过道路安全评价，将一些安全隐患消灭在规划、设计阶段。

3.危险路段定性判别方法

定性判别方法主要考虑构成危险路段的因素，以及影响行车安全的因素。定性判别方法可以指导工作人员初步判别危险路段，减少工作量。

（1）构成危险路段的因素：

一般情况下，构成危险路段的原因包括以下内容：①车道、路肩宽度不够；②坡度突变；③公路平面线形连接不当；④平、纵断面视距不足；⑤直线路段过长；⑥超高不足或反超高；⑦平纵线形组合不协调；⑧路面附着系数不足或积水；⑨路旁建筑物或居民点过密；⑩交通标志、管理设施不足或设置不当。

（2）危险路段判别标准：

确定公路本身存在的影响行车安全的因素，如急弯、陡坡、连续下坡、视距不良、路侧险要、长直线接小半径曲线等包含两种以上的组合，极易发生交通事故的路段（连续下坡加急弯路段等，直线加小半径曲线，连续急弯加视距不良路段）；非公路本身而是行人、自行车或环境等对行车造成安全隐患的路段，也可以作为危险路段实施安全保障工程，以减少其他因素对公路行车安全的影响。

（3）农村公路危险路段识别方法的确定：

由于农村公路目前处于全面建设阶段，部分基础资料还未完善，特别是事故统计数据，因此需要根据现有事故统计资料有无情况分别确定危险路段的识别方法。基于农村公路的特点，提出了针对农村公路不同条件下的危险路段识别方法，见下表。

表 7-1　农村公路危险路段识别方法确定

类别	识别方法	适用条件
无事故统计资料的方法	模糊评价法	农村公路无事故统计资料（需要资料较全面）
	加权分析法	农村公路无事故资料（适用于山区农村公路）
基于事故统计资料的方法	质量控制法-鉴别指数法	农村公路有事故统计资料（针对路网级道路）
	双变量区间过滤法	农村公路有事故统计资料（针对单条道路）

（二）无事故资料条件下危险路段识别方法确定

对于无事故统计资料的农村公路，需通过对道路本身的安全状况进行评价，以有助于基层技术人员进行危险路段的识别，逐步提升农村公路交通安全的水平。

加权分析法对山区农村公路从路堤高度、弯道半径、支路口、纵坡坡度四个方面进行安全评价。该方法综合考虑各种能够引起交通事故的主要因素，计算方法相对简单，可操作性强。

模糊评价法把与事故发生紧密关系的高频指标作为模型评价的指标，这些一级指标为道路线性、路基、路面、桥涵、隧道、道路交叉口、道路类型、道路交通工程。该方法是将层次分析法、专家评分法及模糊综合评判法相结合，在复杂的系统中较准确地反映出道路安全系统的状况。加权分析法适用于对山区农村公路危险路段的识别；模糊层次法考虑了所有影响道路交通安全的因素，对任何农村公路都适用。这两种方法既可用于对正在运营的农村公路进行评价，也可以用于对规划、设计阶段的农村公路进行评价。

（三）基于事故的危险路段识别方法确定

农村公路县、乡、村道路交通流量差别较大，事故伤亡程度低。质量控制法考虑了交通量的因素，有利于将不同等级和不同交通状况对事故的影响因素考虑进去，适用于对路网级的事故多发道路进行宏观路段分析。鉴别指数法同时考虑了交通量、路段长度的因素，可以用来对事故多发路段进行微观评价。两种方法综合运用，适合农村公路县、乡、村道路路网条件下等级差别大、交通流量差别大的路段。

采用过滤法进行事故多发段的判别，基本目的是对路段上的事故按里程进行统计，通过滤出路段的事故密度来进行多发段的判别。过滤法原理简单，应用方便，对滤出路段内事故统计值做事故分布曲线，可以比较直观地分析事故多发段沿公路里程的分布情况；对于事故多发段的治理，可根据资金情况，按滤出路段事故指标从大到小依次处理，相邻有交叉的路段可以整合考虑。

质量控制法-鉴别指数法是从全路网条件下进行事故多发点段的识别，双变量区间过滤法则是针对单条道路进行考虑。在实际操作时，这两种方法可以根据需要进行选择。

二、典型危险路段防护技术

结合农村公路危险路段各自的地形、地质、线形、交通流及环境特征，提出农村公路中急弯路段、长陡坡路段、视距不良路段、桥梁路段、平面交叉口、穿越村庄集镇路段、长直线及长直线接小半径曲线路段等，容易发生交通事故的典型危险路段安全保障工程防护技术。

（一）急弯路段防护技术

常见的急弯路段类型有：单个急弯、连续急弯，桥头接小半径曲线等。进行方案设计时，可采取以下措施之一或综合采用以下措施：

（1）设置向左（右）弯路连续急弯标志、禁止超车标志、限速标志，桥梁前设置桥梁预告标志、慢行标志，根据具体情况重复设置连续弯道标志、解除禁止超车标志、解除限速标志；若遇连续急弯路段，还需使用辅助标志说明限速路段长度。

（2）若仅设置限速标志不能满足减速要求，可考虑在进入弯道前设置减速路面、减速坎等减速设施。

（3）急弯路段易视距不良，因此当路面比较窄时，可考虑在弯道起点设置鸣笛标志；同时根据事故资料和弯道处实际车速，考虑对小半径弯道外侧路面进行加宽或增加超高处理。

（4）设置中心实线，或禁止跨越对向车行道分界线，将双向车流分开。

（5）车速较快的桥头路段或急弯路段，可提前设置减速丘或减速标线等减速措施，也可设置减速带或减速路面等强制减速设施。

（6）路侧设置视线诱导标或轮廓标等诱导设施。

（7）根据路侧危险程度在弯道外侧设置护栏，或因地制宜地设置其他防护设施；若桥头有曲线路段，则需注意桥头路基上的护栏与桥梁护栏之间的安全过渡。

（8）若桥梁架在陡坡底部，则应在桥梁栏杆上悬挂废旧轮胎等缓冲设施。

（9）路侧合理设置边沟和边坡，边沟尽量设计成宽浅边沟，并尽量提供路侧容错空间。

（10）条件允许时，在路侧设置硬路肩或土路肩，清理弯道外侧障碍物，增加路侧净区。

（二）陡坡路段防护技术

常见的陡坡路段有一般陡坡和连续下坡。进行方案设计时，可采取以下措施之一或综合采用以下措施：

（1）设置下陡坡警告标志、连续下坡告示标志、限速标志、爬坡标志等。

（2）双车道公路设置中心实线、禁止超车标线。

（3）设置振动标线、减速带、减速丘等减速设施，路侧设置视线诱导标或轮廓标等视线诱导设施。

（4）根据路侧危险程度和历史事故资料设置相应的防护设施。

（5）根据地形条件及路侧危险程度建议考虑设置避险车道，并在坡道起点处设置避险车道的预告标志。

（6）根据实际条件，在路侧设置合理的边沟和边坡，及时排除路面积水，同时增加路侧安全空间。

（7）在路侧设置路肩和路肩振动带，提醒驾驶员按照正常车道行驶，并尽量提供路侧容错空间。

（三）急弯陡坡路段防护技术

在方案处理时，除选择单个急弯采取的综合措施外，还可采取以下措施之一或综合采用以下措施。

（1）在急弯前的直线路段设置限速标志和警告标志，提醒驾驶员注意，做好减速准备。

（2）设置振动标线或减速带等减速设施，逐步控制车速，使车辆能以安全的速度通过小半径曲线。

（3）如果路侧危险度较高，可考虑设置护栏等防护设施与减速路面等强制减速措施。

（四）农村公路交叉路段防护技术

1.一条农村乡道公路与国省干线公路平面交叉

（1）根据道路交通流状况，合理设置停车让行标志或标线。

（2）在山岭重丘区设置减速丘、减速路面等强制减速设施。

（3）及时清除路侧障碍物，保证车辆行驶安全。

（4）合理设置边沟，及时清理路面积水，为行车提供安全空间。

2.农村村道公路与国省干线公路平面交叉

（1）根据交通量大小，合理设置减速带、减速坎等强制减速设施。

（2）在平原区域村道过密时，适当合并村道与国省干线公路平面交叉个数。

（3）及时清除路侧障碍物，保证车辆行驶安全。

（4）合理设置边沟，及时清理路面积水，为行车提供安全空间。

（5）支线为无铺装路面时，支线与主线衔接处尽量进行硬化处理。

3.农村县道公路与农村县道公路平面交叉

（1）当处于城镇或城镇结合部时，考虑按要求设置指路标志、标线，并根据视距情况、交通事故资料设置红绿灯。

（2）当处于平原远离城镇时，应根据设计速度修整平交处，保证视距要求。

（3）当处于山岭重丘区时，须设置指路标志，在纵坡大于3%的道路上设置减速带、减速坎等强制减速设施，并根据路侧情况考虑设置其他交通安全设施。

（4）及时清除路侧障碍物，保证车辆行驶安全。

（5）合理设置边沟，及时清理路面积水。

4. 农村县道公路与农村乡道、村道公路平面交叉

（1）县道上设置指路标志、减速标线。

（2）乡道、村道公路上设强制减速设施，如减速带、减速路面、减速坎等。

（3）当农村县道公路与通村公路交叉时，通村公路上设置道路名称标志。

（4）及时清除路侧障碍物，保证车辆行驶安全。

（5）合理设置边沟，及时清理路面积水。

（6）乡道、村道为无铺装路面时，与县道衔接处尽量进行硬化处理。

（7）合理设计交叉口车辆转弯半径，保证车辆转弯时的安全。

5. 农村乡道公路与乡道、村道公路平面交叉

（1）乡道上设置交叉警告标志，村道上设置道路名称标志。

（2）视距不良、纵坡较大的一侧设置减速带、减速坎等强制减速设施。

（3）及时清除路侧障碍物，保证车辆行驶安全。

（4）合理设置边沟，及时清理路面积水，为行车提供安全空间。

（5）乡道、村道为无铺装路面时，与有铺装路面衔接处尽量进行硬化处理，保证不影响主线行车安全。

（6）合理设计交叉口车辆转弯半径，保证车辆转弯时的安全

点以及其他方面原因，农村公路在人、车、路管理方面存在多种问题，从而使农村公路交通安全存在各种隐患，因此有针对性地提出人、车、路三方面管理措施对改善农村公路交通安全状况是十分必要的。

三、交通参与者安全管理

针对农村公路交通快慢不分、混合交通严重，农村地区人们交通安全意识淡薄，驾驶员驾驶水平不一，驾驶习惯差等问题，以交通参与者为对象从加强宣传教育、交通参与者分类管理、强化行为监管三个方面展开，提出具体的管理措施。

（一）加强公路安全教育

积极响应国家加强公路文化建设的号召，采用设置标语、路边宣传栏，应用广播、电视、互联网、手机短信等多样化宣传教育方式和办法，提高农村地区交通安全教育覆盖面，并将农村公路交通中驾驶员和学生这两个特殊群体作为安全教育的重点，全面提高农村地区人们的交通安全意识。

（二）农村公路交通行为规范

将农村公路交通参与者划分为驾驶员、运营人员及乘客、道路施工及养护人员、道路沿线居民四种，根据不同的交通参与方式和参与程度，提出具体的规范和管理措施。

1.驾驶员

做好车辆日常保养和检查工作；不断提高交通安全意识及驾驶技能，凡是饮酒、服用国家管制精神药品或麻醉药品、过度疲劳、情绪不稳定等情况禁止驾车；仔细进行车辆技术状况检查；严格按照驾驶证、从业资格证驾驶相应车辆。

在车辆行驶过程中不开情绪车、冒险车、急躁车，不超速超载、不疲劳驾驶、不接打电话、不抽烟、不吃东西、不与他人闲谈；通过危险路段时严格遵守"一慢、二看、三通过"的原则；路况不明路段做到"减速、鸣号、靠右行"、"宁停勿绕"、"宁停三分不抢一秒"；遵守道路法规，遇到施工作业时，服从指挥；发生交通事故要及时通知相关部门并积极救治伤者。

2.运营人员及乘客

客运经营者：严禁使用报废、擅自改装、拼装、检测不合格的客车以及不符合国家规定的车辆从事农村客运经营；定期对车辆进行维护和检测，确保车辆、设备安全有效；遵守有关经营服务管理和安全生产管理的法律、法规和政策。

客运乘客：拒绝搭载不合格车辆及非法运营车辆；不得携带危险品乘车。

3.农村公路施工及养护人员

养护施工人员须具备一定的相关安全知识和安全技能；施工开始前协调相关部门做好交通分流和管制措施；施工过程中养护施工人员应穿着统一样式的安全制服；夜晚施工时应设置相应警示标志，穿着反光背心；养护施工应做到快速高效。

4.道路沿线居民

禁止占用路面晾晒农业作物；禁止沿线违法设置广告牌；积极维护道路环境，禁止向路面抛洒废弃物；积极监督并举报破坏路面及其附属设施的行为。

（三）强化农村公路交通监督与管理

（1）科学利用警力资源：提倡在农村公路交叉口安装太阳能信号灯、黄闪警示灯等安全设施；建议在三级以上农村公路设置监控系统，对违法行为进行监控；增添测速仪、测酒仪和警务通等科技装备，提高监管效率。

（2）推进农村公路安全管理进程：农村公路交通安全管理不能只依靠有限的警力，应当争取地方政府尤其是乡镇政府的大力支持，成立县（市）、乡（镇）、村三级领导管理机构。建立由政府领导、综合协调，交通各级部门共同协作的交通安全综合管理机制。

（3）加大交通违法违规处理力度：建立更加细化的驾驶员违规记录档案，针对恶意违规行为加大处罚力度，包括吊销执照和更加严厉的经济处罚，加大交通事故机动车责任方赔偿额度。

（四）车辆管理

农村公路交通的一个突出特点是车辆构成复杂，包括小汽车、摩托车、小货车、机动三轮车等多种机动车以及自行车、畜力车等非机动车，同时由于多方面原因还存在各种性能不达标车辆上路的现象。因各种车辆的动力性能和安全性能差异较大，所以给农村公路交通带来了较大的安全隐患。车辆管理主要从非运营各类灵活运行车型管理和运营车辆管理两个角度提出具体措施。

1. 灵活运行车型管理

（1）小汽车：加强农村地区驾驶行为安全教育，引导小汽车驾驶员礼让行人以及其他非机动车，严禁超速、醉酒驾驶等违法驾驶行为，并对交通事故责任人加大处罚力度。

（2）摩托车及电动车：严格考试制度和登记注册制度；考虑下调摩托车以及电动车的办证上户费用标准，提高农民上户办证挂牌的积极性；严格执行摩托车报废制度；多部门协调强化针对摩托车及电动车的路面管控，限制摩托车及电动车发展规模，定期开展专项整治工作。

（3）农用车：突出管理主体，深化管理体制改革，可以考虑进行相关的安全知识教育、驾驶员培训、发照上牌等系统化农用车管理方式；强化农用车源头管理，形成户籍化、系统化县乡村三级管理网络；加大农用车辆路面管控；以立法的形式，就农用车出厂、监测、发照、上牌、行驶、管理等一系列问题形成法规约束机制；加强法律法规宣传教育。

2. 运营车辆管理

建立车辆技术档案；定期进行车辆维护及车辆性能检测和等级评定；完善安全设施配备，禁止擅自改装车辆。

（五）道路管理

随着国家对农村基础设施建设的重视，农村公路的建设规模逐步扩大，但其缺少规划、建养水平不高、重建轻养、资金缺乏等问题也相继出现。对此，提出如下具体措施。

1. 注重农村公路路网规划

（1）5年为1周期布局路网规划

建议以5年为1周期布局路网规划，其中县道由县级相关部门负责，乡、村道由各乡镇人民政府落实。规划时应充分考虑当地经济、地形、人文等情况，因地制宜，项目设计应严格按照安全生产"三同时"的原则，即安全设施必须与项目主体同时设计、同时施工、同时投入生产和使用。

（2）强化公路用地管理

规划完成后，要及时进行道路红线内土地征用工作，特殊路段应进行充分的安全性设计。

2. 提高农村公路建设和养护水平

积极采用先进工具和技术，运用最新道路建设方法，完善农村公路建设相关配套设施，提高公路建设整体水平；建立一支年龄和知识结构相对合理的养护队伍，提高养护队伍整体技术水平；加强对农村道路养护技术人员的专业技术培训，采取定期培训方式，不断提高农村道路养护人员的技术水平。

（六）超限超载治理

导致农村公路存在超限超载问题的原因是多方面的。：一方面农村运输市场的组织化程度不高，运输企业数目繁多，运输业主通过压价相互争夺客户，而超载超限恰恰是他们能够以较低的价格还能保证基本利益要求的主要手段；另一方面农村地区非运营车辆驾驶员缺少交通安全意识，不顾车辆自身荷载水平及道路条件，盲目追求货物装载量及大轴载车辆，导致道路损毁并埋下巨大安全隐患。治理超限超载问题，宏观上要依托政府机构和相关职能部门，在责任明确的前提下采取完善立法、教育宣传、队伍建设、市场监管等行政措施，微观上采取完善路面管理、加强超限超载检测、道路升级改造、源头治理等管理措施。

1. 行政措施

（1）明确责任主体和共建职责

确立各县（市）人民政府是农村公路治超工作的责任主体，县市人民政府加强领导，协调交通、公安、监管、法制、宣传、监察等各相关部门抓好治超工作，县市交通局作为农村公路治超工作的责任单位，负责具体的管理工作。

（2）完善相应法律法规

建立和健全基于超限超载治理的道路运输法律法规体系，明确国家、地方、各级交通管理及行政管理部门、企业及个体在法律法规中所具有的职责和承担的义务，以及政策实施主体。

（3）开展法制宣传

地方各级政府及有关部门应大力宣传《中华人民共和国公路法》和《中华人民共和国道路交通安全法》相关法律法规，让广大人民群众尤其是农村地区驾驶员和车主学法、懂法、守法；向大家宣传、介绍超限超载运输的危害性；提高农村居民的交通安全意识和法制观念。

（4）加强执法队伍建设

对县道和部分道路等级大于三级的道路，抽调专用警力加大巡查力度，实行治超工作目标责任制，建立执法人员执法工作评价机制，并配合相应的激励与处罚手段，将治超工作量化为具体的指标，对执法人员的工作根据各个指标进行打分，评价执法人员的工作。

（5）领导建立完善的运输市场结构

对于从事长途干线运输或大批货源运输的大型运输公司，确定运输公司为所属车辆发生超限超载的首要责任主体。凡是在某运输公司名下的车辆，无论是在属地运输还是在外地，一旦发生超限超载，将追究该运输公司的责任。同时，无论是挂靠车辆还是公司内部自有车辆，驾驶员或乘客发生的人身财产损失都将由公司全权赔偿。

2.管理措施

（1）路面管理

①限高限宽设施

a.以堵为主：根据客观情况选择在农村公路人口或者接近住宅区的村口位置设置限高限宽设施，限制超限超载车辆驶入。

b.疏导为辅：建议在国道及省道与农村公路交叉口设置提醒标志，并设置限宽限高路线平面布设图，指引驾驶员在允许通行路径行驶；限超设施应该设置禁令标志，明确限制宽度、高度等信息；在乡道及村道应该设置限超设施距离警示牌，提醒驾驶员安全驾驶。

c.针对设置：针对四级等外路及低于三级的桥梁，应设置必要的限超设施、警示标志；对于部分超载严重，限超设施经常损坏且必须设置的道路，考虑设置S形的路障。

d.宽容通过：考虑消防、救护以及抢险等特殊车辆的进出问题，建议合理设计限高限宽设施尺寸，对于必须严格控制设置尺寸的路段，限高限宽设施可以考虑采用上锁可分解的形式。

e.完善设施设置及明确管理责任主体：建议农村公路养护人员负责限超设施的维护工作，责任主体为养护管理部门。

②超限超载检测

针对重型车辆行驶区域，改变集中式布控为分散式布控，在超限超载严重的路段设置治超检查点，严密监控超限车辆，并采取固定和流动治理相结合的方式，其中县道及超限超载多发乡道建议设置固定超限超载称重站；而对于村道及其他的乡道建议利用流动稽查站使用便携称重设备进行检测，同时为了长期保持治超力度及建立治超长效机制，可以使用车辆自动称重等技术手段连续监测车辆超限超载行为，针对易发生超限超载车辆强制安装"货物自动测重仪"，对车辆实行不间断监控。

③加强处罚力度和检查力度

改变守株待兔的检查方式，实施高强度、高密度的机动式巡逻检查，并加大处罚力度。建议采取如下处罚措施：

a在出现超限超载现象时，采取"一超三罚"的制度，即罚货主、罚运输企业、罚驾驶员，以使其做到相互制约；

b.第一次超限超载的驾驶员将被登记在案并处以经济处罚，第二次发现将扣留驾驶执照一个月并处以经济处罚，一年内超限超载三次的驾驶员将被吊销驾驶执照并处以更加严厉的经济处罚。

（2）制定农村公路驶入标准

根据农村公路相应的道路等级和客观道路质量，制定相应的道路驶入标准，包括限高、限宽、限轴载，形成从单个检查点到单条道路再到整个农村公路路网的点、线、面超限超载治理结构。

（3）部分农村道路升级改造

改扩建部分交通流量较大的道路，提高其设计等级，提高农村公路桥梁的荷载设计，满足农村市场大吨位运输的需求，提高道路整体承载能力。

（4）源头治理

在货物装载单位实行货物装载登记、监管制度，并与货物装载单位建立合法装载、配载责任制。要求在货物装运场地配备称重设备，建立货物装载登记制度，并按月报送货物装载登记。

第二节　农村公路非常态条件下安全保障引导防护技术

一、农村公路交通事故条件下的安全保障措施

1.事故现场警戒

交通事故发生后，先设立警戒区域，再组织抢救伤员，避免了同步进行警戒和伤员救治易导致事故现场再次发生意外的情况。目前，实施现场警戒的手段是在事故现场拉警戒线或用其他警用设施，如反光桶、反光锥对现场进行封闭，并由交警在事故现场维持秩序，疏导交通。

2.过渡区交通管制

根据事发道路的设计速度或事发路段采取的临时交通组织措施，计算出过渡区域的长度，在过渡区域的起点处停放警车，开启车载显示屏、警灯和示廓灯示警，或者设置临时警告标志及告示牌，并在过渡区域的边界处设置发光或者反光锥筒等设施进行警示。

3.组织车辆排队等待

车辆排队等待是指车辆需停车等待前方事故路段交通恢复正常后方可通行。以下两种情况事故影响区内的车辆需排队等待：

（1）事故持续时间较短，如发生车辆相撞、车辆碰撞固定物、车辆发生故障等持续时间较短的事故形态。

（2）事故影响区内双向车道因事故阻断，无法利用对向车道通行，或利用并行线路绕行距离较长。

4.利用对向车道通行

交通事故仅占用单向车道，对其进行警戒隔离后，可利用对向车道通行。若另外半幅路

有足够的通行能力剩余，道路交通量较小时，车辆可顺畅通行。否则，使用临时红绿灯或交警现场指挥，双向交通交替放行。

5. 速度控制

交通事故发生后，在事故影响区内需根据事故持续时间长短、交通事故类型、阻塞位置情况以及上游路段交通流状况等采取速度控制措施。通常可以对车辆速度进行速度控制的设施有：限速标志（固定限速标志和可变限速标志）、雷达测速装置、减速标线（常规减速标线、振动减速标线、道钉减速标线）、超速警告器和车载黑匣子等。事故发生后的速度控制是临时性组织措施，只可借助于可变限速标志、雷达测速装置等其他可发布动态信息或可移动的限速设施实现速度控制。在利用此类设施发布限速信息或进行设施布设时，应遵循以下原则：

（1）限速信息需与告知驾驶员的前方事故信息同时出现或在其后出现，以使驾驶员了解限速的原因。

（2）发布的限速信息应尽可能接近前方车辆行驶速度变化的路段，否则限速的效果会大打折扣。

6. 限制载重

对经常有大型货车行驶的路段设置强制管理区，在强制管理区内，交通、路政等相关工作人员应对通过车辆进行逐个排查，主要检查车辆的超载情况和车辆的制动等设施是否完好，将超载货车扣留以防发生二次交通事故。检查超载时，应按照交通运输部，公安部联合制定的超载标准作为超载分隔界限。

7. 交通诱导

在事故影响区各个出入口及重要节点处发布前方事故信息，提示驾驶员绕行，并尽可能提供建议绕行路线，使驾驶员根据驾驶经验和对路网的熟悉程度做出决定。交通诱导措施就是通过可变信息标志或者临时交通标志发布"前方事故，减速慢行"、"前方发生事故请绕行"等信息，也可通过车载电子显示屏、喇叭喊话或鸣警笛向途中的驾驶员提供前方事故信息，包括道路情况、事故点位置、事故的可能持续时间及驾驶员需采取的措施等；在警力薄弱、管理面难以涉及的县乡道路沿线，可安排落实路况信息员，使其及时报告道路情况、事故点位置、事故的可能持续时间及驾驶员需采取的措施。

二、农村公路临时作业安全保障应急响应技术

（一）农村公路临时作业影响分区

临时作业对农村公路正常的交通运行状态有较大影响，需进行隔离作业。农村公路临时作业影响分区及长度参照交通事故影响区划分为：警告区、上游过渡区、缓冲区、工作区、下游过渡区、终止区。

（二）临时作业区交通安全设施布置及基本要求

1.临时作业区交通安全设施

（1）锥形交通路标

锥形交通路标属于渠化设施的一种，其相邻锥形交通路标的间距不应超过下表最大值。

表 7-2　锥形交通路标间距最大值表

序号	临时区位置	最大间距（m）
1	上游过渡区	2
2	成 45° 角的上游过渡区，且该路段有交通管制措施或车行道旁有临时人行道改道	1
3	下游过渡区	1
4	改变行车路线的临时改道路线两侧	2
5	利用车行道改道的临时人行道边缘	1
6	计算行车速度为 50km/h 或以下的道路	3
7	计算行车速度为 80km/h 或以下的道路的急弯及进出口处，以及计算行车速度在 50—80km/h 的道路	4.5
8	计算行车速度为 80km/h 或以下的道路，有急弯或进出口处除外	9

（2）施工区挡板

施工区挡板设置高度不应低于 1.8m，距离交叉路口 20m 范围内的设置高度应降为 0.8—1.0m，其上部应采用通透式围挡搭设至原设置高度。

（3）防撞桶

防撞桶的直径为 900_，高为 950mm，壁厚不小于 6_。防撞桶外贴红白相间的反光膜，反光膜方向可根据实际情况调整，其外形尺寸允许偏差为±0.5%。

标准防撞桶桶盖、桶身、横隔板所用材料为塑料或橡胶；出于经济考虑，村道或部分乡道可就地取材，选用废弃铁桶改造，但应满足上述尺寸要求。外贴反光膜等级为二级及以上，配载物所用砂为普通中砂。

（4）闪光箭头板

闪光箭头板可安装于支撑架或车辆上，一般设置于上游过渡区或缓冲区的前端。

（5）夜间照明设施

夜间进行的道路施工，应设置照明设施。其照明必须满足作业要求，并覆盖整个工作区域，且应避免造成驾驶员炫目。

（6）施工警告灯

在夜间或能见度低时，所有障碍物或道路施工必须用规定的道路危险警告灯标示，使道路使用者明确工程区的范围。警告灯的最大间距应符合表 7-3。

表 7-3 警告灯的最大间距表

序号	警告灯设置路段	警告灯间距（m）
	在过渡区	
1	上游过渡区	8
2	成 45° 角的上游过渡区，且该路段有交通管制措施	1
3	下游过渡区	1
	沿着连接和占用行车道的临时人行道边缘及并非沿着现有车行道的临时道路两侧	
4	并非沿着现有车行道的临时道路两侧	4
5	连接及占用行车道的临时人行道边缘	4
	沿着车行道并与其平行	
6	行车速度在 60km/h 以下的道路	3
7	行车速度为 60—80km/h，或行车速度超过 80km/h 道路的急弯及近分合流点处	9
8	行车速度超过 80km/h 的道路，但在有急弯或近分合流点处除外	18
	用于分隔障碍物及行人的护栏	
9	护栏上	4
10	在围合范围的每个角落应最少装设 1 盏警告灯	

（7）移动式标志车

移动式标志车为带有动力装置或可移动装置（拖车）的安全防护设施，颜色为醒目的黄色，并装有黄色施工警告灯，其后部有醒目的标志牌，图案和形式可按实际需要改变。

2. 临时作业区安全设施布置及基本要求

当进行临时作业时，应顺着交通流方向设置安全设施。当作业完成后，应逆着交通流方向撤除因临时作业而设置的有关安全设施，以恢复正常交通。

（1）临时作业区安全设施应结合作业性质、占用车道数、交通流特征及经济效益等因素布置。

（2）在警告区内应设置前方作业标志、限制速度标志和可变标志牌或线形诱导标等，在上游过渡区起点至下游过渡区终点之间放置锥形交通路标，在缓冲区与工作区交界处应布设路标栏。

（3）临时作业区交通安全设施设置的数量及种类，应根据预计作业处理时间进行适当调整，当事故处置时间比较短时可以适当减少交通安全设施并布设相对简单方便的安全设施，但前提是必须保障交通事故保护区安全。

（4）作业区交通安全设施的选用及设置，应结合作业点的道路线形特征、环境特征及作业性质等进行。

3. 不同临时作业情况下安全设施布置措施

（1）全天作业和限时作业

对于全天作业和限时作业，应进行作业围挡；施工区挡板上应设置施工警告灯；应在缓冲区内设置路栏、防撞桶、作业区标志、闪光箭头板等可移动安全设施；宜在上游过渡区内设置防撞桶、作业区标志、闪光箭头板等安全设施；渠化设施的设置应确保线性整齐；在机动车道的相邻锥形交通路标之间及机非分隔时应使用挂链。

（2）移动作业

移动作业仅设工作区和缓冲区。应在工作区顺行车方向前方设置移动性施工标志；在明确提示行驶车辆及行人的前提下，移动作业可省略作业区标志、防撞桶、路栏等设施；在夜间进行的移动作业，应保证作业区的照明，在移动性施工标志车上安装警告灯。

（3）位于非机动车道和人行道的临时作业

非机动车道和人行道上的作业，应尽最大可能保证非机动车和行人的正常通行。非机动车道上的作业可仅设上游过渡区和缓冲区，其上游过渡区应为 5m，缓冲区应为 2m；人行道上的作业可仅设缓冲区，其缓冲区应为 2m；同一路段非机动车道和人行道的临时作业不宜同时进行。

（4）位于最外层车道、中间车道、车道两侧临时作业

当临时作业区位于最外层车道、中间车道或车道两侧时，应首先按照要求确定临时作业区各区段，然后设置相应的安全设施。

（5）改道临时作业

当工作区宽度过大时，可进行改道处理。改道路段应施画临时标线，隔离对向车流。

三、农村公路地质灾害安全保障应急响应技术

（一）农村公路地质灾害条件下工程应急措施

1. 地面塌陷应急措施

（1）采空塌陷

①首先应做好塌陷区水文地质（防洪排水）的工作。地表塌陷、裂缝区的周围，必须设置截水沟或挡水墙，防止大气降水渗入井下。

②采用井下开采废石或尾矿作为充填料，对采空区进行处理。废石层的厚度要满足冲击气浪缓冲层厚度的要求。大量的工程实践证明，采用充填处理采空区是控制采空区稳定性最好的方法。

③利用主动崩落的围岩所形成的缓冲岩石作为垫层，对采空区进行处理。采空区围岩上盘的崩落工作选择在采场大量放矿之后进行，可减少矿石损失贫化。但崩落放顶时，应采取微差爆破技术，尽量减小爆破冲击波对上部顶柱的破坏。

④封闭和隔离处理采空区，主要措施有：封闭采空区与外界相通的巷道；设隔离层使上部采空区与下部作业区隔开；在密闭隔离的采空区上部开通通往地表的"天窗"，然后用坚实密闭墙封闭通向生产区域和主要坑道的通道。

⑤对于采空塌陷造成的道路损坏，应尽快进行修复；道路损坏严重地点应考虑该段道路的重建。

（2）岩溶塌陷

①视险情发展将人、物及时撤离险区。在发现前兆时即应判定撤离计划。

②对建筑物附近的地面裂缝应及时填塞，地面的塌陷坑应拦截地表水防止其注入。

③在岩溶裂隙发育的地段，应着重治理，可在有天窗的部位采取灌浆的方法防止天窗进一步扩大。

④塌陷发生后要及时填堵建筑物附近的塌陷坑，以免影响建筑物的稳定。其方法是先向塌陷坑中投入片石，并铺上砂卵石，然后在上面进行铺砂，表面可用黏土夯实，经过一段时间的下沉压密后再用黏土夯实补平。

⑤对严重开裂的建筑物应暂时封闭不许使用，待进行危房鉴定后确定应采取的措施。

⑥路基处治。

岩溶水处理：采取因地制宜，因势利导的方法，处理措施以疏导为主。岩溶水量的估计宁大勿小，相应的排水建筑物也应宁宽勿窄。其处理措施有截流、疏导、围堰、堵塞、填石路堤、跨越等几类。

溶洞的处理措施：路基岩溶洞穴根据其大小和路基所处位置，可采用跨越（梁跨、板跨和拱跨等）、堵塞、加固和绕避等措施。

a.为防止洞穴塌或加强洞穴顶板岩层稳定性，可采用各种类型的桩、浆砌与柱、混凝土块、描杆及回填等方法进行加固。

b.对网状洞穴、巨大空洞应尽量予以绕避。在施工中，仍有可能出现网状洞穴或巨大空洞，若处理困难或造价高，且受工程限制，较大改线不可能时，可采取绕避方式。

c.对路堑边坡上的溶洞，若影响边坡稳定性，洞内可用片石堵塞，洞外用干铺砌、砂浆勾缝，或浆砌片石封闭；若溶洞靠近边沟时，浅洞可按上述方法堵塞封闭，深洞填砌不容易，可用钢筋混凝土板封闭，但应防止边沟水的渗透。

d.对开口型溶洞，也可根据具体填充情况采取封闭、浮筏、换填、风干、清爆、压浆、旋喷桩等处治方法。

⑦对于岩溶塌陷造成的道路损坏，应尽快进行道路修复，道路损坏严重地点应考虑该段道路的重建。

2. 公路水毁应急措施

（1）坚持"先抢通后修复，先县道后乡道、村道"的原则，尽快做好抢通修复工作。

（2）水毁发生后，因坍塌中断交通的公路，要及时组织群众，调动机械进行抢修，同时必须在最短的时间内安排抢险人员到达现场，迅速制订恢复方案，及时抢修恢复通车。

（3）因挡墙等构造物坍塌，勉强能维持通车的路段，要尽量拓宽路基维持通车，并在坍塌的两端设立明显的标志，提醒车辆安全通过。

（4）因桥梁等大型构造物坍塌阻断交通的路段，要迅速制订恢复方案，采取架设便桥或修建便道等办法维持通车，需要绕道行驶的要及时报告当地交警部门，并在路线出人口告知车辆绕行。

（5）对于公路水毁造成的道路损坏，应通过调查总结，弄清水毁的真正原因，尽快进行道路修复，道路损坏严重地点应考虑该段道路的重建。

3. 崩塌应急措施

崩塌发生后，首先在第一时间撤离危险区域内的人员、车辆、机械等。全面检查灾害点及其附近，如有继续发生崩塌落石的可能，应及时组织人员对灾害点进行适当的刷坡、清除石块等工作，使灾害发生区域达到临时安全的程度，然后再组织道路抢险人员在最短时间内抢通道路。当崩塌下的岩体较大、短时间无法清除时，在地形允许的条件下，最好能采用修筑便道的方式先恢复通车，保证道路的一定通行能力，再进行施工。在路堑或半路堑路段发生大规模崩塌，导致交通中断，而路线没有左右摆动的余地，只能等待清除崩塌体才能通车时，可采取两端清除崩塌下的岩土方法，尽快清方。崩塌下的岩土体块体大、数量多，短时间靠人工无法清除时，可采取爆破方法，快速清方。

4. 滑坡应急措施

滑坡发生后，采取上方卸载、下方堆载等方法，设置临时排水沟，对滑坡裂缝进行夯实处理。在滑坡逐渐稳定后修复被毁坏的公路，保证公路的安全通行。对破坏的挡墙、排水设施予以恢复，对路基路面发生变形破坏的区域进行修复工作。若已经彻底破坏则重新修建该段道路。

5. 泥石流应急措施

泥石流应急措施应遵循"防治结合，长期治理，标本兼治"的原则。工程措施主要有：跨越工程；穿过工程；防护工程；排导工程；拦挡工程。

对于防治泥石流，采用多种措施相结合的方法更为有效。

6. 地面沉降应急措施

为了从根本上谋求缓和或终止地面沉降，必须从消除引起地面沉降的根本因素入手。常采取的地面沉降应急治理措施有：

（1）人工补给地下水（人工回灌）。

（2）根据地下水资源的分布情况，合理选择开采区，调整开采层和开采时间，避免开采地区、层位、时间过度集中。

（3）引水工程。

（4）避开软弱地基或对软弱地基进行工程处理。

（二）农村公路地质灾害条件下紧急交通组织

地质灾害事故发生后，农村公路相关管理人员应迅速赶到现场，成立临时指挥小组，确定预警级别，及时发布预警信息；根据应急要求立即报告，同时主动采取临时应急措施控制事态发展。

1. 事故现场警戒

事故现场警戒措施：事故现场拉警戒线或用其他警用设施对现场进行封闭，并由交警在事故现场维持秩序，疏导交通。

当只占用部分车道时，通过对现场进行封闭，隔离出可通行车道；当占用全部车道时，在对现场进行封闭的同时，于路段交叉口及主要节点发布车道封闭信息。

2. 交通诱导

交通诱导主要指信息诱导，目的是告诉驾驶员地质灾害发生的位置，事故的严重程度以及事故的持续时间，提出避免事故路段拥挤的绕行路径。在过渡区域的起点发布"前方事故"信息，通过警用设施隔离出事故过渡区域，在过渡区域起点处发布"减速慢行"信息，紧接着停放警示标志车，开启警车电子显示屏，电子显示屏显示"减速慢行"，同时警车开启警灯，以警示驶入方向车辆，引起驾驶员警觉，降低车速，集中注意力驾驶。另外，在距事故现场50tn处安排1名交警，交警时刻注意驶入方向车辆，观察情况，指挥疏导交通。交通信息诱导方案主要如下：

（1）可变信息板及临时交通标志

对于农村公路，建议二级及二级以上的道路利用可变信息板，二级以下的道路用临时交通标志在灾害路段各个出入口及重要节点处发布前方灾害信息（事故发生位置、持续时间等），提示驾驶员绕行，并尽可能提供建议绕行路线，使驾驶员根据驾驶经验和对路网的熟悉程度做出决定。发布信息如"前方灾害请绕行"。

（2）交通广播

利用路侧有线交通广播或者通过广播电台发布前方地质灾害信息和气候信息，提醒驾驶员绕行。

（3）手机短信

通过手机短信向驾驶员提供地质灾害路段事故信息和气候信息，提醒驾驶员绕行。

在恶劣的天气条件下，交通诱导指信息诱导和线形诱导。由于恶劣天气对能见度的影响以及道路抗滑能力的下降，致使驾驶员看不清道路线形，车辆容易跑偏。

线形诱导方案一是在能见度较低路段，防护栏两侧布设间距为30m的雾灯，基本可保证车辆在低能见度天行驶时不会偏离车道，从而避免因车辆偏离车道造成的交通事故。二是在能见度极低地带的两侧路面设黄色闪烁警示灯，显示道路轮廓，以便驾驶员了解汽车在路上的方位。

3. 交通管制

（1）限制通行

对于道路上积水、路面损坏无法及时排除及道路交通事故持续时间较长的路段，可采取限制通行措施，封闭部分或全部节点，避免事故发生。

（2）利用对向车道

在灾害路段前方摆放反光安全锥筒和提示牌提醒车辆提前变换车道，并由交警引导车辆驶往对向车道绕过灾害路段。

（3）载重控制

在灾害路段修复期间进行交通管制，采取砌隔离墩等措施禁止重载交通通行，同时要设置过往车辆绕行标志。

四、农村公路特殊天气条件下安全保障应急响应技术

（一）农村公路特殊天气条件下安全管理措施

1. 特殊天气层级划分

农村公路由于其道路层级普遍较低，为了更好地防止在特殊天气条件下交通事故的发生，需要针对不同的天气条件做出不同的交通措施，保证各个交通管理设施发挥其最大的效能。按照对道路使用者的影响程度对特殊天气进行分级，其划分如下。

（1）第一层级：薄雾、轻雾、小雨、小雪。

（2）第二层级：中雾、中雨、中雪。

（3）第三层级：大雾、大雨、大雪。

（4）第四层级：浓雾、暴雨、暴雪。

2. 特殊天气条件下交通安全管理特点

特殊天气下农村公路的安全管理，相比其他公路而言更加复杂。主要原因有交通组成复杂，既有运行速度较高的小客车，也有运行速度较低的货车及拖挂车，同时其上还有大量的行人、非机动车、三轮车和摩托车，这都加大了交通管理的难度。

特殊天气条件出现时，道路管理者对道路交通的管理也有别于正常天气下的安全管理。这是由于在正常天气下，一般道路能见度良好，路面摩擦系数较大，意外事故发生的概率要低于特殊天气下事故发生的概率。鉴于此，特殊天气条件下安全管理措施也要做出相应调整。

3. 特殊天气条件下交通管理策略

当特殊天气出现时,道路管理者为确保公路交通的安全与畅通,需要实行相应的管控策略。交通管理策略包含以下三类:

(1)建议策略。此类策略主要作用在于向公众和管理者提供特殊天气和交通信息,尽量保证道路使用者在出行过程中可以及时获得路况信息,以便实时地调整运行状态。

(2)控制策略。主要目的是在特殊天气条件下,对道路上车流的运行速度以及运行状态进行直接或间接的控制。

(3)处治策略。处治策略是指利用道路管理条件以及相关部门的救援资源,来缓解特殊天气给交通安全带来的影响

4. 特殊天气条件下交通管理方案

根据天气分级,制订不同天气层级下的交通管理方案。鉴于第一层级的天气条件对农村公路的影响很小,故在发生第一层级天气时,交通管理方案可以按照正常天气时进行。

(1)第二层级天气管理预案

当发生第二层级的天气时,道路交通状况已经受到了天气的影响,其交通管理措施也要进行相应调整。

其管理的具体措施如下:

①当出现异常状况时要向路政、养护站通报出现异常情况的路段和路况,以便尽快赶到现场,路政人员应在情况异常路段增加巡逻次数,并用车载广播提醒驾驶人员注意安全。采取相应措施确保路面路况良好,并在异常情况路段区域内设立警示牌或临时限速。

②在异常路段前方的可变限速标志上显示限速值,并在相应的可变信息板上打出提示驾驶员"注意异常路段,谨慎驾驶"的信息。

(2)第三层级天气管理预案

当处于第三层级的天气出现时,汽车在道路上的行驶变得困难。由于出现第三层级的天气时,天气状况已经对道路行车产生了明显影响,其管理的方案也要进行改进。第三层级天气管理其管理的具体管理措施如下:

①当通过监控设施收集到的路况信息显示此时处于第三层级天气状况时,监控中心应及时向有关部门汇报情况,以请示意见和指示。相关路段的路政人员应加强巡查,同时请交警上路进行辅助支援。当异常状况发生时,监控中心应在最短的时间内将事故位置以及阻塞情况通报给相关的路政、养护站,同时请交警上路进行支援。

②如遇到异常事件时,应该在异常路段前方设立限速标志,并通过可变信息板或临时标志通告驾驶员前方异常状况,同时提醒驾驶员保持车距和控制车速。对于线形较差和事故多发路段,应增设线形诱导标志及临时性提醒标志。

(3)第四层级天气管理预案

当第四层级的天气状况出现时,交通状况便会变得十分恶劣,这种天气状况对行车是十

分不利的。考虑到农村公路的特点，在这种天气条件下不能采取道路封闭措施，所以对于此种天气状态要进行特别的管理，

其管理的具体措施如下：

①当发生第四层级的天气状况时，监控中心要将实时信息及时反映到道路管理部门和各个地方部门，以请示和发布管理措施。在此天气条件下，为了预防交通事故的发生，交通监控中心应通过各种通信手段如网络、广播等发布实时的天气及交通信息，尽量控制不必要的出行车辆。监控总中心将管理部门的指令下达给各个分中心，各个分中心将与当地的消防、医院、路政、交警等部门联动以应对突发事件的发生。

②在异常路段前方设置限速标志，并通过可变信息板或临时标志通告驾驶员前方异常状况，以及提醒驾驶员保持车距和控制车速。为了正确诱导驾驶员的行驶路线，在农村公路的不良线形路段应增设临时的线形诱导标线。在固定标志处，应开启照明设施以提高标志的可视距离。

（二）农村公路特殊天气条件下交通安全设施设置

1. 路段安全设施设置

（1）第一层级天气

对于路段天气条件处于第一层级，而其他层级的天气条件出现概率较低时，其交通状况基本不受天气影响，故在此处路段的标志设置时对特殊天气的考虑较低，其设置可以与正常天气下的相同。

（2）第二层级天气

当特殊天气对道路交通影响较小时，其标志的设置内容如下：

①当路段出现第二层级的概率较大时，设置主要以固定标志为主。为了降低固定标志的识认距离，考虑到能见度的下降幅度，根据最不利情况，需要将标志等比例放大以达到识认距离的要求。

②固定标志的内容主要以提醒标志为主，如"进入雾区，减速慢行"。

③在困难路段，如行人出入较多，道路线形较差，应设立限速标志。

④当天气条件处于第二层级时，能见度一般在200m以上，可以达到标志识别距离的要求，故不需在标志处设立照明设施。

（3）第三层级天气

当特殊天气层级处于第三层级时，天气将会对道路行车产生比较明显的影响，而道路上的行驶车速则会显著下降。其标志设置内容如下：

①在特殊天气影响明显的路段前设立减速标志。除增大标志比例提高可视距离外，由于能见度较低，可以对交通标志增加照明设施提高交通标志的可视距离。

②在视距不良或线形较差路段应设置路线诱导标志。

③建议采用设置可变信息板、临时标志与固定标志相结合的方式；考虑能见度的影响，建议在固定标志处设立照明设施，以达到标志识别距离的要求。

（4）第四层级天气

当处于第四层级天气条件时车辆行驶困难，道路能见度很低，此时需要对安全设施进行特殊设置。

①在不良路段前 1.5km 处设立减速标志，此时道路能见度很低，固定标志除了要增大相应比例以降低识认距离外，建议在标志处设立照明设施。

②在道路线形不良路段应架设电子标志，以诱导车流。

③增加临时性车载标志，使在特殊天气影响的路段巡逻，以提醒驾驶员注意。

④在特殊天气影响路段上设立临时性村镇告示标志，以提醒驾驶员注意。

⑤在受此特殊天气层级经常影响的路段，应加设护栏或设立解体消能设施。

⑥建议在路段边沟上铺设盖板，避免车辆因附着系数的降低而滑入边沟。

2. 出入口安全设施设置

对于出入口天气条件处于第一层级，而其他层级的天气条件出现概率较低时，其交通状况基本不受天气影响，故在此出入口处可以不加设安全设施。

（1）第二层级天气

当处于第二层级天气时，路面的附着系数降低且出入口处交通流复杂，建议在受第二层级影响的出入口前增设提醒标志；在车流量较大的出入口前，建议设立限速标志。

（2）第三层级天气

当处于第三层级天气时，特殊天气的影响较为明显，需对出入口处进行相应处理。在出入口前设立限速和提醒标志，如无固定标志应增设临时标志用来提醒和限速，并且为了提高可视距离应将标志等比例放大。在被动设施方面可以在边沟上铺设盖板，避免车辆滑入边沟。

（3）第四层级天气

当第四层级天气出现时，出入口处应进行特殊处理。除在出入口前设立限速和提醒标志外，在出入口处也应加设提醒性措施，如爆闪灯等。为了避免车辆因滑出而造成的危险，应在路旁边沟上铺设盖板，如边坡较陡，可以将边坡放缓来降低事故发生后的伤亡率。'当出入口车辆较多时，可以增设临时性管理人员。由于能见度不足，可以增设临时性诱导标志以保证车辆安全行驶。

第三节　农村公路养护与管理的相关预案

一、农村公路管理养护突发公共事件应急预案

为确保所辖公路在突发事件发生时或发生后，能够统一指挥、反应迅速、功能齐全、运转高效地排除险情，提升养护本单位应对突发公共事件的能力，保障公路安全、快捷、畅通，减少突发事件造成的人员伤亡、环境影响及财产损失，根据上级有关公路管理规定，结合养护本单位管理工作实际，特制定本预案。

（一）指导思想

公路突发事件处置工作是养护本单位公路管理工作的重点，应做到预防为主，常备不懈，反应快速，及时疏导，处理妥当。要把保障人民群众生命财产安全作为首要任务，采用有效的预警和高效的措施，最大限度地减少和控制突发事件造成的不良影响。

（二）适用范围

本预案适用于发生在养护处所辖范围内，由各类突发公共事件引起的县道、乡道等干线公路出现交通中断或较长时间阻塞，需要及时疏通；公路、桥涵、涵洞及其附属设施遭到严重破坏，丧失正常使用功能，需要迅速恢复、抢修、加固，以确保公路畅通的应急行动。

（三）组织分工

为加强组织领导，方便统一调度，各站要成立突发事件处置工作领导小组，主任为突发事件处置工作第一责任人，负责总体指挥和统一调度；统计员和巡路员、质量、安全管理员为组员。应急突发事件处置领导小组职责如下：

（1）制定业务范围内有可能发生事件的灾害信息数据库。

（2）建立预警机制，收集、分析、提供预警信息。

（3）制定事件应急处置措施，为应急救援提供技术支持。

（4）编制、修订业务范围内的专项应急预案，并组织演练。

（5）承办上级应急工作指挥部交办的其他事宜。

（四）情况处置

1.暴雨天气道路交通处置预案

遇有暴雨天气，各养护处要加强巡查，出现路面积水要提醒驾乘人员，减速慢行，保证

行车和乘客安全。

所辖道路内有排水泵站的要及时排除积水。

2. 大雪天气处置预案

养护 if 查人员发现雪天影响车辆正常通行时，要及时上报养护本单位。必要时，向有关部门发出封闭道路的请求。

养护处应提前备足防滑砂、盐，大雪时及时采取措施，组织抢险队和机械立即清除积雪，确保在最短的时间内恢复通行。

3. 路面结冰处置预案

养护巡查人员发现路面有结冰现象，应立即上报养护本单位，汇报要讲清结冰地点、结冰程度。

养护本单位设置路面结冰警示标志，提醒小心驾驶，注意安全。

养护处要及时组织人员、机械做好除冰工作。

4. 交通事故引发道路阻塞的处置预案

养护巡查人员发现交通事故造成道路阻塞，应立即向交通路政、养护、交警发出信息并报局领导采取措施，现场养护人员要协助交警、路政维持现场秩序，保护好现场，做好救助配合，帮助疏导交通。

如遇重大交通事故，要按照紧急信息报送要求，及时上报上级值班室，同时，随时整理资料以书面形式上报。

5. 施工路段的本单位预案

施工路段降低了公路通行能力，施工设备、施工车辆、施工人员的管理不善都有可能造成事故。要加强对施工路段的监督检查力度，对施工单位定期进行安全教育，按照国标设置齐全明显的标志，对标志设置不规范的，责令施工单位立即整改。通过加强监督管理，尽量减少施工对公路通行能力的影响。

一旦施工路段发生事故或道路阻塞，应立即组织救援并按程序上报，以便集合调度人员和机械参与救援。

6. 群众性阻断交通预案

发现群众性阻断交通事件要及时通知公安部门，现场人员应采取措施防止事态继续扩大，防止交通事故发生。及时了解事件起因和基本情况，上报局领导，请求地方党委、政府和派出所协助疏散群众。协助公安机关对受煽动闹事的群众劝说疏导，有效控制局面，尽快恢复公路正常的通行秩序。

7. 危险品散落、泄漏处置预案

发现公路上危险品车辆发生交通事故时，立即向公安、消防、卫生等部门报告，说明现场情况。并按程序逐级上报，汇报中应讲清事故的概况，以便根据事故所处位置采取措施。提示过往车辆注意安全和绕行。

8. 公路堵车处置预案

发现公路将出现或出现堵车现象时，应视情况及时采取措施。养护人员根据堵车情况及时协调调度，堵车情况严重时，应逐级上报，并协调路政管理人员尽快到场维持交通秩序。要在适当位置设分流提示牌，及时分流车辆。

9. 桥涵垮塌引起的交通阻断处置预案

发现桥梁、涵洞有阻断现象时，应视情况及时采取措施封闭交通。应立即向路政、养护、交警发出信息并上报局领导采取措施。

现场养护人员要协助交警、路政维持现场秩序，保护好现场，做好救助配合，帮助疏导交通。

要按照紧急信息报送要求，及时上报养护处，同时，随时整理资料以书面形式上报。

（五）程序与时限

（1）遇有突发事件，各站值班或现场人员应按照紧急信息报送要求，立即采取措施处置的同时，向主任报送初步情况。当领导接到报告后，立即启动应急预案。

（2）因突发性事件，做出需要临时关闭道路的书面通知后，养护处要告知路政科协助执行，联系交警保证安全。

（六）信息报告

（1）关于重大突发性事件，中央、省市委都有明确规定，属于紧急信息范畴，要及时如实汇报。

（2）遇有重大突发性事件，养护处要按照紧急信息报送要求，第一时间电话报告局领导，然后报告市局。

（3）养护处要建立健全责任制，明确责任，落实到人。对不按规定上报情况的，要通报批评；因上报情况不及时造成严重后果的，坚决追究第一责任人和直接责任人的责任。

二、农村公路养护防汛抢修工作预案

（一）编制目的

为预防和及时处置公路水毁灾害，最大限度避免和减轻水毁灾害损失，维护人民生命财产安全，保障公路、桥梁安全畅通，全面提升公路防汛突发公共事件应急反应和处置能力，结合养护处工作实际，制定本预案。

（二）指导思想

坚持"安全第一、常备不懈，以防为主，防治结合"的方针，明确任务，突出重点，按照防大汛、抗大洪的要求，全力以赴做好防汛工作。

（三）组织机构

实行一把手负责制，成立公路防汛领导小组，防汛领导小组下设防汛突击队。防汛指挥部办公室设在局养护处，养护处主任任公室主任，统一调度。

（四）汛期及雨量等级

（1）我市的汛期是6月1日至9月30日，6月下旬至8月上旬为我市的"主汛"。

（2）降雨量是在防汛中首先要关注的重要技术数据。水文气象规定：

小雨：24h 降雨量在 10mm 以下；

中雨：24h 降雨量在 10—24.9mm；

大雨：24h 降雨量在 25—49.5mm；

暴雨：24h 降雨量在 50—99.9mm；

大暴雨：24h 降雨量在 100—199.9mm；

特大暴雨：24h 降雨量大于 200mm；

强降雨：lh 降雨量在 50mm 以上。

（五）防汛重点

1. 工作目标

加强公路汛期巡查力度，确保易积水、易冲毁的路段无积水、无塌方、无事故；确保立交桥下排水和泵站排水各种设施正常使用；确保边沟、涵洞畅通，做好清淤工作；确保防汛物资和抢险队能及时到位。

2. 重点部位

（1）进行汛前检查，彻底清除隐患，提高公路综合防汛能力。在主汛来临前半月，对辖区内道路、桥梁进行安全隐患大检查，发现问题及时处理。对危桥、沿线地质灾害隐患点进行排查，采取有效的加固维修措施及制定汛期应急方案，并做好监测和预警工作，发现险情，及时采取防范措施，做到早发现、早预防、早处理，坚决杜绝各类公路重大事故的发生。

（2）加强道路日常巡查工作，高度重视山区公路、沿河公路的防汛工作，常抓不懈。对于所辖公路的漫水桥、过水路面和泥石流、滑坡体、塌方、落石、沉陷路段以及其他危及行车安全的路段，要设立明显的警示标志。当水毁等自然灾害发生后，执行 24 小时派人值守，并立即组织抢修或修筑临时便道、便桥，尽一切可能确保公路运输安全通行。

（3）密切关注天气变化，责成专人每日收听天气预报，及时掌握雨情、汛情，提前做好各项准备工作。

（4）做好自身检查。对办公设施、宿舍、仓库、配电设施、供电线路及各种设备，进行汛期检查维修，确保安全度汛。

（六）人员物资保障

认真贯彻"安全第一、预防为主"的思想，做到未雨绸缪，防患于未然，组建专业的防汛抢险突击队和预备队，随时待命，随时应对可能出现的险情。防汛抢险突击队由站长任总指挥，防汛抢险突击队不少于20人。

按照防汛工作要求和实际情况，认真准备（包括定购）草袋子、编织袋、铅丝、木材（木桩）、砂石料、水泥、雨衣、雨布、铁锹、反光标志服、锥形标等抢险物资，防汛物资实行专人保管，造册登记。

组织落实好巡查车、发电机一台及其他抽排水设备等防汛设施，要维护保养好防汛设施，并随时确保处于良好的使用状态。

（七）应急保障程序

由于大、中、暴雨及洪水致使险情事件发生，应立即启动防汛抢险预案。及时组织抢险，抢险作业时，要综合考虑交通流量、天气变化及其他各种因素，统筹安排，科学施工，加强车辆疏导，设立醒目的警示标志和绕行路线指示，确保抢险施工中行车安全及公路安全畅通。

（1）进入汛期，各部门人员要按照要求，充分做好准备工作。

（2）积极与当地气象、水利、防汛部门加强联系，及时掌握风势、雨情、汛情的发展趋势。

（3）发生险情、灾情时，应重视对雨情的收集、分析，及时与有关部门联系，并做好应急保障措施的准备工作。

（4）发生险情、灾情后，指挥部应立即将防汛工作当作首要任务，按照以下程序启动本预案

①防汛领导小组紧急动员和部署抢险救灾工作。负责组织防汛抢险工作的实施。

②防汛领导小组与上级主管科室建立信息通道，随时汇报险情、灾情及交通保障情况，接受上级的指令。

③防汛领导小组根据现场情况，确定应急保障任务的规模、地点、具体要求等，成立现场指挥小组，同时做好运行调度、通信联系和生活保障等工作。

④防汛领导小组根据情况，分析险情、灾情发展趋势，并及时上报，必要时请求上级主管科室协调、调度其他单位或向当地政府请求紧急援助。收集、汇总雨情、汛情、险情、公路交通保障等工作情况，为上级防汛领导小组正确决策提供翔实资料，并做好值班、巡查、雨情记录及上报工作。

⑤遇有中、大暴雨时，防汛领导小组成员要立即上路分段巡查，坚持24小时值班巡查，

一旦发生险情要加强调度，迅速启动防风防汛应急保障预案，调度抢险突击队，调派抢险物资、机械，迅速赶赴抢险现场，及时排除险情。

⑥抢险队伍要根据险情路段的实际情况，采取有效措施，立即组织抢险人员进行排水、抢修，避免水毁扩大，力求将损失降到最低。

⑦道路、桥梁出现险情，防汛领导小组成员要迅速赶赴现场，果断采取措施，封闭交通，及时跟交警联系，确定绕行路线，并在绕行路线交叉口处设置指向标志，做好通行车辆的疏导工作，确保人员、车辆安全，如有重大情况，必须向上级领导汇报，并提出恰当的处理意见，经领导批准后立即实施，确保安全畅通。

⑧道路由于险情封闭或部分封闭，要在险情发生的路段设置规范的安全标志，并安排人员看管，防止车辆和人员进入。

⑨水毁一旦发生，要立即设置安全标志，引导车辆通行或封闭交通。为避免水毁扩大，降低损失，一旦发生水毁，要坚持雨中修复，利用木桩、编织袋、石块等抢险物资对水毁部位进行临时性加固防护。降雨停止后，要立即统计调查水毁情况，制表上报，研究制定详细的水毁修复方案，经批复后迅速实施。做好水毁记录，存档备案。

（八）加强调度，严格防汛工作制度

（1）要切实遵循下级服从上级，局部利益服从全局利益的原则，坚决服从上级下达的调度指令。积极与当地气象和防汛指挥等部门加强联系，及时掌握汛情，努力做好防汛工作。

（2）建立防汛值班制度，在汛期保证24h专人值班。值班人员要坚守岗位、、不准擅自离岗，做好记录和交接班工作，切实落实上级领导的决定及交办的任务，凡因无人值班而延误救灾时机或造成重大损失的，要严肃追究有关领导和直接当事人的责任。值班人员和防汛突击队员必须24h开机。值班人负责做好汛情接报记录，并及时报告带班领导。

（3）建立雨中巡查制度，要坚持雨中上路巡查，对所管养县乡道进行全面巡视，发现问题，及时处理，及时上报。

（4）严格监护制度。对重点路段和桥梁实行专人负责，24h监护。

（5）建立汛期旬（日）报制度，由统计专人负责，按照有关要求认真填写，于每旬末通过网络、传真、会面形式按照规定表式和要求，及时、准确、全面地上报农村养护本单位。

三、农村公路养护桥梁突发事件应急预案

（一）总则

第一条 为预防和有效处置农村公路桥梁突发事件，及时组织抢险救援，最大限度地减少事故损失，保障人民群众生命财产安全，根据上级有关文件精神，结合农村公路养护工作，制定本预案。

第二条预防和有效处置桥梁突发事件，坚持"以人为本"、"科学发展观"以及"统一领导、分级管理，条块结合、以块为主"的原则。养护处要在上级主管部门的领导下，根据职责分工，分级响应，密切协作，充分利用属地资源，快速、高效地做好应急工作。

第三条养护处各级人员在桥梁突发事件中必须遵守本预案。

（二）应急保障机构的组织和职责

第四条成立桥梁突发事件应急领导小组，领导小组成员由养护处人员组成，养护处主任任组长，执行 24 小时值班制度。

第五条桥梁突发事件应急领导小组主要职责：

（1）迅速组织实施上级领导小组的决定和任务。

（2）迅速收集汇总险情、灾情，及时向上级领导小组和上级报告，并提出桥梁突发事件应急工作的意见和建议。

（3）检查养护处在人员、制度、措施、材料储备、日常养护等方面的情况，做好准备工作。

（4）搞好桥梁突发事件应急工作的协调。

（5）出现灾情进行封闭交通、维护现场秩序、疏导车辆。

（6）做好特殊天气巡查工作。

第六条农村公路养护本单位应重点做好桥梁维护、涵洞排水、边坡养护工作，保障桥涵排水畅通。

（三）预防和预警机制

第七条农村公路运营桥梁的日常维护工作按照《公路桥梁管理养护工作制度》执行。落实桥梁管养"四个一"工作制度、"危桥动态报告"和"危桥动态监管"制度，及时掌握桥梁运营动态，发现问题及时处置，保障桥梁各构部件、附属设施等处于安全、完好状态。对技术状况为五类的桥梁实行 24 小时专人值守制度，及时采取交通封闭措施。在中桥及以上桥梁两端顺路方向设置提示牌，内容包括桥隧名称、道路编号、桥隧桩号及"四个一"责任人和应急联系电话。

第八条强化桥梁巡查制度，特别加强对重点桥梁的巡查力度，做好巡查记录。巡查人员工作时要随车携带锥形标志等物品，发现桥梁坍塌或桥梁安全受到威胁时，要立即进行现场布控，防止事态进一步发展，同时报告上级管理部门，发出预警。

第九条应急处置一、应急事件分级

1.I 级事件

（1）造成 30 人以上死亡或失踪的事故。

（2）特大型桥梁、长大隧道突然坍塌或桥隧安全受到严重威胁。

（3）因桥梁坍塌，通行能力严重影响周边省份，或需要发出 I 级预警的其他事故。

2.II 级事件

（1）造成 1 人以上 30 人以下死亡或失踪的事故。

（2）大型桥梁、中短隧道突然坍塌或桥隧安全受到严重威胁。

（3）因桥梁坍塌，通行能力严重影响周边市，或需要发出 n 级预警的其他事故。

3. Ⅲ级事件

（1）中、小型桥梁突然坍塌或桥梁安全受到严重威胁。

（2）需要发出Ⅲ级预警的其他事故。

第十条预案启动

一旦接到桥梁突发事件预警报告，养护处要立即启动应急预案并赶赴事故现场，同时向上级有关部门报告。

第十一条事件现场应急工作

出现桥梁突发事件时，事发路段管理养护责任单位要立即报告上级有关部门并要在第一时间到达现场，立即设置警示标志、封闭交通，根据现场情况确定应急处置工作方案，调集必需的人员、物资、设备，配合有关部门，全力开展人员救治、交通疏导、桥梁抢修等工作，确保各项应急处置工作有序进行。同时配合上级部门做好事件的调查总结工作。

第十二条应急保障

1. 抢险队伍保障

养护处组建不少于 20 人的应急抢险队伍，由养护处主任任抢险队长。抢险队伍要明确每个成员的职责，随时保证通讯畅通，出现情况，能够立即组织人员上路，做好抢险工作。对应急抢险队伍每年进行一次能力评价，每两年组织一次演练，重点提高和改进应急处置实战能力。

2. 物资、装备和运输保障

养护本单位要储备必要的救援物资、设备和运输车辆。要储备好一定数量的砂、石、钢筋、木桩、编织袋等材料以及标志、灯光等设备，以便出现险情后能够迅速供应到位，缩短抢修时间，切实保证应急救援需要。

四、村公路除雪防滑应急预案

（一）总则

第一条为确保除雪防滑抢险救灾时公路桥梁安全畅通，提供快速、及时、有效的交通保障，结合养护本单位实际，以制定本预案。

第二条实施本预案中，坚持以下原则：

（1）统一指挥。

（2）先参与后汇报或边参与边汇报。

（3）分级分部门负责。

（4）局部服从全局，下级服从上级。

（5）最大限度减少损失，防止和减轻次生危害。

第三条养护处各级人员在除雪防滑抢险救灾中必须遵守本预案。

（二）应急保障机构的组织和职责

第四条成立除雪防滑应急领导小组，领导小组成员由养护本单位人员组成，养护处主任任组长，执行24h值班制度。

第五条除雪防滑应急领导小组主要职责：

（1）迅速组织实施上级领导小组的决定和任务。

（2）迅速收集汇总雪情、灾情，及时向上级领导小组和上级报告，并提出除雪防滑应急工作的意见和建议。

（3）检查养护处在人员、制度、措施、材料储备、日常养护等方面的情况，做好准备工作。

（4）搞好除雪防滑应急工作的协调。

（5）出现雪情进行封闭交通、维护现场秩序、疏导车辆。

（6）做好巡查工作。

第六条养护处应重点做好桥梁、急弯路段、纵坡较大路段的巡查工作。

（三）应急保障程序

第七条养护本单位层层落实责任制，在应急方案、组织机构、抢险队伍、抢险车辆、器材方面充分做好应急保障的准备工作。

第八条发生雪情时，养护本单位应重视对雪情的收集、分析，及时与上级主管部门取得联系，报告情况及应急保障措施准备工作。

第九条发生雪、灾情后，养护处除雪防滑领导小组应立即将除雪防滑作为首要任务，按以下程序启动本预案。

（1）紧急动员和组织抢险救灾，部署和监督本预案的实施。

（2）与上一级主管部门建立信息渠道，随时通报雪情、灾情及交通保障情况，接受上级指令。

（3）统一领导，组织指挥所辖公路桥梁除雪防滑工作，根据上级部门的部署，确定应急任务、规模、地点、责任单位具体要求等，成立现场指挥小组，同时做好运行调度，通信联系和生活保障等各项任务。

第十条雪情、灾情发生后，必须由除雪防滑应急领导小组赶赴现场。

（四）降雪预警级别及处置办法

第十一条按照降雪量程度，降雪预警级别共分为降小雪（ⅲ级）、降中雪（ⅱ级）、降大雪或特大雪（Ⅰ级）三级。

第十二条降雪预警标准

（1）Ⅰ级（降小雪）：降水量 2.5mm 以下，路面积雪 2cm 以下。

（2）Ⅱ级（降中雪）：降水量 5mm 以下，气温超过零下 4 摄氏度，路面积雪 5cm 以下。

（3）Ⅲ级（降大雪或特大雪）：降水量 5mm 以上，气温超过零下 4 摄氏度，路面积雪 5cm 以上。

第十三条收到气象部门降雪的预报后，立即按照职责做出应急响应，建立 24h 昼夜值班制度，密切关注气象部门预报，做好人员、物资、设施设备等准备工作。

第十四条降雪后，立即派专人巡视，并根据降雪程度，召开专题会议，启动应急预案。

（1）达到小雪（Ⅰ级）预警标准时，路面积雪在 1cm 以下，出动除雪组人工清扫。夜晚降雪，凌晨 5 时组织清扫，白天降雪，边下边扫边运；路面积雪超过 1cm 时，对道路按照类别逐条实施喷洒融雪剂作业。

（2）达到中雪（Ⅱ级）预警标准时，对道路喷洒融雪剂，同时，出动勘察组巡视，观察了解降雪情况，出动除雪组采用机械方式除雪；夜晚降雪，凌晨 5 时组织清扫，白天降雪，边下边扫边运。

（3）达到大雪或特大雪（Ⅲ级）预警标准时，对所有道路喷洒融雪剂，出动勘察组巡视，观察了解降雪情况，采取人工配合机械连续清除的方式，先开通机动车道，保证行车安全。

第十五条降雪达到Ⅱ级（降中雪）预警以上的，召开除雪应急工作会，成立现场除雪指挥部，具体安排部署除雪应急各项工作。

第十六条降雪停止后 16h 内，将道路的行车道、人行道积雪清理出来。清理的积雪，可堆放到道路侧的一边，也可堆放到人行道上，严禁将使用有融雪剂的积雪堆放到树穴或草坪内。36h 内，将所有堆积的积雪清运到指定倾倒场所。

第十七条除雪工作结束，要向指挥部或现场指挥部报告除雪工作情况，指挥部或现场指挥部依据除雪实际状况，决定延续或停止应急。

五、农村公路养护春运应急预案

（一）总则

第一条春季运输从月日开始，至月日结束，共天。为认真组织好春运工作，保障人民群众安全出行和生产生活物资运输，根据省市政府的统一部署，结合养护处实际，制定本方案。

第二条春运工作的总体要求是：坚持以党的十七大精神和省第九次党代会精神为指导，认真贯彻落实科学发展观，立足"三个服务"，突出"以人为本、安全畅通、和谐稳定"的工作主题，把春运工作作为建设"平安公路"、"和谐公路"的重要内容，加强领导，周密部署，精心组织，为人民群众过个欢乐、祥和的新春佳节，创造安全畅通的道路通行环境。

第三条春运工作的目标是：通过全县交通系统广大干部职工的共同努力，确保我县县乡公路安全畅通；不发生责任事件。

（二）春运保障机构的组织和职责

第四条成立春运工作领导小组，负责对春运工作统一领导、统一指挥。领导小组成员由交通运输局成员组成，养护处主任任组长。

第五条领导小组办公室设在养护处主任办公室。

第六条主要职责：

（1）认真研究落实上级有关春运工作的指示精神，迅速制定交通保障具体措施，并组织实施。

（2）统一指挥所辖公路、桥梁的抢险救灾，决定、协调、解决交通保障中的重大问题。

（3）及时掌握雪情变化趋势，提前部署准备工作。

（4）迅速组织实施领导小组的决定和任务。

（5）迅速收集汇总雪情、险情、灾情，及时向上级领导小组和上级报告，并提出公路交通保障工作的意见和建议。

（6）检查养护处在人员、制度、措施、除雪材料储备、日常养护等方面的情况，做好准备工作。

（7）搞好除雪防滑抢险救灾工作的协调。

第七条建立值班制度，实行24h专人值班，遇有重大问题立即向交通运输局春运工作领导小组办公室汇报。值班期间，值班人员要做好值班记录。

第八条各公路站组建公路路桥专业抢险队，在抢险救灾中承担公路清障、加固、抢修任务。

第九条各公路站应重点做好桥梁维护，保障公路安全畅通。

第十条加强宣传、协调和值班工作，加强春运宣传工作，及时报道工作情况，宣传好人好事，展示公路形象，促进工作措施落实。严格值班制度，领导小组组长亲自带班，遇有突发事件要及时逐条上报，妥善处理。春运办公室设立值班电话，认真及时地做好指挥协调、信息传递等工作。

（三）程序与时限

第十一条遇有春运突发事件，各站值班或现场人员应按照紧急信息报送要求，立即采取措施处置，同时向主任报送初步情况。当领导接到报告后，立即启动应急预案。

第十二条因突发性事件，做出需要临时关闭道路的书面通知后，养护处要告知路政科协助执行，联系交警保证安全。

参考文献

[1] 中华人民共和国行业标准 .JTG/B01—2014 公路工程技术标准 [S]. 北京：人民交通出版社股份有限公司，2014.

[2] 中华人民共和国行业标准 .JTG/D50—2006 公路沥青路面设计规范 [S]. 北京：人民交通出版社，2003.

[3] 中华人民共和国行业标准 .JTGD30—2015 公路路基设计规范 [S]. 北京：人民交通出版社股份有限公司，2015.

[4] 中华人民共和国行业标准 .JTGD40—2011 公路水泥混凝土路面设计规范 [S]. 北京：人民交通出版社，2011.

[5] 中华人民共和国行业标准 .JTGD60—2015 公路桥涵设计通用规范 [S]. 北京：人民交通出版社股份有限公司，2015.

[6] 中华人民共和国行业标准 .JTGD63—2007 公路桥涵地基与基础设计规范 [S]. 北京：人民交通出版社，2007.

[7] 中华人民共和国行业标准 .JTGD61—2005 公路圬工桥涵设计规范 [S]. 北京：人民交通出版社，2005.

[8] 中华人民共和国行业标准 .JTG/TF30—2014 公路水泥混凝土路面施工技术细则 [S]. 北京：人民交通出版社股份有限公司，2014.

[9] 中华人民共和国行业标准 .JTGF40—2004 公路沥青路面施工技术规范 [S]. 北京：人民交通出版社，2005.

[10] 中华人民共和国行业标准 .JTG/TF20—2015 公路路面基层施工技术细则 [S]. 北京：人民交通出版社股份有限公司，2015.

[11] 中华人民共和国行业标准 .JTG/TF50—2011 公路桥涵施工技术规范 [S]. 北京：人民交通出版社，2011.

[12] 中华人民共和国行业标准 .JTGE20—2011 公路工程沥青及沥青混合料试验规程 [S]. 北京：人民交通出版社，2011.

[13] 中华人民共和国行业标准 .JTGH10—2009 公路养护技术规范 [S]. 北京：人民交通出版社，2009.

[14] 中华人民共和国行业标准 .JO073.1—2001 公路水泥混凝土路面养护技术规范 [S]. 北

京：人民交通出版社，2001.

[15] 中华人民共和国行业标准 .JTI073.2—2001 公路沥青混凝土路面养护技术规范 [S]• 北京：人民交通出版社，2001.

[16] 中华人民共和国行业标准 .JTGH11—2004 公路桥涵养护规范 [S]. 北京：人民交通出版社，2004.